ニッポン、クライシス！

マイノリティを排除しない社会へ

北野 秋男 編著
上野 昌之

Ｇ学事出版

はしがき

1 「寛容（tolerance）」精神の喪失

　自分が支持するAという考え方や信念があるとする。それに対して、異議を唱え、反対するBという考え方がある。こうした場合、普通なら自分の主張することと同時に相手の意見にも耳を傾け、我慢すべき点は我慢して、妥協や修正を図ろうとするであろう。それは個人であっても国家間であっても必要かつ重要な考え方であり、忍耐や寛大さといった「寛容（tolerance）」の精神に基づくものである。

　しかしながら、近年において私たちが日常的に見聞きする出来事は、一方的に相手を非難・中傷することや自国第一主義によって自らの国家利益を優先させるといったものである。例えば、前者ではインターネット上で見られる「ネット・バッシング」「ネット・リンチ」「ネットいじめ」「フェイク・ニュース」などといった現象が思い浮かぶし、後者では移民・難民の受け入れを制限・排除することであったり、自国の生産物を保護するために他国に高額な関税を課す貿易戦争の激化であったりする。

　前者は、自己の正当性だけを主張し、他人を徹底的に糾弾し、傷つけることに一種の喜びを感じるといった攻撃的で不寛容な人間の増大を意味する。後者は、一般的には「グローバルとローカル」「コスモポリタニズムとナショナリズム」の対立として位置づけられるが、両者の問題は、いずれも遠い他国の問題ではなく、日本における私たちの身近な日常的問題になりつつある。明らかに日本でも「向こう三軒両隣」といった近隣住民の相互扶助の精神は失われ、「寛容の精神」に代わって排除や敵視、差別や抑圧などの「狭量・憎悪の精神」が台頭しつつある。

　一例を挙げて考えてみたい。2008（平成20）年6月8日の日曜日、普段なら買い物客や若者で賑わうJR秋葉原駅近くで7人が死亡し、10人以上が重軽傷を負うという惨劇が起こる。後に「秋葉原無差別殺傷事件」と呼ばれるこの事件の犯人は、加藤 智大（1982.9.28. 生まれ、当時25歳）という人物であり、2トン・トラックを運転し、歩行者天国に突っ込み、さらに刃物で

歩行者を次々と殺傷した事件である。この事件は、当初は加藤が事件直前に「派遣切り」に遭い、「むしゃくしゃして起こした」計画的無差別殺人事件として報道されたが、その後の加藤自身の手記2012『解』（批評社）によって、事件の動機は「派遣切り」などではなく「ネット上のトラブル」であったことが判明する。

　加藤自身が同書で告白している事件の真相は、ネットの掲示板上の「成りすましらとのトラブル」による犯行であり、これらの「成りすましら」を驚愕させ、懲らしめる心理的手段として秋葉原事件を起こした、というものである。犯人の加藤は、一度も会ったことのない誰とも分からない「成りすましら」から「心理的な痛み」を被り、「成りすましら」に反省と改心することを求めたという。こうした事件に共通した現象とは、「自分が奉じる価値観と相容れない人々」に対する露骨までの敵意を表明する人々が存在することである。

　真鍋　厚（2017）は、『不寛容という不安』（彩流社）の中で、ネット上のフェイク・ニュースに見られるような「ポスト・トゥルース＝脱真実（post truth）」とは、何が真実かは問題ではなく、偏見や猜疑心に満ちた個人の感情や信念によって発せられることを指摘した（真鍋，2017：6）。秋葉原無差別殺傷事件を起こした加藤も、ネット上のトラブルで匿名の人物から、いろいろな非難や糾弾を受けている。これらは「ネット・バッシング」「不謹慎狩り」とも呼ばれるが、事件を引き起こす前に加藤は、こうした他人を傷つけ、糾弾することに喜びを感じるような自己中心的な人間の攻撃に晒されていたことになる。確かに、ある日突然、たくさんの匿名の人物から非難・中傷めいたメールや書き込みを受け取れば、普通の人間なら誰しも「怒り」と同時に「恐怖」を感じるであろう。加藤も、そうした精神的に追い込まれた状態にあったと言える。

　もちろん、どのような説明がなされようとも、加藤自身が語る事件の真相は普通に生きる人々にとっては実に不可解である。加藤の魔の手で殺傷された多くの人々は、なぜ、何のために事件に巻き込まれたのか。一体、加藤の人生に何が起こり、何が凶悪事件を引き起こす引き金となったのか。事件の真相を解明する必要性はあるものの、同時に加藤が起こした凶悪事件は断じ

て許されるものではない。加藤自身も「成りすましら」と同様に、自分勝手な思い込みと自己中心的な解釈をしているに過ぎないからである。秋葉原事件に巻き込まれた人々は、加藤の過度な被害妄想と短絡的な思い込みの犠牲となったのである。

2 「ニッポン、クライシス」「このままでいいのか、ニッポン」

　加藤が取った行動の特徴は、専門家によれば、自分の思い通りに行かなければ「世界の破壊」をももくろむ「ピューリファイ」（浄化）の指向を持った者と指摘される（真鍋，2017：43）。加藤の指向は、複雑で込み入った事情は無視し、自己の感情に流されるままに、破壊的な行動を選択してしまう差別主義や排外主義の特徴を持つ者の仕業の一例である。

　秋葉原事件のような大量殺傷事件は、これまでも何度も起きている。2000年以降の事件だけを思い起こしても、2001（平成13）年6月8日には大阪教育大学附属池田小学校で、23人もの児童・教員が無差別に殺傷される事件が起きている。2008年（平成20年）3月19日と同23日にも、茨城県土浦市で通り魔事件が発生し、9人が死傷している。そして、同年には冒頭で紹介した秋葉原殺傷事件が起きる。

　最近では2019（令和元）年5月28日の早朝にスクールバスを待っていたカリタス学園の小学生18人が殺傷された川崎の事件が記憶に新しい。その他にも、自己中心的で身勝手な凶悪事件は多数発生しているものの、本書が問いかけたい問題は、こうした事件を引き起こす犯人の異常なまでの凶悪性でもなければ、事件の真相や内容でもない。

　それは、私たちの身近で起こる様々な事件に共通する原因や背景の解明であり、こうした事件を引き起こす土壌となっている日本社会のあり様である。たとえば、「秋葉原事件」が私たちに問いかける問題とは、急激なグローバル化や情報化の進展の中で、産業構造の劇的な変化や雇用の不安定化をもたらす一方で、コミュニティの崩壊と個人的リスクを増大・増幅させるという日本社会の危機的状況を、どのように考えるかということである。今の日本社会の危機とは、人々の人間的な絆が断ち切られ、分断と孤立の深刻な状況に至っていることであろう。

こうした日本社会の危機的状況は、あたりまえの普通の人生を送る私たちにも迫りつつある。もし私たち自身も家族や仲間を失い、職場を失い、社会から孤立すれば、やがて絶望と孤独の淵に追い込まれることになる。そして、忍耐や許容を伴う「寛容の精神」は失われ、代わって「怒りと憎悪」が芽生えてくる。その「怒りと憎悪」は、他人や社会に向けられ、自己の正当性を主張しつつ、偏見や差別を増幅させ、社会や周囲に対して攻撃的になる。絶望と孤独は、怒りや憎悪、恐怖や脅威などと表裏一体の関係にある。社会が差別と排除、憎悪と偏見に満ちたものとなれば、まさに社会そのものが危機的状況に陥っていることになる。本書のタイトルを「ニッポン、クライシス」とした理由である。「このままでいいのか、ニッポン」。

　私たちは、経済的豊さや利便性・効率性を追い求めるだけでいいのだろうか。自分さえ幸せなら他人のことは無関心でいいのだろうか。「マイノリティを排除しない社会」とは、どのような社会であるべきか。もう一度、考え直してみたい。

　私たち日本人が得たもの、そして、失ったものは何だろうか。私たちは、どこに行くべきか。何を大切にして生きるべきか。一人ひとりの問題ではあるけれども、日本全体の問題でもある。孤立と分断の社会か。それとも共生と連帯の社会か。私たち自身が考え、選択すべき問題である。

コラム ｜ ポスト・トゥルース（post truth）

内藤正文

　2016年、オックスフォード大学出版局が、その年のできごとを象徴する言葉「Word of the Year」に「ポスト・トゥルース（post truth）」を選んだことが世界中で話題となった。2016年と言えば、6月にイギリスで国民投票が行われ、ブレグジット（Brexit：イギリスのEUからの離脱）が決められた年であり、11月にはアメリカの大統領選挙でドナルド・トランプが勝利した年でもある。両者の共通点は、大方の予想に反する結果が出たことと、国民の投票行動に事実ではないフェイク・ニュース（例えば「ローマ法王がトランプ候補を支持した」とか「「EU加盟の拠出金が週3億5千万ポンド（約480億円）に達する」など）の影響があったと考えられていることである。

　「ポスト・トゥルース」とは、上記のニュースのように、たとえ偽の情報であっても国民の感情に訴えやすい情報の方が、国民に受け入れやすく行動に影響を及ぼしやすいという意味で、日本では「脱真実」とか「ポスト・真実」とも言われている。また、在日朝鮮人や被差別部落をはじめとするマイノリティに対する誹謗中傷や歴史解釈の問題としても現れている。これらの背景には、SNSを利用し、事実性に欠けた無責任で匿名性を帯びた情報を簡単に発信できる一方、情報受信者は自分の考えや感じ方に合う情報を選択する傾向があるなど、情報の真偽を判断するのが難しい現実が存在している。

　西田良介が指摘するように、現在の社会は「有権者が、知識や論理に基づいて理性的に政局を認識することができず、また政治も印象獲得に積極的に取り組むことで『イメージ』によって政治が駆動する状態」（西田、2018：173）に陥っていることが指摘される。国の行政機関による公文書の改ざんが行われた事実を鑑みるに、国民の側には「真実は何か」を問う厳しい姿勢が求められる。

〈参考文献〉

津田大介・日比嘉高（2017）『「ポスト真実」の時代─「信じたいウソ」が「事実」に勝る世界をどう生き抜くか』祥伝社。

西田良介（2018）『情報武装する政治』角川書店。

Contents

[第6章] **戦後日本の教員養成を振り返る**

　　　　 ～生み出される「マイノリティ化する教員」～（攪上哲夫）

　　　　156

[第7章] **漂流する知的難民**

　　　　 ～外国人ポスドクの実態と問題点を中心に～（澤田敬人）…181

［序章］

研究の課題と方法

北野秋男

〈本章を読む前に〉
　「新マイノリティ」とは何か。従来のマイノリティとは何が違うのか。そして、「新マイノリティ問題」とは何か。本書は、新たな視点と内容でマイノリティ問題を考えることを意図したものである。「これでいいのか、ニッポン！」。「ニッポン、危うし」。

1　本書の「挑戦」と「新奇性」

　本書においては、日本社会の片隅でかろうじて生き延びている人々、現存する法律や制度から抜け落ちている人々、個人の幸せや満足を充足することができない人々などを念頭に置きつつ、社会的な閉塞状況に置かれ、社会や人間関係の中で挫折と失敗、孤独と絶望を味わっている人々、ないしは、そうした人々を生み出す社会のあり様を取り上げる。本書では、こうした人々が抱える問題を「新マイノリティ問題」と位置づけ、マイノリティへの偏狭、憎悪、偏見、抑圧、暴力、排除、無関心などの現象が潜在する日本社会の現状を分析しつつ、寛容や慈愛の精神が失われた日本社会のあり様を問いたいと考える。

　ただし、本書は従来のマイノリティ研究とは異なる新たな領域や題材を開拓することに挑戦する。従来の日本のマイノリティ研究は、マジョリティに対するマイノリティといった具合に人種・民族的、ないしは集団的に少数者の人々を扱うことが多かった。例えば、「アイヌ民族」「在日朝鮮人」「外国人」などの人種・民族的な少数者、「部落」「障がい者」「LGBT」などの集団的な少数者であるが、いずれも差別・抑圧・偏見の対象となり、社会的な

権利や人権が侵害されたとする研究であった。

　こうした従来のマイノリティ研究における研究蓄積は膨大な数にのぼる。その紹介はここでは割愛するが、各章の個別のテーマに関する先行研究は各章で扱われている。さらには、「マイノリティ」に関する先行研究が単に膨大な数にのぼるために先行研究を割愛したわけではなく、そもそも本書が題材とした「新マイノリティ」は新たな研究分野であり、独創的なものだからである。

　「新マイノリティ」とは、マジョリティであっても抑圧され、権利を奪われた人々のことである。例えば、過重なまでの労働を課されブラック化する学校教員、世間一般では高度な知的エリートとみなされるものの基本的な生活権すら危ぶまれるポスドクなど、従来のマイノリティ研究では扱われていない分野も対象としている。

　本書における「新マイノリティ」とは、端的に言えば、社会の中で力を持ちえない抑圧された存在、声を発したくとも沈黙せざるを得ない人々のことである。そうした意味において、本書では新たな視点から「学力」「刑余者」「死別を経験した遺族」などの問題を扱った。

　もちろん、従来のマイノリティ研究の成果も重要である。「新マイノリティ」であっても、「旧マイノリティ」であっても、その問題のルーツは同じだからである。本書では、人種・民族的な観点から「アイヌ民族」「外国人子弟」などの問題を、現代的な視点から読み解くことを試みた。

　本書の各章に共通する研究方法上のアプローチとは、今日の日本社会におけるマイノリティ問題の本質や歴史の根源に迫りつつ、今、現在、どのような考えや社会構造がマイノリティの人々を苦しめ、絶望の淵に追い込んでいるかを解明しようとすることであった。たとえば、生産性がないとされた「LGBT」といった性的少数者、老後を一人孤独に生きる高齢者、若者だけでなく中高年になっても社会との関係性を断つ「引きこもり」、次第に増加する外国人の人権問題と外国人子弟の教育問題、そして「学力が低い」と位置づけられ、厄介者扱いされる「学力マイノリティ」など、私たちの周りには新たなマイノリティ問題が続々と発生している。こうした問題を放置しておけば、まさに日本社会が将来的には危機的状況に陥ることは疑いない。

「ニッポン、危うし」である。

　本書の目的は、たんなる現代のマイノリティ問題の実態や問題点を解明することだけでなく、歴史的・理論的なアプローチも取り入れ、より根源的で本質的な問題に迫ることにある。また、「マイノリティを排除しない社会」のあり様を検討し、提言することでもある。従って、本書で取り上げたトピックも政治、経済、人種・民族、外国人子弟問題、犯罪、教育、福祉、ポスドク、死の教育など多領域に及んでいる。

　本書は、従来の学問分野や専門性にこだわらず、学問的ディシプリンの壁を超えようとする挑戦にも取り組んだ。そもそも、現代において派生するマイノリティ問題は従来の学問的な領域や範疇を超えるものであり、既存の領域や分野では収まらない広範囲の問題を抱え込んでいるからである。一言で言えば、問題の多様化とボーダレス化である。従って、学問の専門性にこだわることなく、そこから抜け出る試みを行った。

　例えば、筆者の専門である教育問題の事例を挙げれば、不登校やいじめ問題であっても、もはや学校教育だけの問題ではなく、ネットやSNSといった問題から派生する情報化社会のあり様の問題でもある。また、次第に増大する外国人子弟の教育問題も学校教育だけの問題とするには限界がある。国や行政、地域や家庭をも巻き込んだ横断的・総合的な対策が必要となる。

　戦後から今日まで、大多数の日本人の権利は拡大され、生き方の選択肢も生活の仕方も自由度が増えている。確かに、今の私たちの日常生活は物的な豊かさに満ち、何不自由のない生活、便利で快適な生活を送っている。しかしながら、他方では、そうした経済的豊かさの陰で、未だに基本的な人権や権利さえも十分に保障されていな人々、貧困・差別に苦しみ、人間としての基本的な生存権や生活権さえも奪われている人々も多い。

　そうした人々は、声を上げることもできず、自分自身や日本の将来に絶望と失望を感じながら、息をひそめて生きているのではなかろうか。基本的な生存権や生活権は、社会を構成する全ての人々に付与されるべきものである。障がい者であっても、貧困者であっても、外国人であっても保障されるべきものである。

　真の豊かさとは、貧困や差別に苦しむ人々を見捨てる社会ではなく、相互

扶助の社会であり、利己的な人間ではなく利他的な人間が多数を占める社会から生まれるものである。こうした日本社会の欠陥や問題点は、日本全体の、私たちの問題でもある。なぜならば、私たちは共に日本社会に生きているのだから。憎悪や排除、孤立と分断に満ちた社会は、そこに生きる人々に不幸をもたらすだけである。

2　本書における「三つの視点」

　繰り返しになるが、本書は日本の経済的・社会的発展の陰で、あるいは現状の政治・経済体制の中で、忘れられ、置き去りにされた人々、夢や希望を奪われた人々、排除され無視された人々、抑圧・搾取された人々、もしくはそうした人々を生み出す社会のあり様を対象としている。いわば、社会的なメイン・ストリームからこぼれ落ちたマイノリティの人々に焦点をあてつつ、根源的な問題がどこにあり、何が解決に向けた壁となっているかを解明することである。本書に通底する基本的な視点は、以下の三つの事柄に集約される。

　第一の視点は、日本社会の「経済的・社会的発展と差別・抑圧」を浮き彫りにすることである。日本の経済的・社会的発展の陰で、貧困や差別に苦しむ人々。国家統合の中で包摂／排除された人々。グローバル化・情報化の中で分断・孤立化する人々。エリート主義・能力主義といった学力政策の中で将来への夢・希望を奪われた人々。社会福祉政策の中から置き去りにされ、忘れられた人々。対象とした領域は多岐にわたる。本書では、こうした問題点を明らかにし、浮き彫りにすることを意図して、「新マイノリティ問題」を考える新たな視点とアプローチの方法を提示した。

　第二の視点は、マイノリティの人々の「心の奥底、心情、心性を探る」ことである。本書は、たんなる日本国内の様々な制度やシステムだけを問題とするものではない。底辺に追いやられている人々の歴史的な経緯や現状分析に加え、当事者の心の奥底に潜む絶望感や閉塞感など、語りたくとも語らない／語り得ない心情にも注目した。社会的な弱者とは、声を上げたくとも上げられない人々、誰かに相談したくとも相談できない人々のことである。抑圧され、差別された人とは、まさに「サイレント・マジョリティ」のことで

あり、そうした人々の声に耳を傾けることが重要と考える。

　第三の視点は、近年の「新マイノリティ問題」というトピックに登場する「新奇な用語」に注目し、その概念や問題点を探ることにある。これらの「新奇な用語」には横文字やカタカナの難しいものが多い。また、私たちが日常的に無意識で使う差別用語も多い。とりわけ、マイノリティに向けられた心ない差別用語は、差別する側が何気なく使うものであっても、差別された側の人々には深い心の傷となりうるものである。言葉は、まさに時代や状況を反映するメルクマールとなるものである。

　本書では、こうした聞き慣れない新奇な、難しい用語や差別用語を意図的に取り上げ、各章において「コラム」として解説した。本文を読み進める上での一助となれば幸いである。

3　本書の「構成」

　本書は、序章・終章に加え本文を8章で構成している。序章では、本書に通底する基本的な問題点の所在と視点を提示した。特に、従来のマイノリティ研究とは異なる「新マイノリティ研究」に込めた意味と内容を説明し、本書において挑戦した事柄と新奇性を指摘した。終章は、本書の総括として、各章の概要を述べるとともに、マイノリティを排除しない社会はいかなる社会であるのか、そして日本社会が向かうべき方向性やあるべき姿を示した。

　第1部は、「ニッポン社会のクライシス」と題して、日本社会に横たわる根の深いマイノリティ問題を取り上げた。

　第1章は、「格差社会と排除される人々〜欲望と感情支配のメカニズム〜」と題して、今日の社会・経済体制のあり様を問うことを試みた。欧米をモデルとし、欧米に追随することを良しとする新自由主義と呼ばれる社会システムが、今を生きる私たちの生活や意識を支配し、コントロールしている。私たちは、なぜ新自由主義を受容するのか。新自由主義社会は、どんな社会や人間関係をもたらすのであろうか。

　第2章は、「先住民族アイヌの日本社会への働きかけとアイヌ政策との齟齬」と題して、歴史的な視点からアイヌと日本政府・社会との関係性を考察した。2019年、アイヌ民族を初めて「先住民族」と規定した法律が成立した。

なぜ、こんなにも時間を要したのか。そして、アイヌ民族はなぜ社会的に軽視されて来たのか。アイヌ民族の歴史をたどることで、日本社会の排除と包摂の論理を検討する。

第3章は、「川崎市の多文化共生政策の背景と現状〜多文化共生政策の中に見る外国にルーツがある子どもたち〜」と題して、神奈川県川崎市の事例を取り上げた。外国人子弟が多く集まる川崎市の取り組みは、まさに日本の多文化共生政策の縮図であり、課題も多い。オールドカマーからニューカマーへと移行しつつある今日の川崎市に焦点化し、今、外国人子弟の教育はどうあるべきかを考える。

第4章は「犯罪者の社会復帰〜刑余者等に対する「働く所」と「住む所」〜」と題して、「刑余者」と呼ばれる人々が直面する様々な問題を考えた。この罪を犯し、刑罰を受けた「刑余者」は、「貧困」「障害」「疾病」「高齢」「孤立」「教育機会の喪失」などの困難に直面する。まずは「刑余者」の実状を知り、社会における立ち直り支援策がいかにあるべきかを検討する。新たなマイノリティ研究への挑戦である。

第2部は、「ニッポン教育のクライシス」と題して、教育分野を題材としつつ、教育におけるマイノリティ問題を取り上げた。

第5章は、「産出される学力マイノリティ〜「勝者」と「敗者」の学力構造〜」と題して、戦後から今日までの日本における学力テスト政策によって生み出された「学力マイノリティ」と呼ばれる人々の存在を描き出した。「学力＝受験学力」とした日本の学力テスト政策の「ゆがみ」を歴史的に検証し、学力テストによる「勝者（＝高学力）」と「敗者（＝低学力）」の産出構造を解明した。

第6章は、「戦後日本の教員養成を振り返る〜生み出される「マイノリティ化する教員」〜」と題して、教員の多忙化・ブラック化の問題を取り上げた。学校で12時間以上も働き、物理的にも精神的にも追いつめられ、過労死ラインも超えて働く教員。教員を取り巻く社会状況は非常に厳しい。にもかかわらず、教育や子どもに生きがいを見出す教員。戦後の教員養成政策の変遷を確認しつつ、今日、マイノリティ化に追い込まれる教員の世界に鋭く切り込む。

　第7章は、「漂流する知的難民～ポスドクの実態と問題点を中心に～」と題して、知的エリートの代表格でもあるポストドクター問題を取り上げた。ポストドクターとは、博士号を取得した専任職に就く前の研究者を指すが、本章では、このポストドクターを取り巻く問題が、日本の科学技術政策に端を発するものであるとしながらも、科学的実践の場に参入するマイノリティの複合性によって事態が深刻化しているとの指摘を行う。

　第8章は、「遺族の悲嘆の理解とサポートのために」と題して、遺族の悲嘆の理解とサポートのために「悲嘆教育」と「遺族ケア」の重要性を提言した。日本人の悪しき習慣として、死別した遺族の苦しみは周囲にはなかなか理解されにくい。死に対する日本人の伝統的な心性を紐解きながら、今日、必要となりつつある死別の悲嘆教育や遺族の気持ちの理解についての教育の重要性を説く。

　以上、各章のトピックの内容は多種多様ではあるが、アプローチの仕方を統一する努力は試みた。繰り返しになるが、各章では最初に思想的原理や歴史を提示し、次に各章のトピックに関連する具体的な事件や事例などを提示して、分かりやすく解説しながら問題の根源に迫ることを心掛けた。なお、本書における各章の記述の仕方は学問分野の多様性もあって、各自の独創的な視点や構成を重視した。従って、本文の記述の仕方や注記や引用といった技術的な問題はなるべく統一する努力はしたものの、細かな点までは無理な統一はしていない。ご理解を頂ければ幸いである。

　また、各章で登場する見慣れない新語や重要な用語は「コラム」として取り上げ、その意味概念や問題となっている事柄を800字程度で解説した。コラムは、「ポスト・トゥルース」「『金の卵』から『使い捨て』へ」「コーポラトクラシーと教育」「先住民族」「オールドカマーとニューカマー」「薬物議員、その時・その後」「IQ・知能検査」「日本会議」「反省的実践」「科学技術基本法」「デス・エデュケーション」の11の用語を取り上げた。本文を読み進めていく上での一助にして頂くことを意図したものである。

　本書は、日本社会の新しいマイノリティ問題に照射し、その歴史的経緯、現状の実態、そして解決に向けた方向性を模索した研究上のチャレンジ精神を結実させたものであるが、その内容への評価は、読者の方々の判断や批判

に委ねたいと思う。

　各章を執筆した執筆者は、教育や福祉を専門とする大学教員もいれば、医療・福祉の現場に携わる専門学校教員、学校現場で日々苦闘する小学校教員もいる。多彩な顔ぶれによる異なった分野を専門とする執筆者で構成されている。本書を契機として、多くの方々が日本の「新マイノリティ問題」に興味・関心を持って頂ければ、編者としても望外の喜びである。

第1部
ニッポン社会のクライシス

［第1章］

格差社会と排除される人々
～欲望と感情支配のメカニズム～

北野秋男

〈本章を読む前に〉

　フランスの経済学者ピケティ（Piketty, Thomas；1915～）は、2013年に資本主義による所得再分配は格差を是正するという通説を否定し、資本主義こそが格差社会を助長・拡大すると主張した。そして、その際に「トリクルダウン」という仮説（富裕層の富はしずくが滴り落ちるように貧困層にも配分される）も間違いであるとし、むしろ富裕層がますます富み、極端な格差社会が出現すると警告した。日本では、2015年に『21世紀の資本』（みすず書房）として刊行された。

　私たちが生きる社会は、「自由」「成功」「喜び」「満足」といった言葉が象徴するような希望や夢を満たしうる豊かな社会であろうか。それとも、「不安」「混乱」「怒り」「絶望」などの相反する感情に支配された社会であろうか。私たちの社会は、次第に「包摂型社会」から「排除型社会」へと移行し、「分断」「孤立」「絶望」「敵意」といった現象が加速しつつあるように見える。こうした現象をもたらすものが新自由主義と呼ばれる社会システムである。新自由主義は、少数の人間の「成功」や「喜び」の実現は見込めるが、同時に多数の人々の「挫折」や「失望」も伴う格差社会の拡大を招く。

　新自由主義がもたらした社会システムのあり様は、私たちに重くのしかかる。忍耐や許容を伴う「寛容（tolerance）」の精神は、次第に失われつつあり、現代社会では「攻撃と排除」の精神が増幅しつつある。豊かではあるが、貧しいニッポン。満ちてはいるが、枯渇しているニッポン。私たちが得たものは何であり、失ったものは何だろうか。

はじめに

　今後、日本社会は今まで経験したことのない大きな社会変動を迎えることになる。「極点社会」という言葉に象徴される都市部への人口集中、2100年には約6,000万人と予想される人口減少。その人口減少を補うための移民政策、そして温暖化・豪雨・豪雪などの異常気象など、それらは予測不能な社会的混乱を招くであろう。また、経済のグローバル化やIT化によって日本の産業構造は劇的に変化し、富裕層と貧困層の格差がますます顕著になることが予想される。

　私たちは、こうした急激な社会変化の中で、何かを得て、何かを失う。それは、モノやカネばかりの問題ではない。私たちの意識や感情も確実に変わっていくことが予想される。例えば、真鍋　厚（2017）は今日の日本社会を分析して、人々の間では同朋意識が薄れ、憎悪や敵意、差別や排除といった不安や混乱が蔓延し、あたかも「薄いガスのような恐怖」（真鍋，2017：3）に苛まれている状態であると指摘する。私たちが感じる「薄いガスのような恐怖」とは、日々の生活面だけでなく、遠い将来の「日本国家」というあり方、ないしは社会そのものへの漠然とした不安でもある。日本という国は、本当に日本国民である私たちの生活を保障し、年老いても安心して暮らしていけるだけの豊かな社会を築いてくれるのだろうか。

　本章の主題は、社会的な閉塞状況に置かれ、社会や人間関係の中で挫折と失敗、孤独と絶望を味わっている多くの人々が感じる、今日の社会・経済体制のあり様を問うことである。日本は、1970年代の福祉国家的な政策から1980年代以降には新自由主義と呼ばれる政治・経済体制へと大きな方向転換を果たしている。この欧米をモデルとした政策のあり様が、今の私たちの生活や意識を規定するものとなっている。では、新自由主義の何が、そして新自由主義はどのようにして私たちの生活や意識をコントロールしているのだろうか。この点を明らかにすることが本章の課題である。

1　格差社会の現状と歪み

　まずは、身近なトピックから日本社会の現状を考えてみたい。2018（平成

30）年6月7日に「学校の虫歯検診で虫歯があるとされる5割以上の子ども
が治療を受けていない」とする衝撃的なニュースが「全国保険医団体連合
会」（全国の医師・歯科医師10万7千人で構成）から発信された。

　小・中・高校と特別支援学校の児童生徒を対象におこなった調査（約147
万人）によると、小学校（21都府県）で「要治療」と診断されながらも、歯
医者を受診しなかった子どもは52.1％、中学校では66.6％、高校（3府県）
では84.1％にも達している（全国保険医団体連合会，2016：2）。また、「口
腔崩壊」（むし歯が10本以上ある、歯の根しか残っていないよう未処置歯が
何本もあるなど、咀嚼が困難な状態）となっている子どもは、小学校で
39.7％、中学校で32.7％、高校で50.3％、特別支援学校で45.1％であった。

　問題は、その理由である。子どもと接する機会の多い養護教諭への調査で
は、複数回答で未受診の理由を尋ねたところ、「乳歯のむし歯は生え変わる
から大丈夫だろう」「保護者が共働きのために、仕事の休みがとりにくく、
受診ができない」「当日窓口で支払う現金が無いために受診できない」など
が挙げられている。

　こうした要因は、保護者の子どもへの無関心や歯科保健意識の低さ、家庭
環境や経済的理由が背景にあるが、この虫歯問題によって「格差と貧困、保
護者の厳しい就労状況等が浮かび上がってくる」（全国保険医団体連合会，
2016：7）と指摘された。私たちは、歯も治療できない厳しい貧困階層の家
庭が確実に増加している日本社会の実態を直視すべきである。さらには、必
要な治療を受けさせてもらえないといったネグレクト（育児放棄）されてい
ると疑われるケースもあり、子ども全体の歯の状態は改善傾向にあるとの指
摘がなされる一方で、問題のある家庭と裕福な家庭との二極分化が顕著にな
りつつある傾向にもある。

　虫歯治療だけの問題なら、ことは小さい。だが、虫歯治療の有無や無関心
が子どもへのネグレクト問題の「氷山の一角」だとしたらどうだろうか。ネ
グレクトは、児童虐待である。2018年の1年間に全国の警察が摘発した児童
虐待事件は、1,380件で、被害に遭った18歳未満の子どもは1,394人だった
（『朝日新聞』2019.3.14.）。

　特にひどい事件が2018年に東京都目黒区で起きている。現在も捜査中であ

〈表1-1〉都道府県別の子どもの貧困率（2012年度）

（数字は％）

北海道	19.7	栃　木	10.4	石　川	10.0	滋　賀	8.6	岡　山	15.7	佐　賀	11.3
青　森	17.6	群　馬	10.3	福　井	5.5	京　都	17.2	広　島	14.9	長　崎	16.5
岩　手	13.9	埼　玉	12.2	山　梨	11.7	大　阪	21.8	山　口	13.5	熊　本	17.2
宮　城	15.3	千　葉	10.4	長　野	11.1	兵　庫	15.4	徳　島	12.4	大　分	13.8
秋　田	9.9	東　京	10.3	岐　阜	9.4	奈　良	11.7	香　川	11.6	宮　崎	19.5
山　形	12.0	神奈川	11.2	静　岡	10.8	和歌山	17.5	愛　媛	16.9	鹿児島	20.6
福　島	11.6	新　潟	12.0	愛　知	10.9	鳥　取	14.5	高　知	18.9	沖　縄	37.5
茨　城	8.6	富　山	6.0	三　重	9.5	島　根	9.2	福　岡	19.9	**全　国**	**13.8**

り、早計なことは言えないが、5歳の女児が食事も与えられず、父親から殴られた後に死亡した事件である。この女児は、「きょうよりかあしたはできるようにするから　ゆるしてください」などと長文の「反省文」を書かされ、「しつけ」という名の虐待を受けていた。こんなにも痛ましく、悲しい事件が日常茶飯事のように起きている。なぜ、親が自らの子どもを虐待し、死なせてしまうような事件が起きるのか。日本社会の現状を、家庭の貧困問題から考えてみたい。

　18歳未満の子どもがいる約1,300万世帯のうち、貧困状態にある世帯数は1992（平成4）年には約70万世帯（5.4％）であった。だが、2012（平成24）年には約1,050万世帯のうち約146万世帯（13.8％）に倍増している（表1-1）。この調査を実施した山形大学の戸室健作准教授は、貧困率が高い自治体の平均と、低い自治体の平均の差は年々縮小しているものの、「全国的に貧困が進んでいる」（『毎日新聞』2016.2.18.）と警告した[1]。

　日本社会における貧困層の拡大は、今や日本社会における確実な現象である。だが、不思議なことに富裕層も拡大している。

　野村総研は、2015年時点で1億円以上の純金融資産保有額（預貯金、株式、債券、投資信託、一時払い生命・年金保険など）に達している富裕層は約122万世帯であり、2011年と比較すると40万世帯も増加しているとしている。このことは、わずか2.3％の富裕層が国全体の資産の19.4％を所有していることを意味する。そして、準富裕層（5,000万円〜1億円保有）である約315万世帯を加えると、全体の8.3％の富裕層が日本全体の36.9％の資産を保有していることになる（『東京新聞』2017.2.16.）。

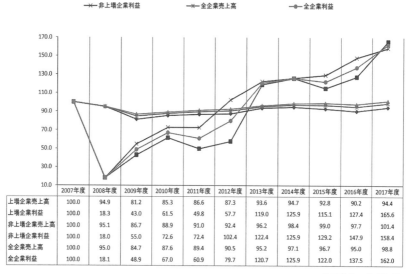

〈表1-2〉2008年～2017年の企業の純利益の推移

	2007年度	2008年度	2009年度	2010年度	2011年度	2012年度	2013年度	2014年度	2015年度	2016年度	2017年度
上場企業売上高	100.0	94.9	81.2	85.3	86.6	87.3	93.6	94.7	92.8	90.2	94.4
上場企業利益	100.0	18.3	43.0	61.5	49.8	57.7	119.0	125.9	115.1	127.4	165.6
非上場企業売上高	100.0	95.1	86.7	88.9	91.0	92.4	96.2	98.4	99.0	97.7	101.4
非上場企業利益	100.0	18.0	55.0	72.6	72.4	102.4	122.4	125.9	129.2	147.9	158.4
全企業売上高	100.0	95.0	84.7	87.6	89.4	90.5	95.2	97.1	96.7	95.0	98.8
全企業利益	100.0	18.1	48.9	67.0	60.9	79.7	120.7	125.9	122.0	137.5	162.0

商工リサーチ（2018）

　こうした経済的な格差拡大は、なぜ起こっているのだろうか。〈表1-2〉は、2008（平成20）年のリーマン・ショック後に日本企業では業績が改善し、純利益が2008年度から2017（平成29）年度までの10年間で8.3倍にも増加したことを示している。

　大企業の利益は確かに増えている。日本の企業全体が保有する現預金は約221兆円と10年間で1.55倍に増加している。ところが、その大企業で働く従業員の給与は5％程度しか増えていない。国税庁の調査は、もっと厳しい数字を示している。1997（平成9）年の民間の平均給与は約467万円であったが、2017（平成29）年には約432万円となり、約7.5％の減少となっている（『東京新聞』2019.3.28.）。

　こうした問題の背景には、企業側の業績が改善していても、企業は次の危機に備えて現預金を蓄えるばかりで従業員の賃金には振り向けていないこと、商品の価格を上げることが難しくなり、コストを下げる必要に迫られていることなどの指摘がなされる。企業コストを下げるための一手段として従業員

の賃金が抑制されているが、加えて正規雇用ではなく、非正規雇用を増大させてコスト削減を図っていることも今日的な傾向である。昔は「金の卵」とさえ呼ばれた若年労働者も、今は使い捨ての時代になったということである。

　総務省の「労働力調査」によれば、1981（昭和56）年には604万人（15.3％）しかいなかった「非正規雇用」の労働者数は、2017（平成29）年には2,036万人（37.5％）となり、3.37倍に増加している。その内訳は、パート997万人（49.0％）、アルバイト417万人（20.5％）、派遣社員134万人（6.6％）、契約社員291万人（14.3％）、嘱託120万人（5.9％）、その他78万人（3.8％）である。そして、非正規雇用労働者の賃金は正規雇用労働者と比べ余りに低い。50〜54歳の働き盛りの労働者賃金を時給ベースに換算した賃金格差は、正社員・正職員の一般労働者は2,403円であるが、正社員・正職員以外の一般労働者は1,298円となり1時間で千円以上の開きが出てくる（総務省，2017）。

　さらに、近年の傾向として指摘されていることは、正社員・正職員であっても昇給制度それ自体がなく、非正規と余り変わらない低賃金にあえぐ労働者が増加していることである。こうした人々は、昇給制度がないだけでなく、月給に長時間の残業代があらかじめ組み込まれていること、名ばかりの管理職にされ長時間労働を強いられた挙句に、給与もわずかしか支払われていない状態にある。これが「低賃金正社員」である。

　現在の日本は、1980年頃に流行した「一億層中流」と言われたフレーズは完全に消失し、中間層が減少し、格差拡大が露骨な社会となった。そして、貧困や金銭トラブルを原因とした犯罪・事件の多発、何らかの挫折体験によって自分の将来に夢や希望を失った人の自暴自棄の行動、そして自殺。「人を殺してみたかった」「誰でもよかった」などという動機で、全く関係ない人間を巻き添えにする無責任な行動や殺傷事件も目につく。こうした他人を巻き込んだ大量殺傷事件は数多い。

　最近では2019（令和元）年7月18日に京都アニメーション放火事件があり、35人もの人が亡くなった事件。古くは、2001（平成13）年6月8日、大阪府池田市の大阪教育大学附属池田小学校で起きた児童8名が殺害され、教師を含む15人が重軽傷を負った児童連続殺傷事件。2008（平成20）年6月8日に

東京・秋葉原で起きた7人が死亡、10人が重軽傷を負った秋葉原無差別殺傷事件。そして2016（平成26）年7月26日に起きた神奈川県相模原市の障害者施設「津久井やまゆり園」で入所者19人が殺害された相模原障害者殺人事件などである。

　何が、こうした大量殺傷事件を引き起こしているのだろうか。こうした事件は、極めて異常な人間が引き起こす例外的事件であろうか。本章が注視するのは、日本の経済格差の問題、貧困問題、ネグレクト、そして大量無差別殺傷事件などを生み出す日本社会のあり様の問題である。そして、そのことが私たちの欲望や感情までにも浸食し、食い尽くす状況に警告を発したいと考える。こうした社会は、私たちの欲望や感情を抑制し、暴走を食い止める個人の理性や道徳心までも消失させてしまったのであろうか。

　本章では、こうした日本社会の変容をもたらした新自由主義体制に着目して、競争や淘汰を原則とする社会体制のあり様の問題、そして私たち一人ひとりに結果や責任を迫る容赦ない無慈悲な手法を検討してみたいと考える。

2　新自由主義の台頭

　日本における格差社会を生み出す要因となった新自由主義の台頭と問題点を取り上げる前に、新自由主義が誕生した経緯と背景を確認しておきたい。1974年にオーストリア・ウィーン出身の経済学者であったハイエク（Hayek, Friedrich August von 1899-1992）が、1976年には米国人経済学者のフリードマン（Friedman, Milton 1912-2006）がノーベル経済学賞を受賞する。この経済学の二人の巨人が、ほぼ同時期にノーベル賞を受賞したことは、新自由主義理論が世界的に認められたことを意味しただけでなく、理論としての新自由主義を現実のものとする契機ともなっている。

　ハイエクは、1944年に『隷属への道（*The Road to Serfdom*）』を著し、社会主義・共産主義などを批判して、国家による統制ではなく自由な市場の擁護・推進を行う。同じく、フリードマンも1962年に『資本主義と自由（*Capitalism and Freedom*）』などによって市場原理主義・金融資本主義を主張する。「市場原理主義」とは、市場主義の原理と仕組みを優れたシステムとして疑わないことである。「金融資本主義」とは、政府は市場メカニズム

を重視し、通貨供給量のコントロールだけに注意すればよいとする「マネタリズム」（貨幣原理主義）の考えを主張するものである。

　現代において活躍する経済学者のハーヴェイ（Harvey, David：1935-）は、新自由主義の出現を1978～1980年と特定し、「世界の社会経済史における革命的な転換点」（ハーヴェイ，2011：9）と位置づけた。では、1978～1980年に何が起こったのか。それは、1978年に鄧 小平（1904-1997）が共産党支配下の中国経済を自由化する第一歩を踏み出した年である。1979年には、ボルカー（Volcker, Paul Adolph Jr. 1927～）が米国連邦準備制度理事会の議長に就任し、金融政策の劇的変化（インフレの抑制を目指す政策）を成し遂げている。同年には、サッチャー（Thatcher, Margaret 1925~2013）が英国首相に就任し、「サッチャリズム」と呼ばれる国営事業（水道・電気・ガス・通信・鉄道・航空など）の民営化政策を行っている。そして、1980年にはレーガン（Reagan, Ronald W. 1911~2004）が米国大統領に就任し、「レーガノミクス」と呼ばれる政府支出抑制による米国経済の再生を行う。

　世界の指導者であった鄧 小平、ボルカー、サッチャー、レーガンらが行った新しい経済政策こそがグローバリゼーション下における「市場革命」であった。それは、製造業などの地道な「モノづくり」ではなく、金融市場システム（株、証券、為替など）の構築を目指すものであった。その中核的指導原理こそが新自由主義である。

　そして、この金融市場システムの崩壊によって引き起こされた事件が2008年に起こった「リーマン・ショック」であった。「リーマン・ショック」とは、負債総額約6,000億ドル（約64兆円）という米国史上最大の企業倒産劇である。その仕組みは高金利の住宅担保貸付け、「サブプライム・ローン」を証券化した商品を大量に保持することであった。たしかに、2000年代初頭～2007年までは世界的に好景気であり、グローバリズムの黄金期とさえ言われていた。

　しかしながら、その世界的な好景気の正体は単なるバブルであり、2008年の「リーマン・ショック」の原因は、もともとは支払い能力のない貧しい人々にも無理な貸付けを行い、必然的に暴落・破たんを招いたものであった。それは、金融が主となり、モノ作りなどの実体経済が従となる体制であり、

グローバリゼーションによる新自由主義体制の構築が間違いであったことを意味した。

　新自由主義理論の最大の特徴は、国家の介入を許さない徹底的な市場の自由化を主張することである。それは、「何よりも強力な私的所有権、自由市場、自由貿易を特徴とする制度的枠組みの範囲内で個々人の企業活動の自由とその能力とが無制約に発揮されることによって人類の富と福利が最も増大する」（ハーヴェイ，2011：10）というものであった。わかりやすく言えば、「規制緩和」「減税」「民営化・市場化」を主なる政策の柱とし、法的・制度的な壁となっていた様々な規制を緩和・弾力化し、国家による公共政策の解体・縮小を推進することであった。また大企業を優遇しながら、競争原理によってサバイバル・ゲームを起こし、多国籍企業・金融資本が活躍するグローバリゼーションの環境を整備することでもあった。

　グローバル化した企業の特徴は、国内の生産拠点を海外へ移し、低賃金労働者を雇用し、かつ長時間労働によって利潤を確保するものである。その際には、企業は自国の労働者の解雇を伴うだけではない。同時に、国内の労働法制も規制緩和して、低賃金・長時間労働の道も開こうとする。労働市場でも競争や淘汰が始まるわけである。

　新自由主義とは、こうしてすべての人々の行動を市場原理のもとに再編成するものであるが、同時に市場取引の範囲と頻度を最大化するために、情報創造のための技術や膨大なデータベースを蓄積・保存・移動・分析・処理するための能力も必要とする。Microsoft、Apple、Dellなどの情報テクノロジー産業が世界最大の企業に成長したことは決して偶然ではなく、いわば新自由主義の「申し子」のようなものである。

　また、新自由主義は同時に多くの創造的破壊も引き起こし、旧来の制度的枠組みや権力、雇用関係、福祉・教育制度、人間のライフスタイルや思考様式、心的慣習などにおける劇的な変化も誘引する。一般的には、新自由主義とは財政を緊縮気味に調整し、産業政策おける規制緩和を促進する経済政策と理解されるが、同時に「新保守主義」とも親和的であり、保守的道徳観の復活、治安強化、少数者の権利削減、排他的ナショナリズムへも手を伸ばす。そして、競争や淘汰によるサバイバル・ゲームの責任を個人に帰することを

〈表1-3〉世界・子どもの貧困割合（貧困率）ランキング〈34か国〉

順位	国・地域	子どもの貧困割合	評価
1	イスラエル	29%	E
2	トルコ	28%	E
3	メキシコ	25%	D
5	アメリカ	21%	D
9	日本	16%	C
9	ポルトガル	16%	C
	世界平均	13%	

（国際統計格付けセンター，2015）

　特徴とする。現在、新自由主義の問題点として最大の論点になっていることとは、貧富の差が極端に開く格差社会を到来させたか否かという点である。米国社会を例に挙げ、この問題を考えてみたい。

　第二次大戦後の米国は、国家による「完全雇用」「経済成長」「市民福祉」の政策を重視し、ケインズ主義的な財政金融政策が適用され、景気循環を抑制しつつ一定の完全雇用を確保することが目指されていた。その結果、上層階層と下層階層の格差は縮小された。しかしながら、1980年代からの新自由主義の台頭によって、今や米国社会は上層階層への所得と富の集中が確実に進み、格差拡大による国家的分裂・対立の危機さえも招いている。

　富裕階層が国民所得に占める割合は、戦前とさほど違いはないものの、国民所得自体は何十倍・何百倍にも増加している。その額は戦前とはケタが違う。米国社会の亀裂と対立は深まるばかりである。たとえば、OECDが公表する「子どもの貧困率」（世界34か国）は、米国においては2000年代に入っても20%を超える高い水準を維持したままである。〈表1-3〉は2010年の世界の貧困率を示したものだが、米国は世界5位で21%、日本は16%で9位であった。

　米国社会では「人種の再隔離（resegregation）」の傾向すらも強まっているとされ、依然として貧困と人種・民族を要因とした「二重隔離」の状態が継続されている（Orfields & Lee, 2007）。

3　米国における格差社会の現状

　新自由主義理論は、個人の自由を保障する社会的諸制度であり、この制度的枠内でビジネス集団や企業の自由市場や自由貿易が保護される。そして、結果として得られた莫大な富が社会的・経済的貧困を最も確実に根絶することができるといった幻想を振りまき、「上げ潮は船をみな持ち上げる」とか、富は上層から下層へと「したたり落ちる」（トリクルダウン）（ハーヴェイ、2011：95）と想定されていた。

　だが、近年では、この理論は誤りであり、幻想にすぎなかったことが指摘されている。いわば「富は、富める人の手に残ったまま」の状態である。1980年代の米国は、新自由主義の台頭によって第二の「金ぴか時代」を迎え、さらなる富の集中と格差社会が到来したとされた。米国社会における「富の深い亀裂」（スミス、2015：16）である。

　たとえば、1970年代には102の代表的大企業のCEO（最高経営責任者）の平均報酬額は120万ドル（フルタイムの労働者の平均給与の40倍）であったが、2000年になると900万ドル（労働者の367倍）へと増大している。また、経営者トップの報酬も1970年代おいては平均的労働者の給与の31倍であったが、2000年初頭には169倍にもなっている（中野、2010：49）。わずか1%の富裕層が残りの99%の人々の資産を保有するといった具合である。新自由主義とは、結果的には富裕層への富と収入の再配分をもたらしたに過ぎず、金融・大企業の経営者の経済力と権力を飛躍的に強化し、新たな階級権力の創出を生み出したと言える。

　米国社会における企業権力の台頭をもたらした契機となったものがN.Y. Times記者であったスミス（Smith, Hedrick）が指摘した1971年8月23日の「パウエル・メモ」（*The Powell Memo*, http://reclaimdemocracy.org/ powell_memo_ lewis/）であった。このメモは、企業国家米国に対するマニフェスト（声明）であり、「米国商工会議所」を先頭に企業資本と組織力によって政治的権力を持つことを表明した檄文であった。そして、それまで個別であった企業の政治工作は、「ひとつに集中した活動」を開始することになる（スミス、2015：44）。各企業は、この後保守系シンクタンクで米国政府の政策決

定に重大な影響力持つことになる「ヘリテージ財団（Heritage Foundation）」
（1973年創立）、「カトー研究所（Cato Institute）」（1977年創立）、「マンハッ
タン研究所（Manhattan Institute）」（1978年創立）などを続々と創設して
いった。政府と企業の権力的癒着が始まるのである。

　企業の企業による企業のための国家統治を「コーポラトクラシー
（Corporatocracy）」と呼ぶ。まさに米国社会は、企業国家の形成を目指して
きたと言える。企業国家形成のために、標的にされ攻撃された人々が消費者
運動家のネーダー（Nader, Ralph 1934-）、民主党のカーター大統領、労働組
合などであった。米国政府と企業は、1978年の「規制撤廃法」「新倒産法」
（破産した企業の再建を旧経営陣が主導可能）「401（k）」（確定拠出型年金：
従業員年金資金の回避）「税制改正」（法人税・企業減税）などによって、企
業・経営者優位の社会を作り上げていくのである。現代米国の格差社会の礎
は、1970年代から始まると言え、現在は、その格差がさらに拡大する様相を
見せている。

　1970年代以降、米国社会では社会のあらゆる分野に対する企業の影響力の
拡大・強化がなされたが、その特徴を端的に示すものが巨大企業財団の登場
であった[2]。まさに今日の米国では企業財団が政府・公的機関を動かす原
動力になりつつある。こうした現代米国における企業財団の膨張は、次の
〈表1-4〉でも示したように、2015年には財団数が8万7千以上にも昇り、
助成金額は約553億ドル、総資金額は約7,982億ドルに達している。

　たとえば、2011年度の米国最大の「ゲイツ財団」の規模は、助成金額は
43.7億ドル、資産額は346億ドルであり、日本最大のトヨタ財団（約250億
円）と比較しても、その資産規模は150倍以上の開きがある。

　マイクロソフト社の創業者ビル・ゲイツの毎年の個人年収は6兆円以上と
も言われるが、米誌『フォーブス』が報じるところによれば、2018年版の世
界の長者番付では、米インターネット通販大手アマゾン・ドット・コムの創
業者でCEOのジェフ・ベゾスが保有資産1,120億ドル（約11兆8千億円）と
なり、米国一の金持ちとなっている。現在、米国企業を代表する世界的企業
としてGAFAが有名であるが、Google、Apple、Facebook、Amazonの頭文字
をとったものである。これらの流通・情報産業は、米国社会の富を独占する

〈表1‐4〉2015年の米国財団の規模

財団数	助成金額	資産金額	受領寄付額
87,142	55,262,883,393ドル	798,176,136,705ドル	56,240,796,586ドル

（Foundation Center 2016）

大企業へと急成長している。

　そして、もう一点、忘れてはならない新自由主義理論の特徴は、先にも指摘したように、競争や淘汰によるサバイバル・ゲームの様相を色濃く持つことである。新自由主義とは、個人の自由な経済活動を保障するものではあるが、同時に個人の行為と結果に対する自己責任も強調する。確かに、「自由」は人々に成功の可能性の幻想を振りまくが、他方では「勝者か敗者か」という結果に目を向けると、大多数の人々が「敗者」になることを余儀なくする。IT産業の成長によるテクノロジーの革新は、多くの人々の仕事を奪い、低賃金で働くことを余儀なくする。

　まさに、富裕層を豊かにするために、労働者は長時間労働と低賃金で働くわけである。競争や淘汰といったサバイバル・ゲームが組織や個人レベルで厳しさを増していけばいくほど、そのことは人間社会の共同性や連帯性も破壊することになる。

　オリバー・ストーン監督の2010年に上映された『ウォール・ストリート（*Wall Street: Money Never Sleeps*）』（20世紀フォックス）は株や企業買収に人生を賭ける金融マンを描いた人間ドラマであったが、マネーゲームに翻弄される人間の愚かさ、そして幸福とは何かを描く見事な作品であった。私たち人間は、富や贅沢の誘惑に極めて弱い。「億万長者」になることを誰もが夢見る。特に、米国社会における「成功物語」は何人にも魅力的である。まさに米国社会こそ個人の自由と成功を約束する「アメリカン・ドリーム」を具現化するものであると。

　だが、『ウォール・ストリート』で描かれる人々は、額に汗して働く勤労者ではなく、インサイダー取引などの謀略、裏切り、搾取を企てる人々であり、「強欲」に支配される人々であった。仲間、恋人、家族さえもだまし、裏切りを繰り返す人生の先に待つものは…。新自由主義下におけるサバイバ

ル・ゲームは、人々を分断と孤立に追い込み、社会や人間関係を破壊していく。米国社会を日本のモデルとしてはなるまい。

4　日本における新自由主義的戦略

　よく「日本は20年前の米国を追随する」と言われるが、米国のような経済格差は日本でも確実に起きており、貧困層も急激に拡大している。たとえば、日本人の平均的な実質賃金は1970年代と2010年代を比べても、インフレ分を考慮すれば「上がっていない」とするのが経済学者の一般的な見解である。富は、すでに日本でも一部の富裕層により独占されている状態である。2018年のソフトバンク・グループの孫 正義会長兼社長の資産は227億ドル、ユニクロを展開するファーストリテイリングの柳井 正会長兼社長が195億ドル、キーエンス創業者の滝崎武光が175億ドルなどである。米国同様に政治と経済の癒着も顕著である。では、日本における新自由主義の始まりはいつ頃だろうか[3]。

　日本における新自由主義の始まりは、いくつかの契機を指摘できる。もともと日本資本は「企業支配＋企業主義的労働組合運動＋下請け制＋自民党による企業優位の税財政体系など」（渡辺，2011：298-299）といった「開発主義体制」に守られ、急激な成長を遂げてきた。1980年代初めには対米輸出の急増により、世界最大の貿易黒字国となるものの、1980年代後半には急激な円高は日本企業を直撃する。

　この円高によって日本製品の国際競争力は低下し、輸出主導型で成長してきた日本経済は円高不況に陥ることになった。1982（昭和57）年から6年間にわたって内閣総理大臣を務めた中曽根康弘は、国内的には1985（昭和60）年に日本電信電話公社の民営化、1987（昭和62）年に日本国有鉄道清算事業団を設立し、約24兆円の赤字を抱えていた国鉄の民営化を断行した。一方、国外的には米国のレーガン大統領と日米安全保障体制の強化を図るが、1989年から開始された日米の二国間協議である「日米構造協議」によって貿易不均衡是正に着手した。米国側は、日本市場の閉鎖性を問題とし、経済構造の改革と市場開放を迫るが、このことが日本経済を新自由主義路線に構造改革する契機となったものである。

　1990年代の「失われた10年」と呼ばれる経済不況の中で登場する橋本内閣時代の日本は、新自由主義政策への路線転換を明確にした時代でもあった。ソニー、東芝、日産、トヨタなどに代表される日本の一流企業を中心とした資本の海外進出、世界的な自由市場の拡大に伴うグローバル市場の激化は、当然のことながら国内生産を減少させ、国内雇用が失われるといった事態も伴うことになる。当時の世界経済の状況は、米国・EUなどが競争力を回復し、中国が急激な経済成長を遂げていた。日本の経済的競争力は確実に失われていった。また、国内的には長期自民党政権による「リクルート疑獄」（1980年代末）、「佐川急便汚職」「金丸 信の蓄財問題」（1990年代）などの事件に象徴される政界の金権的腐敗構造への国民の反発が沸き起こっていた。

　2001（平成13）年の自民党総裁選は、「古い自民党をぶっ壊して政治経済の構造改革を行う」と叫んだ小泉純一郎候補が一大旋風を巻き起こし、橋本竜太郎候補らを破って当選する。小泉内閣は「聖域なき構造改革」をスローガンに、道路関係四公団・石油公団・住宅金融公庫・交通営団などの特殊法人の民営化、国と地方の三位一体の改革、郵政三事業の民営化などを断行していく。まさに、小泉政権によって新自由主義は本格化したと言える。2000年代に登場する小泉政権時代は、グローバル市場の拡大が顕著な時期でもあった。日本は世界的規模の経済戦争に直面し、それまで日本が保ってきた国際的な経済的優位性を喪失した時代でもあった。

　日本の戦後の経済成長を支えた日本的経営の特徴であった「終身雇用」「年功序列」「企業別組合」「日本的経営」「日本的雇用」などは、根底から見直しが迫られ、経営戦略に関する過酷な再編成（リストラ）が求められることになる。1995（平成7）年5月に日本経営者団体連盟の新・日本的経営システム等研究プロジェクトは、「人を選抜し、育成する」ことから「選抜し、使い捨てる」時代への到来を予告した報告書『新時代の日本的経営―挑戦すべき方向とその具体策―』を公表している。同報告書は、一言で言えば、企業の人件費の抑制を目指した「日本的経営」を見直すガイドラインを示し、その方針の下で労働者を「正規のエリート従業員」「契約社員」「パートタイマーや派遣労働者」といった3つのタイプの能力別・雇用別の形態に区分したものであった。

　日経連は、「長期蓄積能力活用型グループ」に位置づけられる企業の中核正社員以外は全て「有期雇用契約」「昇給なし」「退職金・企業年金なし」とすることも提言している。この日経連の提言は、労働者を階層的に区分しつつ、労働力の「流動化」「弾力的活用」を促し、総人件費の削減、低コスト化を目指すものであり、企業利益を労働者の賃金抑制によって確保するものであった。まさに、新自由主義的な経営戦略に基づく労働者の「使い捨て、切り捨て」を表明した文書であった。

　同じく、1997（平成9）年1月には経済同友会が「市場主義宣言」を発表し、「市場は競争を通じて効率的な資源配分を実現する極めて優れた仕組みである。経済社会の運営を可能な限り市場に委ねることが基本とされるべきである」（経済同友会，1997：2）として、「市場原理主義」を宣言した。

　だが、経済学者の内橋克人は、こうした当時の日本企業の徹底した合理主義と利益追求が人々を追い込んでいく危険な状況を指摘した。まさに、人は「人」ではなく、「モノ」としての扱いが始まる時代の危機についての警鐘を鳴らしたことになる。「企業は、合理性、効率性を極限まで追いもとめ、工場からムダ、ムリ、ムラのいっさいを徹底排除した。企業が排除したムダ、ムリ、ムラは、日本製品の国際競争力をこのうえもなく強くしたが、ムダ、ムリ、ムラの排除という価値観は至上のものとして、そのまま社会へ、教育へと移し植えられた。人の心からゆとりが消えていき、個性は異端となった。ムダ、ムリ、ムラのない人間だけが企業社会の望みだったからだ」（内橋，1995：251-252）。

　新自由主義は、企業利益を確保するためには、非情なまでのリストラを行う。理由は異なるけれども、2016（平成28）年には「東芝」が3,449人、「みずほフィナンシャル・グループ」が19,000人、「三菱UFJフィナンシャル・グループ」が9,500人、「三井住友フィナンシャル・グループ」が4,000人などの人材削減を公表している。もはや日本企業は、会社のために尽くした有為な人材であってもリストラの対象にする。企業を守るために、利益を確保するために、それまで貢献した従業員であっても容赦なく切り捨てられる可能性が高い。それは資本の側に都合のよい恣意的な雇用関係であったと言える。

5　欲望と感情支配のメカニズム

　これまでも述べたように、新自由主義国家の特徴とは個人の自由を保障する社会的諸制度を構築することであった。また、個人の行為と福利に対する責任も強調し、福祉・教育・医療・年金・保険などの公共福祉部門での市場化・民営化を招き入れるものでもあった。

　新自由主義とは、表面上は個人の自由や成功という「幻想」を振りまく。例えば、ソフトバンクの孫 正義、ユニクロの柳井 正、ZOZOTOWNの前澤友作など、「勝ち組」の代表的人物の顔と名前が浮かぶ。たしかに、日本の財界で華々しく活躍する人々もいるが、同時に多くの「負け組」「落伍者」が生み出されることも忘れるべきではない。一部の「勝ち組」と大部分の「負け組」。

　新自由主義とは、弱肉強食と貧富の格差をもたらすものであり、その責任を自己責任と個人の問題にすり替えるものである。結果的に、日本の社会に「分断」と「排除」をもたらす政治経済政策であったと言える。倉石（2009）は、日本においては1970年が「包摂型社会」から「排除型社会」への移動の節目であったと指摘するが、新自由主義は、この「排除型社会」を一層加速させるエンジン的役割を果たしている（倉石，2009）。

　「排除型社会」の特徴は、たんなる排除を目的としたものではなく、「包摂と排除とを含みこんだ過食症的プロセス」（真鍋，2017：17）と指摘された。排除される側も一方的に不当に扱われるわけではない。排除される側も自らの不遇・不幸を解消し、より社会のメイン・ストリームに近づくために「過剰なまでに主流文化への同一化」を試みることになる。そもそも、差別され、抑圧された弱者である従属的社会集団は、支配的権威や権力への服従という自発的態度を取り、自己の側の無力さ・無抵抗さを承認することになる。こうした従属的社会集団は、服従する態度を示すことにより、自分の身を守り、生きる道を確保するという手法を持っている。

　同じく、フランスの経済学者・思想家のロルドン（Lordon、Frederic；1962-）（2016）も、新自由主義とは賃金労働者に対して「全面的におのれの幸福感の主観的真理に基づいて満足するように」（逆を言えば、「おのれの置

かれている客観的真理を決定的に忘れるように」)、資本主義の夢を到来させるように考案されたものであると述べている(ロルドン, 2016:207)。つまりは、新自由主義の理想は金銭的な欲望でもなく、不幸を回避しようとする欲望でもなく、「喜び」を内包する自分自身の欲望に基づいて労働するように仕向ける企てである。

　そして、真鍋や藤田も指摘したように、この企ては賃金労働者に「強制された同意」ではなく「自発的隷従」を強いるものであり、「満足しているが、騙されて思い違いをさせられて満足している」(ロルドン, 2016:207)状態であるとする。いわば、「自らの利益を害するために自ら進んで自分の能力を提供する」という疎外された状況に置かれるのである。ただし、こうした「自発的隷従」を「喜び」と感じる限りでは問題は起きないが、「強制」としての「悲しみ」を感じれば、私たちは途端に怒りや不満を覚えることになる。そもそも、毎日、低賃金で、12時間以上労働したにもかかわらず、いきなりリストラされれば、私たちの内面化された隷従する態度は、やがては怒りでキレ、暴走し、攻撃するという二面性を露出させる。

　新自由主義とは、企業や経営者にとっては好都合な理論だが、賃金労働者には結果的には「隷従」を強いるものである。新自由主義がもたらす競争と淘汰は、結局、社会と個人の分断・孤立をもたらす。そして、そのことが社会的不満を蓄積・養育する培養土ともなる。この分断と孤立の理論は、決して政治や経済の世界だけで見られる現象ではなく、現状では私たちの日常性や意識にも浸透している。

　日本を含めた世界各地で起こる「排外主義」「人種主義」「性差別主義」などに加え、インターネットで見られる「様々なバッシング」「ヘイト・スピーチ」「ネットいじめ」などは、抑圧された人々の不満のはけ口ともなっている。もちろん、新自由主義だけがすべての出来事の原因とは言えない。しかしながら、私たちの社会に渦巻く不満や憎悪、差別や排除の感情は社会から生まれ、育ってきたものである。社会の協同性や連帯が失われつつある私たちの社会では、忍耐や許容を伴う「寛容(tolerance)」の精神も失われ、現代社会では「攻撃と排除」の台頭が顕著となっている。

　私たちを取り巻くグローバル化の進展は、個人主義の浸透と価値観の多様

化をもたらしたが、そのことは私たちが帰属するコミュニティ（共同体）の衰退と表裏一体のものでもある。私たちのアイデンティティ（帰属意識）崩壊の危機は、「薄いガス」のよう身近に迫っている。

　現代社会においては、確かに私たちが安心して生活を送る家族やコミュニティなどの人的ネットワークは弱体化しつつある。苦楽を共にし、喜びや悲しみを共有できる仲間・友達もいなければ、家族もいない。私たちの家族やコミュニティは分断され、孤立化することを余儀なくされる。そして、どこにも身を寄せる当てのない「一種の故郷喪失者のような状態」（真鍋, 2017；90）が一般化する。私たちは、社会から浮遊するだけでなく、「社会から排除されている」「世の中がおかしい」などと被害妄想に陥りつつも、自己の正当化を証明しようとする過激で破壊的な行動を引き起こす。本書の「はじめに」でも指摘した近年の「秋葉原」や「相模原」で起きた無差別大量殺傷事件は、こうした事例の一つとして挙げることができるだろう。

　こうした事件に共通した現象とは、「自分が奉じる価値観と相容れない人々」に対する露骨なまでの敵意を表明する人々が存在することである。彼らは、どこの誰かもわからない匿名の人々であり、個人で異なるはずの「価値観」「世界観」「主観」「見方」「考え方」などの領域で、人々の間の些細な差異を問題視して、侮蔑と猜疑に満ちた声を張り上げる人々である。姿を見せない、自分の名前も名乗らない匿名の人々の増大は、社会のあらゆる階層の人々が漠然と感じる「目に見えない毒ガスのような恐怖」となり、将来への漠然とした不安となっていく。

　本書の「はじめに」でも述べたように、真鍋　厚（2017）はフェイク・ニュースに見られるような「ポスト・トゥルース＝脱真実」とは、何が真実かは問題ではなく、偏見や猜疑心に満ちた個人の感情や信念によって発せられることを指摘している（真鍋, 2017：6）。ブログ、ツイッター、フェイスブックなどといったソーシャル・メディアの発達は、今や新聞やテレビなどの巨大メディア以上に世論形成にとって強力な影響を及ぼすものとなっている。その理由は、巨大メディアが扱わない情報をブログやツイッターで簡単に入手、ないしは発信できるといった人々の「検索欲」を満たしているからである。

　例えば、最近の「トレンド・ブログ」は真偽などどうでもよく、人々の「のぞきみ趣味」を満足させるような刺激的な内容で溢れている。そこには、事実とは異なる虚偽のニュースがアクセス数を稼ぐために流され、拡散され、デマ情報となって世間を覆う。さらには、自分が信じる価値観と相容れない人々を攻撃対象とし、それが一大勢力となって虚偽の情報に基づくバッシングを生み出す。こうしたネット・バッシングは、「不謹慎狩り」とも呼ばれ、他人を傷つけ、糾弾することに喜びを感じるような自己中心的な人間の温床となっている[4]。

6　子どもの貧困＝格差の連鎖

　最後に、新自由主義による格差拡大の社会的影響が子ども世代にも「格差の連鎖」（梶，2009：100）となって現れている状況を指摘したい。すでに、本章の冒頭でも日本の富裕層と貧困層の格差拡大が顕著になっていることを指摘した。こうした社会的格差は、子ども世代にも引き継がれ、貧困という負の連鎖がますます日本を閉じられた社会にする危険性がある。それは経済的格差だけを意味しない。

　親や家庭が、どのような階層に所属しているかで子どもの将来が決まってしまうことを「ペアレントクラシー（parentocracy）」と言う。親の経済的・文化的資本が子どもの学習態度にも影響を及ぼすことは周知の事柄である。親から子どもへと受け継がれる「貧困の連鎖」は、あたかも前近代の身分制社会や世襲制社会であるかの如くに、貧困階層を固定化し、富裕層との格差をますます拡大していくのである。

　内閣府の調査結果では、子どもの相対的貧困率は1990年代半ば頃からおおむね上昇傾向にあり、2012（平成24）年には16.3％となっている。経済的理由により就学困難と認められ就学援助を受けている小学生・中学生も同年には約155万人にも達している（内閣府，2015）。同じく、山野（2014）も2009（平成21）年の時点で、親子二人世帯の所得中央値が月額10万円以下で生活している子どもが約160万人も存在したと試算している（山野，2014：40）[5]。つまりは、子どもを持つ家庭の経済状態は、一人親世帯であっても二人親世帯であっても、懸命に働いているにもかかわらず「ワーキングプア

状態」に陥っていることになる（山野，2014：52）。しかも、極度の貧困状態は経済的な問題だけを意味しない。冒頭の虫歯の問題でも明らかなように、貧困は無知をも生み出し、社会的・制度的支援の何たるかを理解できずに、生存や生活の維持に利用できる関係資源をほとんど持たない状態に陥る。

　第二次安倍政権は、2013（平成25）年に「子どもの貧困対策の推進に関する法律」を制定した。その基本理念は「子どもの貧困対策は、子ども等に対する教育の支援、生活の支援、就労の支援、経済的支援等の施策を、子どもの将来がその生まれ育った環境によって左右されることのない社会を実現することを旨として講ずることにより、推進されなければならない」（第2条）としているが、その対策の基本は「〈社会的排除─社会的包摂〉を理念モデルにしておらず、新自由主義的な社会統合とセットになっている」（中西，2015：77）と指摘された。この問題を指摘した中西新太郎は、たんなる経済的支援による子どもの貧困対策だけでなく、貧困それ自体から抜け出す社会的・制度的支援、生存・生活の維持に利用しうる「関係資源＝社会的つながり」（例えば、家族、仲間、スクール・カウンセラー、ソーシャル・ワーカーなど）の改善も重要であることを強調している。

　中西は、学校教育における関係資源の剥奪、欠如、枯渇を詳細に論じているが、いずれにせよ、子どもを持つ貧困家庭に対して現在の日本社会では、社会的排除の克服をなしえていない。新自由主義は、社会や人々の分断と排除をもたらすが、同時に子どもを取り巻く状況においても、子どもから家庭、学校、地域などにおける居場所を奪い、孤立と絶望を余儀なくする状況を生み出している。中西は、「埒外の民」（中西，2015：75）と呼ばれる社会から徹底的に孤立状態に追い込まれる人間分析を行っているが、とりわけ極度に貧困に陥った人間の絶望的心理状態を描いている。

　山田昌弘（2006）は、「希望格差」「意欲格差」という言葉を用いて、日本社会が「努力が報われる人と報われない人に分裂する希望格差社会」（山田，2006：127）となったことを指摘する。努力への信頼、努力への信ぴょう性を失えば、努力以前に物事への地道な取り組みを放棄し、利那的に今の現実を楽しみ、かろうじて自らの自己肯定・自尊心を維持しようとする。しかし、それは長くは続かない。やがて、自己への不満・欺瞞が社会にも向けられて

いくのである。

　私たちは、スマホを片手に電車、トイレ、エレベーターの中で、狭いガラス窓の世界をのぞき込むことに夢中になる。確かに、その世界は無限の情報世界であろうが、逆に人や社会との接点を失う危険性も自覚したい。社会との接点を失えば、それは「引きこもり」となる。私たちは、いつの間にか大量の情報の中で、ただただ情報を消費することに追われ、何が正しく、何が間違っているかの判断にも無頓着となる。判断することすらも放棄する。善悪や真偽など、面倒な問題は避けて通り、「面白いニュース」「話題性の高い出来事」に真っ先に飛びつく。私たちの存在は、巨大な情報産業に魂を吸い取られる、ただの情報消費者に等しいものになる。

　私たちは、何を得て、何を失っているのか。私たちは、何を捨てて、どこに向かおうとしているのか。今後、ますます激化する競争社会の中で、敗者や落伍者の淵に追い込まれるかもしれないと言う恐怖に苛まれながら生きるのであろうか。それとも、何も考えられずに、世の中の流れに身を任せるのであろうか。幸せの度合いを決めるのは、経済のあり様、産業のあり様ではない。また経済的な裕福さの度合いでもない。

　たしかに市場を規制し、統制する力は誰にもない。だが、この社会で生きる意味や価値を問い直す力は、誰かに与えられるものではなく、自らが問い続け、行動することでしか得られない。自分自身でよく考え、真偽を見極め、判断することでしか「隷従状態」を抜け出す道は存在しない。「自らが考え、自らの信念の下に行動する」。その決意と覚悟がなければ、私たちは「浮遊する埒外の民」になることを余儀なくされる。

おわりに

　本章では、戦後日本社会が目指してきた機会均等や平等主義という福祉国家的理念が1980年頃から新自由主義的理念に変容し、米国並みの格差社会になったことを指摘した。そして、新自由主義とは支配階級の復権・強化を意図したものであり、その真の「ねらい」は富と収入を上層階層に再配分することであった。私たち一般労働者は、「自発的隷従」によって、契約社員やパートタイマーとなり、まさに富裕階層が金持ちになるための都合のいい道

具とされつつある。

　新自由主義がもたらす市場原理主義とは、国民の命と生活を守る公共福祉部門にすら市場化・民営化を招き入れることであり、個人の行為と福利に対する責任を強調するものである。こうした社会に居心地の悪さを感じている人々は、おそらく社会的孤立によって人としての最低限の「尊厳」を得られていないことを感じ取っていることであろう。そうした人々は、日本国民が裕福と貧困という二つのカテゴリーに引き裂かれ、共同性と連帯性を感じることのできない分断・排除された社会のあり様に敏感に気付いている人々である。

　戦後の日本社会では、農山漁村が地域共同体の役割と機能を果たしたが、次第に「会社」がそれにとって変わっていった。その会社もグローバル化の煽りを受けて共同体としての役割を果たせなくなりつつある。このままでは、日本社会全体の地盤沈下を引き起こし、ますます居心地の悪さを感じる者が増大し、選別と排除からくる敵意や憎悪をむき出しにする社会不安を引き起こす。「差別と排除」のシステムを持つ社会は、長くは続かない。

〈注〉
（1）　この報道は、全国的に報道された。39都道府県で子育て世帯の10％以上が貧困状態にあることが指摘されたが、貧困家庭の比率が高い県は沖縄（37.5％）、大阪（21.8％）、鹿児島（20.6％）であり、低い県は福井（5.5％）、富山（6.0％）、茨城・滋賀（8.6％）である（『毎日新聞』2016.2.18.）。
（2）　2000年代には金融、情報、量販の独占資本を代表する「ビル＆メリンダ・ゲイツ財団（the Bill and Melinda Gates Foundation、B&MGF）」（2000年創立）、「ウォルトン・ファミリー財団（the Walton Family Foundation）」（1987年創立）、「エリ＆エデユース・ブロード財団（the Eli and Edythe Broad Foundation）」（1984年創立）、「マイケル＆スーザン・デル財団（the Michael and Susan Dell Foundation）」（1999年創立）などの巨大企業財団が登場する（北野，2017）。
（3）　日本の新自由主義を分析した渡辺（2011）に従えば、新自由主義の発生と展開は、1990〜96年の橋本内閣誕生までが第1期、その後の橋本政権による本格的な新自由主義改革（構造改革）が第2期（1996〜98年）、橋本政権の崩壊から森政権までが第3期（1998〜2001）、郵政民営化を断行した小泉政権が第4期（2001〜2006）であった（渡辺，2011：312）。
（4）　たとえば、2014年のソチと2018年のピョンチャン・オリンピックで金メダルを獲得した選手が「当たり屋」（他の選手と練習でよく衝突する）「ナルシスト」などと様々な非難中傷に晒された。また、高校野球で活躍し、大学野球を経てプロ球団に入団した「ハンカチ王子」に対しても嘲笑めいた批判が続いている。結局、ネット・バッシングによる非難中傷は根拠のない事実無根に基づくものであり、自らの名前も名乗らない匿名の記事である。
（5）　「相対的貧困率」「所得中央値」などの専門用語の解説は、山野（2016）が詳しい。衣食住な

どの生活上絶対に必要なものにも困る場合を「絶対的貧困」と言い、社会全体の中で相対的に貧困層に属する場合を「相対的貧困」と言う。「所得中央値」とは、所得の真ん中の値を意味し、平均値ではない。中央値の50％が「貧困ライン」である。

〈参考・引用文献一覧〉
内橋克人（1995）『共生の大地─新しい経済がはじまる』岩波書店。
国際統計格付けセンター（2015）「世界・子供の貧困割合ランキング」http://top10.sakura.ne.jp/OECD-INCPOVERTY-T1C.html〈2020.5.1取得〉
北野秋男・吉良　直・大桃敏行編著（2012）『アメリカ教育改革の最前線─頂点への競争─』学術出版会.
北野秋男（2015）「米国の巨大企業財団と教育改革の歴史」日本大学人文科学研究所『研究紀要』第90号，pp.25-37.
北野秋男（2017）「現代米国のテスト政策と教育改革─『研究動向』を中心に─」日本教育学会『教育学研究』第84巻第1号，27-37頁。
梶　善登（2009）「子どもの教育格差」国立国会図書館『青少年をめぐる諸問題：総合調査報告書』100-118頁。
倉石一郎（2009）『包摂と排除の教育学』生活書院。
経済同友会（1997）「市場主義宣言─21世紀へのアクション・プログラム─」1-27頁。https://www.doyukai.or.jp/policyproposals/articles/1996/pdf/970109a.pdf〔2019.4.5.取得〕
佐々木　賢（2009）『教育と格差社会』青土社。
商工リサーチ（2018）「リーマン・ショックから10年「リーマン・ショック後の企業業績」調査」https://www.tsr-net.co.jp/news/analysis/20180913_01.html〔2019.2.27.取得
新・日本的経営システム等研究プロジェクト編著（1995）『新時代の「日本的経営」─挑戦すべき方向とその具体策』日本経営者団体連盟。
スミス、ヘンドリック（2015）『誰がアメリカンドリームを奪ったのか？』朝日新聞出版
全国保険医団体連合会（地域医療対策部）2016「学校歯科治療調査『中間報告』」1-9頁。https://hodanren.doc-net.or.jp/news/tyousa/180607_gakkosika.pdf〔2018.9.26.取得〕
ハーヴェイ、デヴィッド（森田成也他訳）（2011）『新自由主義─その歴史的展開と現在─』作品社。
総務省（2017）『「非正規雇用」の現状と課題【正規雇用と非正規雇用労働者の推移】』1-6頁，https://www.mhlw.go.jp/content/000179034.pdf〔2018.9.26取得〕
友寄英隆（2007）『「新自由主義」とは何か』新日本出版社。
内閣府（2015）『平成27年版　子ども・若者白書（全体版）厚生労働省』http://www8.cao.go.jp/youth/whitepaper/h27honpen/b1_03_03.html〔2018.10.20取得〕
中野洋一（2010）「日本・アメリカの拡大する貧富の格差」九州国際大学『国際関係学論集』第5巻，第1・2号合併号，33-67頁。
中西新太郎（2015）「貧困と孤立のスパイラルを断ち切る」『現代思想』青土社，第43巻第8号，75-87頁。
真鍋　厚（2017）『不寛容という不安』彩流社。
山田昌弘（2006）『希望格差─「希望格差」を超えて─』文芸春秋社。
山野良一（2014）『子どもに貧困を押し付ける国・日本』光文社新書。
ロルドン、フレデリック（杉村昌昭訳）（2016）『私たちの"感情"と"欲望"は、いかに資本主義に偽造されているか─新自由主義社会における〈感情の構造〉─』作品社。
渡辺　治（2011）「日本の新自由主義─ハーヴェイ『新自由主義』に寄せて─」D. ハーヴェイ（森田成也他訳）『新自由主義─その歴史的展開と現在─』作品社. 289-329頁。
Foundation Center（2016）*Foundation Data*（*2015*）*https://search.yahoo.com/search*…

　［2016.12.21.入手］

Orfield G. & Lee, C.（2007）"Historic Reversals, Accelerating Resegregation, and the Need for New Integration Strategies", *Civil Rights Project.* pp.1-49

Smith, Hedrick（1971）*The Powell Memo,* http://reclaimdemocracy.org/ powell_memo_ lewis/　［2016.12.20.取得］

コラム 『金の卵』から『使い捨て』へ
～労働市場の『トランジッション』変容～

窪 和広

　日本では、1990年代前半のバブル経済が崩壊するまで、新規学卒者は日本独自の雇用慣行による「新規学卒一括採用」により学校を卒業すると労働市場に移行し、「終身雇用」という長期雇用により安定的な生涯を送ることができた。その中には「金の卵」と呼ばれ、貴重な若年労働者として重宝された中卒労働者も含まれていた。東北や九州からは、都会に向かう夜行の集団就職列車が出発したが、その第1号は1954（昭和29）年4月5日15時33分の「青森発上野行き」の列車であったと言われている。

　こうした「金の卵」の雇用先は、製造業を中心とした町工場や個人商店などであったが、1990年代後半の日本社会では雇用構造の急激な変化に伴う労働市場の変容により、派遣社員・パート・フリーターなどといった非正規雇用の若年者や女性が創出されている。その数は平成28年度には2,000万人を超え、日本の全就労者数の約40％までに達している。こうした不安定雇用の若年者が生まれる要因としては、経済のグローバル化に伴う企業の雇用者の減少、学校経由の労働市場への移行の困難化、教育における職業的意義の希薄化（本田，2009）等があげられている。不安定雇用の若年者は、低学歴の者が多く、貧困の連鎖・再生産が生じやすいともいわれている。このことは、個人の問題としてではなく、社会全体に大きな問題として影響を与えつつある。

　学校から労働市場への移行は「トランジッション（移行）」と呼ばれ、「フルタイムの学校教育」を修了して、安定的な「フルタイムの職」に就くことを意味する。しかしながら、近年の日本において労働市場は派遣社員・パート・フリーターなどといった非正規雇用が増大し、フルタイムの職に就くことは困難さを増している。また、厚労省が公表する若者の離職率は高く、非正規雇用であればあるほど、初期キャリアにおける離職率が高いことも特徴的である（厚労省「新規学卒者の離職状況」2018年）。

　今日の労働市場における「終身雇用」から「非正規雇用」への移行は、若年者の安定した生活や人生への夢を奪うだけでなく、貧困問題にも直面し、犯罪にも手を染めかねないという社会的問題にも発展する可能性が潜んでいる。以下の文献の一読を勧めたい。

本田由紀（2009）『教育の職業的意義—若者、学校、社会をつなぐ』筑摩書房。

コーポラトクラシーと教育

攪上哲夫

　「コーポラトクラシー」は一企業、グループ企業または民間団体をその一部とする政府が、特定の国家の政府と政策をコントロールする国家統治であり、会社事業家たちによって支配される政府を意味する。この概念を日本に紹介した人物が『崩壊するアメリカの公教育』の著者である鈴木大裕である。

　鈴木は、「その新しい統治の在り方の特徴として、人権よりも所有権の優越性を認めること、大企業・政府・大手銀行という三大機関の繋がりが中心にあること、それらを循環する一部のパワーエリートによる少数独裁政治であり、民主主義に対するアンチテーゼであること、パワーエリートと一部企業の権利を守ることがその最大の目的であること」と指摘した。そして、アメリカの公教育が崩壊していく過程で、コーポラトクラシーが介入してきた事実を詳細に述べている。

　この新しい統治の在り方は、経済に必要とされる知識とスキルの重点化、それに伴う批判的思考の排除、それら教育コンテンツのコード化と標準化という形で教育にも反映される。企業教育改革者は、教育に関する決定権を世論に動じない強い力を持つ経営陣の手にゆだねようとする。その一例を紹介する。

　ゲイツ財団は、合衆国において圧倒的な規模を誇る最大の財団である。この財団は毎年、何億ドルもの教育資金を提供している。チャーター・スクールの拡大を承認するのみならず、テストに基づく教員評価とメリット・ペイにも巨額の投資を行っている。教育関連の組織でゲイツ財団からの資金援助を受けていない組織を探すことは不可能である。この財団は、ワシントンD.C.の主要なほとんどのシンクタンクに資金援助することにより、「支持」を裏付ける役割も引き受けている。それは、ほぼすべての州で採用されているコモン・コア・スタンダードの創設、評価、促進も支援した。

　今日のアメリカの公教育政策を陰で動かしているのは、ゲイツ財団のような企業型教育改革者であり、それに連なる多国籍企業であり、その目的は子どものためでも国のためでもなく、企業利益のためと言える。

【参考文献】

鈴木大裕著（2016）『崩壊するアメリカの公教育』岩波書店

ダイアン・ラヴィチ著　末藤美津子訳（2015）『アメリカ　間違いがまかり通っている時代─公立学校の企業型改革への批判と解決法』東信堂

［第2章］
先住民族アイヌの日本社会への働きかけとアイヌ政策との齟齬

上野昌之

〈本章を読む前に〉

　アイヌ民族について話題とするとき、「純粋なアイヌ民族はもういないんでしょ？」と聞かれることがある。アイヌ民族に関心を持っている人であってもアイヌ民族の人々の現在についてはよくわかっていない。この問いに対し、いつも私は、「あなたは純粋な日本人」ですかと意地悪に答えることにしている。オーセンティックな民族というものがあるのかと考えてもらいたいからである。民族を規定する要素には様々なものがあり明確に民族概念を定義することはできない。ただ、私たちは過去からの血統となんらかの自己の帰属性（アイデンティティ）によっておぼろげに自分を何だとか、何民族だとか思っているのではないだろうか。それからすると先の素朴なアイヌ民族への質問は、血縁のみを焦点にしていることになる。

　日本のマジョリティである人々はいったい何民族なのだろうか。戦前なら大和民族という言葉があったが、今はほとんど使わない。それは戦後植民地がなくなり「単一民族国家」になったという錯覚で、自らを規定する民族名称が一般化しなくなったからなのではないだろうか。そのとき、日本には古くからアイヌ民族がいることを再発見すると、その存在と国のあり方に疑義が生じ、先のような問いが発せられるのではないかと感じている。

　では、少数先住民族であるアイヌ民族の人々はどれくらいいるのだろうか。日本の国勢調査では属する民族を問うことはないので、アイヌ民族の人口は不明である。ただ北海道庁が定期的に行っている北海道アイヌ民族生活実態調査（2017年）の数字は1万3千人余りである。この調

査は北海道アイヌ協会の協力の下で行われているが、悉皆調査ではない。近年、プライバシー保護の観点から調査がしにくくなっているといわれる。つまり数字になって表れたものは道内のアイヌ民族人口の最小値ということが言えそうである。すなわち、この何倍ものアイヌ人口が道内にいるだろうと考えられる。しかし、北海道の人口がおよそ528万人（2019年）あることから考えると、極めて少数であることに変わりはない。

　マイノリティであること自体は隠すことではないが、アイヌ民族の場合、なぜアイヌ民族であることがプライバシーの問題となるのだろうか。そしてマジョリティの日本人はなぜ自己の民族性に無頓着でいられるのだろうか。そこにアイヌ民族と日本人とが対峙する永い歴史の齟齬があるのではないだろうか。

　アイヌ民族は決して日本との歴史を忘れてはいない。なぜなら自らの現在がそこに規定され、アイヌ民族であることを意識せざるを得ない現実があるからである。しかし、日本国家、日本社会、日本人自身はアイヌ民族との歴史を忘れ、それで済ませてはいないだろうか。過去150年の歴史の中で、両者の持つ歴史は異なり、その重さは違う。これからのことを考えた時、日本はアイヌ民族とどのように関わっていけばいいのだろうか。それを考えることは国の未来の姿を考えることであり、日本人の生き方を示すことになるのではないだろうか。

はじめに

　2019年4月19日、「アイヌの人々の誇りが尊重される社会を実現するための施策の推進に関する法律」（以下、「アイヌ施策推進法」と略す。）が施行された。この新法はアイヌ民族を初めて「先住民族」と規定した法律で、差別の禁止を定め、観光や産業の振興を支援する新たな交付金制度の創設などが盛り込まれている。「アイヌの人々の民族としての誇りが尊重される社会の実現」を目的に掲げているところは、先の1997年施行された「アイヌ文化の振興並びにアイヌの伝統等に関する知識の普及及び啓発に関する法律」

（以下、「アイヌ文化振興法」と略す。）を継承する。2007年に発せられた「先住民族の権利に関する国連宣言」（以下、「国連宣言」と略す。）を俯瞰しているとは言い難いが、この法律の制定には国際的な要請が背景にあると言えるだろう。

　アイヌ民族は明治以降、居住地であったヤウンモシリ（yaun mosir）を失い、狩猟採集民であったにもかかわらず狩猟・漁労が禁止され、居住地の強制移住や同化政策がすすめられた。日本人開拓民の人口が年ごとに増加する中で社会的な圧迫や差別を経験していくことになる。保護の名の下に「北海道旧土人保護法」が施行されたが、これは農耕奨励を主とする法律であり、農業に慣れないアイヌ民族は給与地の権利を和人に奪われていった。社会進化論が広まる時代でもあり、アイヌ民族は劣等でやがて滅び行く民族と考えられていた。民族の中から向上を図る活動は起こるが、経済力もなく人口も少なく散在する人々が差別の中で民族を向上させていくことは極めて困難であった。戦後アイヌ民族が日本社会に対し様々な働きかけを行い、生活や福祉の改善を社会的、政治的、経済的に求めていった。その到達点が現在の新法の制定にある。

　本章の目的は先住民族アイヌと日本政府・社会とのこれまでの関係を考察することである。その際、歴史的にアイヌ民族が政治の舞台に登場するタイミングに注目することで、アイヌ民族の日本社会での位置づけを考えてみる。マイノリティであるアイヌ民族はなぜ社会的に軽視されて来たのであろうか。そして、どのようなとき政治の表舞台に立つことになるのだろうか。アイヌ民族に対する日本社会の排除と包摂の論理を考えることで、日本社会とアイヌ民族との関係を明らかにする。そして、その現状を踏まえ、日本社会における先住民族としての限界と可能性について考えることにする。

　これまで政治、経済的なアイヌ民族についての研究は多々なされているが、日本政府のアイヌ民族に対する対応を国際的関係の下で長期にわたり俯瞰的に考察することはアイヌ民族と日本との関係を考える上で有意義ではないだろうか。また先住民族政策として「アイヌ施策推進法」を考察することも時勢に合ったことと考える。今日の日本はグローバル化と少子高齢化のもと海外から多くの外国人が日本にやって来ており、多民族が共生していく社会の

あり方が求められている。日本社会自体が多民族・多文化を自然なものとして容認していく社会となっていく上でも先住民族の問題を考えることは必要なことだろう。

　まず、戦後アイヌ民族が日本社会へ向けて行った働きかけについてその動きを追い、今回の新法に至るまでの社会的な変遷をたどる。次に、アイヌ民族が日本政府の政治対象とされるときのこれまでの政治的環境を考察することで、日本の政府や社会にとってアイヌ民族の持つ意義を問うことにする。そして、今般制定された「アイヌ施策推進法」のあり方を分析することで、日本政府及び日本社会のアイヌ民族の捉え方を考える。

1　アイヌ民族の生活改善への働きかけ

　戦後間もない1946年2月、「衰退の一途を辿るアイヌ民族の自主的復興を図りもって新日本の建設の一翼を担う」（北海道新聞社, 1946）ことを目的に社団法人北海道アイヌ協会の創立総会が静内町で開催された。理事長に向井山雄（1890-1961）が就任し、協会は「アイヌ民族ノ向上発展、福利厚生ヲ図ルヲ以テ其ノ目的」として発足した（北海道アイヌ協会, 1946）。協会は次のような6事業を行っていくことを目指した（北海道アイヌ協会, 1946）。

1．教育ノ高度化　　2．福利厚生施設ノ協同化
3．共有財産ノ醸成及其ノ効果的運用　　4．農業ノ改良
5．漁業ノ開発　　6．其ノ他右ニ関連スル一切ノ事業

　常務理事の小川佐助（1905-1987）は当時のアイヌ同胞（ウタリ）について、「文化に遅れて生活程度が低いと言う丈で、至る所劣等扱いにされ、社会的厭迫に苦しめられた数々の悲劇に、義憤を感ぜずには居られなかった」と述べ、だが「自分達の身邊をながめた時に、そこには餘りにも不衛生的な住宅、惨めな生活、見難い服装、これではいけない、何とかしなければいけない」、「如何に弱い者ばかりでも、同志がほんとうに結束して協力したならば従来私共が悩み苦しんできたことの解決に、何も出来ないことがあろうか、まずは団結

しようではないか」と北海道アイヌ協会存立の趣旨を説いている（北海道ア
イヌ協会，1948：7）。事業目的からもわかるように、この協会は政治的な目
的を持たず、もっぱら生活の安定を図り民族の向上発展と福利厚生がめざす
社会事業団体、慈善事業団体の性格を持っていた。

　この後北海道アイヌ協会は具体的には新冠御料牧場解放運動に関わり、戦
前強制移住をさせられていたアイヌ民族22戸に土地返還を実現させた。その
後も請願運動を行い、貧困なアイヌ民族の向上を図る厚生事業を求めたりし
ているが、主に「北海道旧土人保護法」で下附された給与地に対する農地調
整法の適用除外を求めるものが大きな流れとなっていた。和人に実質奪われ
ていた給与地を農地改革での対象から除外することを求め、国やGHQへの
請願運動となった。しかし、結果としては給与地総面積8483町歩余りの26%
にあたる2230町歩の農地が買収され（榎森進，2007：519）、アイヌ民族の受
けた経済的損失は大きなものとなった。この失敗により北海道アイヌ協会の
存在意義も大きく揺らぎ、協会の運動は低迷していくことになる。

　1950年代は農地改革阻止の失敗の影響で「北海道旧土人保護法」への不信
も募り、「北海道旧土人保護法」不要論が唱えられた（北海タイムズ，1960）。
各地からはアイヌ民族の生活改善の声が出ており（毎日新聞社，1959）、ア
イヌ民族の社会や生活は閉塞状態に置かれていたと言えるだろう。こうした
流れの中で北海道アイヌ協会は1960年4月に再建総会を開くことになる。森
久吉（1928-2008）理事長は「協力して互いに厚生福祉を高めよう」とアイ
ヌ民族の再結集を求めている（北海道ウタリ協会，1963：4）。総会では協会
の名称を差別的に扱われる「アイヌ」をやめ、「北海道ウタリ協会」に変更
することも協議された。

　道によりアイヌ民族が居住する57地域で不良環境地区改善対策が組まれ、
生活館、共同浴場、共同作業場、井戸・下水など共同施設の設置を行政が積
極的に援助することも示された。これらは以前から道への陳情などが行われ
ていた案件であった（北海道新聞社，1960：959）。協会の会誌『先駆者の集
い』には会員から協会再建を機に同族の努力奮闘を期待することが寄せられ
ている。新たな再建協会は約款にも多少の修正が加えられた。筆頭には教育
の高度化が置かれ、アイヌ民族にとって教育の必要性が強調されている。経

済的支援の部分で職業生業が広くとらえられるようになり、発展向上・福利厚生を図ろうとする点は以前と変わりない。

　日高地方では住民の生活実態調査が行われ、差別に対する意識調査も行われた。そこでは52.4%が差別経験があると回答している。その理由として「特徴ある容貌」「文化水準の低さ」「経済的困窮」「生活の無計画さ」「アルコールでの淫傾向」などの偏見があり差別につながっているとしている。これに対し民主主義思想の浸透が最大の解決策で社会教育活動や地域組織活動の進展、特に生活館での隣保活動でアイヌ民族の自立意欲の助長につとめなければならないと、自主的運動で差別の克服を企図していくことが主張されている。(北海道日高支庁，1965：52)。しかしこうした提言は戦前から行われており、必ずしも功を奏しているわけではなかった。他方では社会に対する発言も行っていった。明治百年記念行事以降、各地で行われる開基事業に対する強い抗議も行っていく[1]。

　こうした流れは当時の日本社会の大きなうねりの中で社会変革を目指す動きとなっていった。1970年前後から言論活動でも盛んになっていく。佐々木昌雄(1943-)らが『アヌタリアイヌ　われら人間』を発刊し、「もし、『アイヌ』が『アイヌ』の内だけに閉じこもってしまうなら、人々が指さして言う『アイヌ』で終わってしまうだろう。今私たちが直面しているのは、人種としての『アイヌ』でもなく、民族としての『アイヌ』でもなく、ただ、状況としての『アイヌ』」(佐々木昌雄，1973：8)であるとアイヌ存在そのものを内観し、広くアイヌの置かれている状況に目を向けていく必要性を説いていく。中には社会に対する直接的な実力行使に出る例も認められ、「アイヌ過激派」として当時公安警察の監視対象ともなった[2]。

2　アイヌ民族自立化への動き

　1969年に国が同和対策事業特別措置法を制定した。同和地区への生活環境改善、産業振興が目途とされた。これをアイヌ民族へも対象を広げようとしたところ、町村金五(1900-1992)北海道知事はアイヌ問題は道の事案とし、独自にウタリ対策を実施していくことを表明した(北海道ウタリ協会，1985：7)。これより1974年から道による第一次ウタリ対策が図られ「生活環

境整備事業」と「ウタリ地区農村漁業対策」を中心とした施策が実施されていった。しかし、ここではアイヌ民族が一番に期待を寄せる教育文化対策への事業が薄く、それが不満となっていた。

第一次ウタリ対策が終了した時点で、この施策が行われても同和との格差が広がっていると不満が寄せられた。その原因がこの政策の基軸となる法律の有無によるものではないかと言われた。これを打開するためにアイヌ民族に関する新たな法律の必要性を求める意見が高まり、アイヌ新法制定を求める1980年以降の活動に結びつくことになる。

1984年北海道ウタリ協会の総会で「アイヌ民族に関する法律（案）」が運動方針として可決され、以下の 6 条（北海道ウタリ協会，1984：4-6）の実現に向けた運動が繰り広げられていった。

第 1　基本的人権：アイヌ民族に対する差別の絶滅。

第 2　参政権：屈辱的地位の回復のために、国会及び地方議会にアイヌ
　　　民族代表として議席を確保する。

第 3　教育・文化：差別が、基本的人権を阻害してアイヌ民族の教育、
　　　文化面での順当な発展を妨げ、社会的、経済的な劣勢ならしめる
　　　一要因となったことを鑑み教育・文化の諸施策をおこなう。

第 4　農業漁業林業商工業等：諸生業分野における経済の自立化を促進
　　　させるため、諸条件を整備する。

第 5　民族自立化基金：保護目的の福祉対策を廃止し、アイヌ民族の責
　　　任の下に自立するための基金を創設する。

第 6　審議機関：アイヌ民族政策を正当かつ継続的に反映させるために、
　　　首相直属又はこれに準ずる中央アイヌ民族対策審議会と北海道に
　　　北海道アイヌ民族対策審議会を創設する。

新法（案）では政治的権利、経済的支援、教育・文化政策の充実、自立化基金、アイヌ審議機関の創設を求めている。これはこれまでの向上発展・福利厚生を求める北海道ウタリ協会の方針を越え、その対策の不十分さから抜本的なアイヌ民族政策、民族自立を求める方向への修正が見てとれる。こう

した動きは、これまで行政に対して依存傾向にあった北海道ウタリ協会が、広範な目標を掲げ自立性を高めていこうとする表れとみることができる。

　アイヌ民族は国際的な先住民族の活動に影響を受け1987年から国連に代表団を送り先住民族作業部会に参加し、先住民族の権利宣言の起草に関わっていった。国際社会に対し日本の先住民族の存在を主張するとともに、諸外国の先住民族との関係を深め、国内での活動にエンパワーメントを与えていった。1992年12月11日　ニューヨークの国際連合本部で「世界の先住民の国際年」（国際先住民族年）の開幕式の席で、北海道ウタリ協会の野村義一（1914-2008）理事長が演説を行った。民族衣装を身に纏い、アイヌ民族の苦難の歴史を語り、国が民族自決権を認め、先住民族との間に「新しいパートナーシップ」を結ぶことを求めた（竹内渉，2004：218-222）。

　翌年から国際先住民族年が始まり、アイヌ民族の活動も一層活発になっていった。国際的に海外の先住民族や少数民族との交流も盛んになる一方で、国内ではアイヌ語教室が北海道各地で展開されたり、儀式の復興を始めた。また、学校教育でもアイヌ民族の扱い方が議論されたり、歴史教科書記述の検証が行われたりした。アイヌ新法制定を求める動きも大きな進展が見られた。こうした動きは北海道内ばかりでなく首都圏でも盛んになり、政府や国会議員に対する請願や陳情、新法制定要請の署名活動、集会、街頭デモ行進が行われたり、アイヌ民族の文化活動を通して一般社会へ啓発が行われたりしていった。国際的な情報も入るようになり、海外からアイヌ民族との交流のための訪問者も増え、活動が地域的なものから全国的なもの、国際的なものへと変わっていった。

　おりしもこうした情勢の中で中央政界も大きく変わり、1994年6月社会党の村山富一（1924-）自社さきがけ連立内閣が発足し、その内閣官房長官にかつて旭川市長だった五十嵐広三（1926-2013）が就いた。7月参議院で社会党から立候補した萱野茂（1926-2006）が比例区繰り上げ当選となり、アイヌ民族初の国会議員としてアイヌ新法の制定に向けて尽力した。翌1995年五十嵐官房長官は官房長官私的諮問機関として「ウタリ対策のあり方に関する有識者懇談会」を設置し、本格的にアイヌ新法制定に向けた動きに入った。その後1年をかけ検討が重ねられ、懇談会報告書が作成された。この報告書

の趣旨に則り1997年 5 月に「アイヌ文化振興法」が制定された。

　その第一条で、「アイヌの人々の誇りの源泉であるアイヌの伝統及びアイ
ヌ文化が置かれている状況にかんがみ、アイヌ文化の振興並びにアイヌの伝
統等に関する国民に対する知識の普及及び啓発を図るための施策を推進する
ことにより、アイヌの人々の民族としての誇りが尊重される社会の実現を図
り、あわせて我が国の多様な文化の発展に寄与することを目的とする」とさ
れている。しかし、ここには永年アイヌ民族が求めてきたアイヌ新法の趣旨、
とくに経済的な支援や政治的な権利の獲得など民族の先住権を反映する項目
は実現しなかった。この法律は、「北海道旧土人保護法」の廃止とアイヌの
民族としての誇りが尊重される社会の実現を図るものと評価される一方で、
民族政策ではなく、従来の福祉対策を継続実施するものとされ、「アイヌ民
族の生活基盤に関わる具体的施策が全く示されていない」「『アイヌ文化の振
興』を中心とした施策」（榎森進，2007：586）と批判された。確かにアイヌ
文化振興とかかわりのない人々にとっては、何ら恩恵はなく、法律に期待す
るものはなかった。それゆえ、アイヌ民族を分断させるものとすら批判され
た。

　この法律に先住民族の権利が盛り込まれることはなかった。しかし、この
法律成立と前後して行われていた「二風谷ダム裁判」[3]では、訴訟事由の土
地収用に関して取り消しは認めなかったものの、その過程で「市民的及び政
治的権利に関する国際規約」（「国際人権規約B規約」）第27条の「種族的、
宗教的又は言語的少数民族が、自己の文化を享有し、自己の宗教を信仰し実
践すること。また自己の言語を使用する権利は否定されないこと」を援用し、
憲法13条との関係から少数先住民族固有の文化を享有する権利を認めた。こ
れによりアイヌ民族の先住民族としての権利の一部を判例として国は認める
こととなった。

　アイヌ民族の社会への働きかけは「アイヌ文化振興法」の成立で一応の帰
結を見た。2000年代の前半は、国連では先住民族作業部会で先住民族の国連
宣言の起草協議が行われており、そこに参加しているアイヌ民族の代表もい
た。国内ではアイヌ民族共有財産裁判が行われ先住民族の権利の承認を求め
ていたものの、敗訴し社会変革のきっかけとはならなかった。事態が変化す

るのは2007年のことになる。この年の9月、国際連合で永年議論されてきた「先住民族の権利に関する国連宣言」が採択され、先住民族の諸権利の確認、差別の禁止、社会参加、固有の生活環境の保全、経済社会開発に対する自決権の保持などが国際社会に対し発せられた。日本政府も条件付きながらこれを承認した。アイヌ民族の働きかけもあり、翌年には「アイヌ民族を先住民族とする国会決議」が提案され、衆参両議院で承認された。これにより名実ともにアイヌ民族は日本の先住民族として認知されることになった。

　先住民族として日本国家に認められることはアイヌ民族の多年の願いであり、これが実現したことは、一定の評価に値いするだろう。この後法整備がなされ、2019年2月に「アイヌ施策推進法」が制定された。この法律がアイヌ民族の求めるものと重なるかが問われることになる。

3　国際関係の中のアイヌ民族

　次に、日本の政治の中でアイヌ民族が登場する場面に焦点を絞り概観していくことで、日本政府のアイヌ民族への捉え方を考えてみる。

　アイヌ民族が初めて日本外交の前面に出たのは、1854年の日露間の国境交渉の時だろう。当時のロシアとの交渉で日本側の代表は筒井政憲（1778-1859）、川路聖謨（1801-1868）などが当たる。その席でロシアが択捉の北部のアイヌはロシア支配に属しているという弁に対し、川路聖謨は蝦夷の千島は名も蝦夷語でありロシアが漸次蚕食し名を変えたものであり、択捉が日本の所領であることは疑う余地がないことを主張した（北海道庁，1937：587）。樺太については、北蝦夷地に関しても我が国に帰服する蝦夷の住居地であるから我が国領土なること疑いなしと主張している（北海道庁 1937：632）。その結果、日露和親条約で、千島に関しては得撫島と択捉島の間に国境線を引き、樺太においては雑居とし分界せずということで決定した（1855年）。しかし、樺太においてはその後ロシアの南進が始まり、改めて1867年に会談が持たれた。ペテルブルグに派遣された竹内下野守保徳（1807-1867）一行は「北蝦夷地五十度以南は、アイヌの住する處にして、従来官吏を派遣し撫育保護し、且つ警備してきた所である」と主張している（北海道庁 1934：78）。このときの話し合いは物別れとなった。

　ここからわかることは、幕府はロシアとの国境交渉において、日本人の居住や実地調査以上にアイヌ民族が日本の帰属民であることが主張の根拠となっていることである。北方域では日本人による統治、国防が伴わなかったため、日本の政権にとって北方の勢力圏を確保するためにはアイヌ民族が不可欠の要素であり、彼らなくしてロシアに説得のある事由を主張することができなかったのである。ただ、アイヌ民族は日本社会とは江戸時代を通し交易や労働を行い、松前へウイマム（殿へのお目見え）を定期的に行っていたとはいえ、幕藩体制に帰属意識を持っていたかどうかは疑問の余地がある。

　明治期に入り北海道は開拓が進められていく。古来アイヌ民族の領域であったヤウンモシリは、無主地とされ明治政府により土地払下げが次々に行われ、和人により分割されていった。和人の入植とともに移住が強いられたり、狩猟の制限、漁業権の設定が行われ、アイヌ民族が自由に狩猟漁撈できる術が失われた。天災の発生で飢餓が発生したり、コレラや天然痘などの伝染病も流行し、抵抗力の弱いアイヌ民族の人口も減少していった。こうしたアイヌ民族の危機的状況を察し、アイヌ救済策が行われるようになる。

　19世紀後半になるとアイヌ民族に対する人類学的な研究が進み研究者の来道が増え、アイヌ民族への関心が国の内外で高まっていく。また、海外のキリスト教団体もアイヌ民族への関心を高め伝道活動を行うようになる。中でも英国聖公会宣教協会（CMS）のジョン・バチェラー（Batchelor, John 1854-1944）の活動は長く、函館、幌別、札幌などで布教活動を行うとともにアイヌ民族ために学校や病院を建設し、アイヌ信徒数を増やしていった。イギリス人のバチェラーは、活動資金やアイヌ救済寄付を集めるために聖公会への協力を求めたり、母国での講演なども行ったりしてアイヌ民族の実情を訴え広めていた。

　こうした動向に日本政府も敏感にならざるを得なかった。というのもこの時期の明治政府の外交の最大の懸案は幕末に結んだ不平等条約の改定だった。改定交渉は一朝一夕にはいかず、遅々として進まなかった。なかでも強硬な態度をとるイギリスに対する対策が必要だった。そのため政府は直接的な交渉のみならず、国の欧風化により文明国であることをアピールするために開化派の井上馨（1836-1915）は鹿鳴館を作り、いわゆる鹿鳴館外交を行って

いった。「日本が西洋と同等の『文明国』であるとの印象を扶植することが必要だった」（坂本多加雄2012：341）のである。したがって、CMSのバチェラーなどが、アイヌ民族に対する日本政府の不作為を海外に広めることは政府にとって不利に働くと考えることにもなった。

　1893年に「北海道旧土人保護法」案を最初に上程した加藤政之助（1854-1941）はその提案理由に、「わが日本国人民は此の世界各国に対しても常に義に依り、義に勇み、強を挫き弱気を助くることに於ては世界第一と自らも思ひ、世間でも称して居ります所の国でございます」、「己れ自らは一点のこの落度もないように一点の欠目もないように、強を挫き弱を助ける義に依って此の義に勇むと云ふことは努めなければならぬのである」（北海道ウタリ協会、1991：26）、「『アイノ』人種は劣等なものであるので、前途絶滅するものといたしましても、日本国民の義侠心より致して彼等を救い、彼等を保護すると云ふことは多少なさねばならぬかと様に考へるのでございます」（北海道ウタリ協会、1991：32）と、アイヌ民族の保護をしなければならない旨を弁じている。ここからは西欧と比肩する国であるゆえに劣等な人種への保護もすべき義があると考えていると解することができる。当時流布していた社会進化論を受けつつ、西欧を意識下におき行動選択がなされており、統治下のアイヌ民族を引き合いに出すことで自己の国際的地位を高めようとする姿勢を見てとることができる。

　以上のように明治後半に日本は国際的地位の向上を図る一つの方法として、統治下にある人種・民族をいかに巧みに統治し保護安定化を図っていくかに苦心していた。それは西欧が行っていた統治方法であり、それができることが文明国の証しであると考えたからであった。日本の懸案事項であった不平等条約改正の遂行には国際的な信用を高めることが必要だったのである。

　時を経るが、戦後日本は植民地を放棄したため、朝鮮、台湾、南洋諸島などの諸民族を統治することはなくなった。一般的な考え方では明治に日本に統合された北海道のアイヌ民族や沖縄の人々はすでに日本人と同化しており、文化や習慣の違いはあるものの言語や生活も民族的な独自性はすでにないと考えられていた。国内には旧植民地の人々が在日外国人として残っているも

のの、一般的には単一民族国家と考えられており、国際的にもその立場を
とっていた。

　国連では人権規約が協議され、1966年に採択された（日本批准1979年）。
その国際人権規約B規約第27条では、「種族、宗教、又は言語的少数民族が
存在する国において、当該少数民族に属する者は、その集団の他の構成員と
ともに、自己の文化を共有し、自己の宗教を信仰し、かつ実践し、または自
己の言語を使用する権利を否定されない」と少数民族の存在とその独自の宗
教、言語などの擁護が規定されている。この条項に対し国連は各国に履行状
況の報告を求めている。その中で1980年日本政府は、「規約に言及されてい
る種類の少数者（minorities）は、日本には存在しない」と報告している[4]
（大竹 2010：141）。アイヌ民族等はすでに同化されており、少数民族には当
たらないと公的に表していたためだと考えられる。これにアイヌ民族が異を
唱えたことで、その後の報告では国内には「自己の宗教と言語を保持し、自
己の文化を維持することが認められているけれども、彼らは日本国憲法の下
で平等を保障されている日本国民として上記権利の享有を否定されていな
い」としている[5]（大竹 2010：143）。

　1993年が「世界の先住民族の国際年」となり、その開会式で当時の北海道
ウタリ協会野村義一理事長が演説を行い、日本との新たなパートナーシップ
を結ぶことを求めた。国連では1995-2004年が「世界の先住民族の国際10年」
とされ先住民族の権利宣言の起草が進められていった。この時期日本国内の
状況は大きく変わり、戦後長く続いてきた自民党政府から日本新党の細川護
熙（1938-）政権に代わった。以後国内政治の流動化が起きていたこともあ
り、アイヌ民族に対する政策も変化が生じる。村山政権の下で「アイヌ文化
振興法」が制定されたことは先に見た通りである。国際的に先住民族の権利
がクローズアップされ、変化の潮流の下で日本でもアイヌ民族政策の変化を
国際的に表明するものとなった。諸外国で抱えている民族問題も日本では良
好な関係を築いているという印象を与えることで国際的な信頼を得ることが
できると目されたのではないだろうか。

　そして、2007年国連では永年取り組まれてきた「先住民族の権利に関する
国連宣言」が起草され、日本を含め圧倒的な支持を得て採択された。このと

き日本政府は賛成する上で以下の3点の条件を付けている。それが、①独立・分離権の行使の禁止、②集団的権利としての人権不承認、③財産権の行使における公共の利益の調和、優先である（上村英明 2008：64）。先住民族の権利の中で中心となる自決権や民族集団としての権利、経済的な権利を除外している。これは先住権自体を否定するに等しいことである。しかし、国家というものを一義的に考える日本政府にとって先住民族という集団を下位に位置付け、その権利に制限を加えることは当然のことと考えたのであろう。

　2008年7月には北海道の洞爺湖で先進国首脳会議（洞爺湖サミット）が開かれることになっていた。これを前に国会では「アイヌ民族を先住民族とすることを求める国会決議」が提案され、6月に衆議院・参議院両議院で決議された。これによりすでに同化したとされ、少数民族であることすら曖昧になっていたアイヌ民族が、日本の先住民族として国に認められた。ただ、その決議文の中には次のような文言が加えられている。「全ての先住民族が、名誉と尊厳を保持し、その文化と誇りを次世代に継承していくことは、国際社会の潮流であり、また、こうした国際的な価値観を共有することは、我が国が二十一世紀の国際社会をリードしていくためにも不可欠である。特に、本年七月に、環境サミットとも言われるG8サミットが、自然との共生を根幹とするアイヌ民族先住の地、北海道で開催されることは、誠に意義深い」と、アイヌ民族にとっての国会決議の意義を認めながらも、翌月に行われる洞爺湖サミットに言及している。これを踏まえるならば、この決議はアイヌ民族に対する信義ではなく、国際社会への日本自身のアピールだったのではないだろうか。

　この後、「アイヌ政策のあり方に関する有識者懇談会」が開かれ、その報告書をもとに2014年に内閣官房に「アイヌ政策室」が設置され、「アイヌ政策推進会議」がもたれていった。アイヌ施策として、アイヌ文化の復興等を促進するための「民族共生の象徴となる空間」の整備及び管理運営に関する基本方針が立てられ、以下が決められた（内閣『閣議決定』2014）。

1　象徴空間は、アイヌ文化の復興等に関するナショナルセンターとし、アイヌの歴史、文化等に関する国民各層の幅広い理解の促進、アイヌ文化の継承及び新たなアイヌ文化の創造発展につなげるための拠点となるよう、北海道白老郡白老町に整備するものとする。
2　象徴空間は、（1）アイヌ文化の復興（2）アイヌの人々の遺骨及びその副葬品の慰霊及び管理の役割を担う。
3　象徴空間は、次に掲げる区域及び施設で構成する。
　（1）国立のアイヌ文化博物館
　（2）アイヌ文化の復興のための利活用を図るための関連区域
　（3）遺骨等の慰霊及び管理のための施設
4　象徴空間の一体的運営を図るため、アイヌの人々の主体的参画を確保する。
　（1）総合的かつ一体的に管理運営の基本計画及び中期事業計画の策定
　（2）アイヌ文化の伝承、人材育成活動、体験交流活動等の実施
　（3）象徴空間運営のため、関係者による運営協議会の設置
5　象徴空間は、アイヌ文化の復興等を図るとともに、国際観光や国際親善に寄与するため、2020年に開催されるオリンピック・パラリンピック東京大会に合わせて一般公開するものとする。

　4年をかけアイヌ民族の代表を含め有識者の意見を聴取し、2019年2月「アイヌ施策推進法」が制定された。国立アイヌ民族博物館をはじめ数々の機能を備えた民族共生象徴空間の設置が「アイヌ施策推進法」の主要な施策である。ここでも2020年の東京オリンピック・パラリンピックという国際的なイベントが意識されて開設時期が設定されている。北海道を主会場とする民族共生象徴空間施設の開設と東京でのオリンピック・パラリンピックの開催とをリンクさせる意図はどこにあるのだろうか。東京オリンピックの競技、マラソンと競歩が札幌で行われることになり、それに合わせアイヌ民族が民族舞踏を披露することも予定されている[6]。国際社会に対し、日本が先住

〈表 2 - 1〉

	日本の出来事	国際関係	アイヌ関連の出来事
1855		日露和親条約	
1858		安政五カ国条約	
1868	明治維新		
1869	北海道開明、開拓使設置		
1871	戸籍法、アイヌ平民に編入		アイヌ文化禁止布達
1872	北海道土地売貸規則		
1875		樺太・千島交換条約	樺太アイヌと千島アイヌの強制移住
1876			アイヌに対する「創氏改名」布達
1877			ジョン・バチェラー来道
1883	鹿鳴館完成　（鹿鳴館外交〜）		サケ猟禁止
1886	北海道土地払下規則		
1888			バチュラー愛隣学校
1893	北海道国有未開地処分法		加藤正之助の北海道土人保護法案提出（廃案）
1896	北海道土地払下規則		
1897	北海道国有未開地処分法		
1899			北海道旧土人保護法成立、鹿猟禁止
1901			旧土人児童教育規程公布
1904		日露戦争	
1905		ポーツマス条約（南樺太領有）	樺太アイヌ帰郷
1910		日韓併合	
1911		不平等条約改正終了	
1937		日中戦争	
1941		太平洋戦争	
1945		第二次世界大戦終戦	樺太・千島から避難
1946			北海道アイヌ協会設立、新冠御料牧場解放
1947	農地改革〜50		
1960			北海道アイヌ協会再建総会
1961			北海道ウタリ協会へ改称
1969			シャクシャイン供養祭開催
1970			北海道旧土人保護法廃止を決議

1972			第26回日本人類学民族学学会連合壇上占拠事件
1973			『アヌタリアイヌ－われら人間』創刊 創刊
1975			第一次ウタリ対策
1977			北海道大学差別講義糾弾闘争
1980		国連人権規約第27条による第 1 回報告書回答	
1982			豊平川アシリチェップ儀式復興
1984			協会「アイヌ民族に関する法律（案）」決議
1987		国連人権規約第27条による第 2 回報告書回答	国連先住民作業部会へ代表団派遣
1989		ILO169号条約の改正	
1991		第 3 回報告書回答	
1992			北海道ウタリ協会理事長国連演説
1993		世界の先住民のための国際年	
1994		国際先住民の10年が開始	
1995	自社さきがけ連合政権		萱野茂参議院議員繰り上げ当選
1997			アイヌ文化振興法制定、「二風谷ダム裁判」結審
2006			アイヌ民族共有財産裁判敗訴
2007		先住民族の権利に関する国際連合宣言	
2008	「アイヌ民族を先住民族とすることを求める決議」	洞爺湖サミット	
2009			北海道アイヌ協会に名称変更、アイヌ政策のあり方に関する有識者懇談会報告、「アイヌ政策推進会議」を設置
2013		国連人種差別撤廃条約第 7 ・ 8 ・ 9 回日本政府報告	
2014			公益社団法人北海道アイヌ協会に移行、「先住民族世界会議（WCIP）」に協会代表出席

2017			文部科学省学習指要領改訂（アイヌ文化指導の記述）
2019			アイヌ施策推進法
2020	東京オリンピック・パラリンピック開催（延期）		民族共生象徴空間（ウポポイ）開設

民族も重視する国であることをアピールする狙いがあるのかもしれない。この施設を観光立国への起爆剤としたい意図も伺える。

　ここまでは、これまでの日本の政府が行ってきたアイヌ民族と日本外交の視点で振り返ってみた。ここから言えることは、日本政府がアイヌ民族を外交カードとして利用してきたことである。諸外国では少数民族問題は国内の分裂を産む政治的課題であり、慎重に扱われるものである。しかしアイヌ民族の場合人口規模も極めて小さく、独自の政治機構も持たない社会的マイノリティである。つまり、アイヌ民族は先住民族として大きな勢力となりえず、国政上の課題とはならない。いうなれば、アイヌ民族は政府への対抗勢力とならず、危険な国内状況を生み出すことがないと楽観視されている。長期にわたりアイヌ民族の置かれた状況に不合理・不利益なことがあったとしても一向に顧みられることはなかったのはそのためであろう。しかし、外交上の課題が生じると政府はアイヌ民族を国内での対策を講ずべき民族問題として高言し、その存在を利用し国際的にアピールしてきた。その政策が効果的に機能していると国際的に示すことで日本政治の信頼性や社会の安定性を高めることができると考えているのではないだろうか。

4　アイヌ施策推進法とその限界

　では次に、先般制定された「アイヌ施策推進法」を改めて考えてみる。「アイヌ施策推進法」の総則をまとめると次のようになる。

　目的（第1条）：この法律は、日本列島北部周辺、とりわけ北海道の先住民族であるアイヌの人々の誇りの源泉であるアイヌの伝統及びアイ

ヌ文化が置かれている状況並びに近年における先住民族をめぐる国際情勢に鑑み、アイヌ施策の推進に関し、基本理念、国等の責務、政府による基本方針の策定、民族共生象徴空間構成施設の管理に関する措置、市町村によるアイヌ施策推進地域計画の作成及びその内閣総理大臣による認定、当該認定を受けたアイヌ施策推進地域計画に基づく事業に対する特別の措置、アイヌ政策推進本部の設置等について定めることにより、アイヌの人々が民族としての誇りを持って生活することができ、及びその誇りが尊重される社会の実現を図り、もって全ての国民が相互に人格と個性を尊重し合いながら共生する社会の実現に資することを目的とする。

　法律の範囲（第2条）：アイヌ文化とは、アイヌ語並びにアイヌにおいて継承されてきた生活様式、音楽、舞踊、工芸その他の文化的所産及びこれの発展した文化的所産で、その施策のための環境整備をする。および「民族共生象徴空間構成施設」の管理運営を行う。

　基本理念（第3条）：アイヌの伝統等並びに我が国を含む国際社会において重要な課題である多様な民族の共生及び多様な文化の発展についての国民の理解を深めること。施策の推進は、アイヌの人々の自発的意思を尊重し、全国的な視点に立って行う。

　差別の禁止（第4条）：何人も、アイヌの人々に対して、アイヌであることを理由として、差別することその他の権利利益を侵害する行為をしてはならない。

　国及び地方公共団体の責務（第5条）：アイヌ施策を策定し、及び実施、アイヌ文化を継承する者の育成、教育活動、広報活動その他の活動を通じて、アイヌに関する国民の理解を深める。調査研究を推進するよう努めるとともに、地方公共団体が実施するアイヌ施策を推進するために必要な助言その他の措置を講ずる。

> 国民の努力（第6条）：国民は、アイヌの人々が民族としての誇りを
> 持って生活することができ、及びその誇りが尊重される社会の実現に寄
> 与するよう努めるものとする。

　以上のように「アイヌ施策推進法」は、先住民族であるアイヌ民族の人々
が民族としての誇りを持ち生活することができ、それが尊重される民族共生
の実現と多様な文化の発展が図れるように施策を進めるようにその整備を行
うものである(7)。ここでは国民へのアイヌ民族やアイヌ文化の理解を深め
るために教育活動、広報活動やアイヌ文化に関する調査研究の推進、アイヌ
文化の継承者の育成が図られ、国や地方公共団体はその推進に尽くすことが
求められた。国民へもアイヌ民族・文化の理解を深め、アイヌ差別の禁止が
求められている。
　この法律の制定に対し北海道アイヌ協会の加藤 忠（1939-）理事長（当
時）は、次のように語っている（Web苫小牧民報, 2019）。

> 　「先住民族と法律に明記されたことは大変喜ばしい限りだ。生活や教
> 育支援については、未知数の部分があるものの、一歩一歩前進させたい。
> ここからどう進むかは、むしろアイヌの側にかかっている。民族共生社
> 会を目指す新法の趣旨をアイヌと地域が一緒になって取り組む。対話を
> 積み重ね、少しずつ進めていかなければならない。民族共生象徴空間
> （ウポポイ）はアイヌ文化のナショナルセンターとして国内外に知らせ
> る役割がウポポイの大事な部分であり、文化発信の拠点となる。新法と
> アイヌの時代を大事に育てていきたい。」

　このように加藤理事長は、新法でアイヌ民族を先住民族としたところを評
価し、内容的には未知数の部分もあるものの、民族共生社会の実現に向け、
民族共生象徴空間をアイヌ文化の発信のナショナルセンターとして置き、ま
た地域と話し合いで施策を進めていくことが必要であると期待を込めて成立
した法律に評価を与えている。
　これに対し、アイヌ民族を中心にした市民団体アイヌ政策検討市民会議は、

「今日の国際社会は先住民族政策の基準を「国連宣言」などの国際人権基準
に求めている。法案は国際人権基準に基づけば、欠陥だらけのもの」と反対
意見を表明し、以下のように法案の不備を指摘している（法案段階での反対
声明のため「法案」としている）（アイヌ政策検討市民会議，2019）。

1．法案策定過程の欠陥：
　　新法が直接議題となったのは、政府が招集しているアイヌ政策推進会議
　　の2018年12月19日に開かれた会議のみであり、この場においても概要の
　　みが示されたうえで、ほとんど議論もなく政府案が承認されている。
2．アイヌ文化アプローチの欠陥：
　　本来の民族の「誇り」が尊重されるためには、アイヌが集団および個人
　　として持っている権利に基づいて政策が組み立てられなければならない。
　　先住民族文化であるアイヌ文化を依然として狭く限定しており、国際人
　　権基準に反している。
3．先住民族の権利保障の欠陥：
　　「国有林野での林産物の採取」や「内水面におけるサケの採捕」につい
　　て、いずれもアイヌにおいて継承されてきた儀式の実施等への利用のた
　　めという制限がつけられており、本来、アイヌ民族が生業として林産物
　　の採取やサケの採捕をしてきた権利は侵害されたままである。
4．アイヌ社会の分断の危惧：
　　法案は、前述のようにアイヌ文化を国が一方的に狭く解釈することに
　　よって、アイヌから自身の文化を主体的に選び取り、発展させる可能性
　　を奪っている。そのうえ、事業を行うための地域計画の策定主体は市町
　　村とされており、市町村に対して国から交付金が支給される仕組みと
　　なっている。このことは、アイヌ文化を担う主体がアイヌ自身から市町
　　村あるいは観光業界などに移ってしまう危険性を孕んでいる。法案には、
　　アイヌ自身を意思決定の主体とする文言は一切なく、「国連宣言」の心
　　臓ともいうべき第3条（自己決定の権利）と第4条（自治の権利）を完
　　全に否定したもの。

　このように賛否のある新法であるが、アイヌ施策としての性格、意義を考えるため、改めて新法の制定の目的を見てみる。ここでまず注目されるのは、「北海道の先住民族であるアイヌの人々」という表現である。加藤理事長が評価したように、これまで日本国はアイヌ民族を少数民族とすら認めず、同化したとさえ考えていた時期もあった。それからすれば法的にアイヌ民族を先住民族と表明したところは、「近年における先住民族をめぐる国際情勢」が反映されている。立法に先だって提出された『アイヌ政策のあり方に関する有識者懇談会報告書』では、先住民族の定義を試みており、そこでは国際情勢を反映させ国連など国際社会で定義されているものに近似の定義が示され、「アイヌの人々は、独自の文化を持ち、他からの支配・制約などを受けない自律的な集団として我が国の統治が及ぶ前から」居住していたとしている（アイヌ政策のあり方に関する有識者懇談会，2009：23-24）。

　ところが立法では「北海道の先住民族」と地域を限定している。この認識は2006年6月6日の「アイヌ民族を先住民族とすることを求める国会決議」後の内閣官房長官談話の文言から引用されたものである。この表現では北海道に昔から住んでいた先住者という意味に矮小化されてしまい、日本の蝦夷地領有・北海道開拓という植民活動の結果として生み出された「日本の先住民族」ということにはならない。

　次に、焦点が「アイヌの伝統及びアイヌ文化」に置かれ、そのもと「アイヌの人々が民族としての誇りを持って生活する」、「誇りが尊重される社会の実現」という点は、従前の「アイヌ文化振興法」に重なる。ただここでは文化の範疇が恣意的で狭い。アイヌ民族は政治的、経済的な権利を求めており、こうした観点へ新法は踏み込んでおらず、アイヌ施策の領域が文化振興に傾倒する可能性が否定できない。この点も『アイヌ政策のあり方に関する有識者懇談会報告書』では、「国の政策として近代化を進めた結果、アイヌの文化に深刻な打撃を与えたという歴史的経緯を踏まえ、国には先住民族であるアイヌの文化の復興に配慮すべき強い責任がある」とし、文化を「言語、音楽、舞踏、工芸等に加えて、土地利用の形態などを含む民族固有の生活様式の総体という意味で捉えるべき」と文化を広く意識している（アイヌ政策のあり方に関する有識者懇談会，2009：23-24）。

　ここでも立法過程で対象とする文化の範囲を民族集団の活動全般から特定の項目に限定することで、民族の復興から文化の復興に巧みにすり替えている。その表れが、「民族共生象徴空間構成施設（ウポポイ）」である。ここでは3つの区域が作られている。①アイヌ民族博物館、②慰霊施設、③民族共生公園。各施設の機能としては、博物館の持つ展示・調査研究機能、文化伝承・人材育成機能、情報発信機能。共生公園のもつ公園機能、体験交流機能、文化伝承のための動植物の採取機能。そして慰霊施設の持つ各地大学に散在するアイヌ遺骨の管理と慰霊機能および民族共生機能である。換言すれば、ウポポイはアイヌ文化に関する教育、研究、伝承、普及、広報と遺骨慰霊を行う施設と考えられ、文化に特化した施設である。ウポポイが新法の中心的な施策でもあるところを考えると、新法はアイヌ文化偏重の性格を持つと考えざるをえない。

　ただ、「全ての国民が相互に人格と個性を尊重し合いながら共生する社会の実現」という新法総則の文言は新法で強調された点である。これが条文ではアイヌ民族への差別禁止として新たに設定されたことに大きな意義がある。これまでアイヌ民族が歴史的に差別を受けてきた事実や近年のヘイトスピーチ等でも一向にその改善が見られない状況を鑑みればこの条項は法的な規制として意味を持つ。

　そして法文の中で法自体を施行していくための責任の所在、基本方針、行政的措置が詳細に規定されている。法律による施策を計画実施していく段階でアイヌ民族が当事者としていかに関わっていけるか、その可能性はここからは見えてこない。むしろ法規定が厳格化されていることで弾力的な運用に制限を加えられるのではないか疑念をもつ。今後行政組織へ働きかけていく努力を当事者がしていかなければいけないという認識は加藤理事長も強調している。行政へのかかわり方で法運用の範囲を広げられることを期待したい。また、施行後5年を経過した時点で改めて施行状況の検討を行い、必要があれば措置を講じると規定されている。この点も踏まえてこの法の理解を進めていく必要があるだろう。

　以上のように法の性格を考えると新法の意義は、アイヌ民族を先住民族と認定した点、差別禁止などが加わった点を除けば、「アイヌ文化振興法」を

踏襲し発展的に推進していこうとするところにある。アイヌ民族の求める、政治的、経済的要求は見込めそうにない。ただし、法律施策を遂行するための事務プロセスを詳細に規定している点を考えると、アイヌ民族が当事者として施策の計画、運営に参画していける可能性がある。諸要求を施策計画の中に盛り込むことができるかどうかはその点にかかっている。しかし、施策に対する国の決定権限が強いだけに、国の根幹となる事象で先住民族の権利が大きく認められるかどうかは、現状では確証を得ない。

おわりに

　以上みてきたように、アイヌ民族は日本の先住民族であり、日本社会のマイノリティである。その上で社会的な劣勢に立たされ差別されてきた歴史を克服するために、いかに民族的要求を社会に働きかけてきたか、また、日本政府や日本社会がそれに対しいかなる施策を行ってきたかを考えてみてきた。ここから捉えられることは、まずアイヌ民族の社会的要求が民族向上や生活福祉の向上を求めるものであったが、近年になり先住民族としての諸権利を求めるようになっていることである。これに対し日本政府の対応は国際的な動向の中でアイヌ民族を引き合いに出し、国際的な課題を解決したり、国の立場を有利に働かせていくというものだった。そして、「先住民族の権利に関する国連宣言」の採択を受け、国内法として整備した「アイヌ施策推進法」では、アイヌ文化の振興や差別の禁止が謳われているものの、「国連宣言」で示されるような先住民族の権利を積極的に認めていくようなものではなかった。これは「国連宣言」を賛同する上で3条件を付けたことからもわかる。

　道の福祉対策や「アイヌ文化振興法」などこれまでのアイヌ施策は、生活、福祉の向上を図りアイヌ民族の日常生活の向上、生活の質を高めていくものであった。また、民族文化の保存伝承も日本の文化の多様性を保ち、高めるには必要な事柄であり、アイヌ民族の教育もアイヌ民族とアイヌ文化についての普及啓発によって、国民のアイヌ理解が進むことで、国内の民族的な摩擦を回避し、民族施策を円滑に進めるために必要な方策であった。今般制定された「アイヌ施策推進法」も大勢ではこの論理の上にある。同法の付帯決

議では、「先住民族に関する国連決議」の趣旨を踏まえアイヌの人々の自主性を尊重することとしている。「国連宣言」が先住民族の権利保障を目指しているものであり、アイヌ民族もその下にあるならば、新法の運用にあたっても権利主体であるアイヌ民族の意向が尊重されるべきである。施策が国の恣意的な判断に決定されるものであってはならないだろう。しかしこの点は極めて不透明であり、前法の「アイヌ文化振興法」より国の権限が強化されているともいえ、これまでの国のアイヌ政策を越えるものではない。この点が、現在のアイヌ民族への施策の限界となる。

　同法がアイヌ民族を先住民族と位置づけ、差別の禁止を明記した点は、これまでの施策より前進している。また国や地方自治体の責務として行う施策において、アイヌ民族当事者が関わることができる点で、今後の可能性が期待できる。ただ、国際的な水準で先住民族の権利を実現させていくには、まず基本的な課題として先住民族に対する国の歴史認識の修正があり、先住民族の持つ権利についてアイヌ民族と真摯に対話を行っていく必要がある。

　明治以降150年もの間マイノリティとして日本社会で排除され閉塞状態に置かれているアイヌ民族を考えるならば、何よりも「先住民族」の権利に対する理解を高めていくことが国のみならず国民に共有されていく必要があるだろう。

〈注〉
（1）1968年を明治100年として、その後道及び各市町村が誕生した100年目を「開基」として式典などが行われた。以前からその地で生活するアイヌ民族の歴史を無視する思想と抗議した。
（2）結城庄司はアイヌ解放同盟を立ち上げ、人類学・民族学会の壇上を占拠し公開質問を読み上げ学会員や研究者の姿勢を糾弾したり、静内のシャクシャイン像の碑文を削り取るなど行っている。過激な行動が見られたため当時起こった爆破事件の容疑もかけられた。
（3）ダムの湖底に沈んでしまうアイヌ民族のチノミシリ（祈りの場）を取り戻すために、ダム建設の中止を求めた裁判。
（4）国際人権規約B規約に基づく第一回人権報告書　1980年。
（5）国際人権規約B規約に基づく第二回人権報告書　1987年。1991年の第3回人権報告書では、「第27条に基づく少数者と称しても差し支えない」としている。
（6）当初は開会式で行われることになっていたが、演出上の観点から取り止めになったと言われる。
（7）「アイヌ施策推進法」の制定により「アイヌ文化振興法」は廃止された。

〈参考・引用文献一覧〉

アイヌ政策検討市民会議（2019）「日本政府の「アイヌ新法」案の撤回を求める声明」、2月25日、https://ainupolicy.jimdo.com/（2019年6月10日取得）。

アイヌ政策のあり方に関する有識者懇談会（2009）『報告書』。

Web苫小牧民報（2019）「新法への思い聞く」5月29日配信
https://www.tomamin.co.jp/news/area2/16386/（2019年6月10日取得）。

上村英明（2008）「「先住民族の権利に関する国連宣言」獲得への長い道のり」明治学院大学国際平和研究所『プライム』第27号。

榎森進（2007）『アイヌ民族の歴史』草風館。

大竹秀樹（2010）「日本政府のアイヌ民族政策について」『日本福祉大学研究紀要—現代と文化』第121号。

佐々木昌雄（1973）『アヌタリアイヌ—われら人間』創刊号、6月1日付。

坂本多加雄（2012）『日本の近代2—明治国家の建設』中央公論社。

竹内渉（2004）『野村義一と北海道ウタリ協会』草風館。

内閣（2014）「アイヌ文化の復興等を促進するための『民族共生の象徴となる空間』の整備及び管理運営に関する基本方針について」、6月13日閣議決定。

北海道新聞社（1946）『北海道新聞』、1月26日付。

北海道新聞社（1960）『北海道新聞』、1月31日付。北海道ウタリ協会『アイヌ史　資料編4』、北海道出版企画センター、1989年　再録。

北海道アイヌ協会（1946）『社団法人北海道アイヌ協会約款』、3月26日登記。

北海道アイヌ協会（1948）『北の光』創刊号。

北海道ウタリ協会（1863）『先駆者の集い』創刊号。

北海道ウタリ協会（1984）『先駆者の集い』第37号。

北海道ウタリ協会（1985）『先駆者の集い』第40号。

北海道ウタリ協会（1991）『アイヌ史　資料編3』北海道出版企画センター、再録「第5回帝国議会衆議院議事録1893年12月4日『北海道旧土人保護法案』」。

北海道庁（1934）『北海道旧土人保護沿革史』。

北海道庁（1937）『新撰北海道史』第2巻通説1。

北海道日高支庁（1965）『日高地方におけるアイヌ系住民の生活実態とその問題点』。

北海タイムズ社（1960）『北海タイムズ』、5月17日付。

毎日新聞社（1959）『毎日新聞』、7月9日付。

コラム 先住民族（Indigenous people）

　先住民族というと、ある地に古来より住みついている人々を思い浮かべる。この語を英語ではindigenous peopleという。この語には特別な意味合いがある。それは植民地主義に起因し、欧米諸国などが植民地として支配した地域に土着する人々に用いるためである。語彙の定義としては、国連の先住民族作業部会（WGIP）で1983年マルティネス・コーボ（Cobo, Martines）によって表されたものや国際経済機構（ILO）の「独立国における先住民及び種族民に関する条約（第169号）」（1989年採択）の中で示されている。両者の定義には次のような特徴がある。

　1　先住性（Indigeneity）：植民地主義の下で欧米などの列強により征服、併合された地域の先住者とその子孫。

　2　被支配性：先住者の意思とは無関係に支配を受け、独自の生活様式、文化様式が阻害され、劣勢な社会的・法的な状況におかれている集団とその子孫。

　3　歴史の共有：歴史的な居住地または現在の生活地において、支配国の植民地経営開始時の先住者の子孫と歴史的連続性がある。

　4　自認：自らを先住民族と認識する集団とその成員であるというアイデンティティをもつ。非先住民との間に生まれた者とその子孫を除外しない。

　日本の場合、アイヌ民族と沖縄（琉球）の人々が注目される。北海道周辺にはアイヌ民族が古くから居住し、独自の文化を育んできた。沖縄も15世紀以来琉球王朝が栄えて、独自の歴史をもっていた。両地域は江戸時代末期または明治初期に先住者の意思と無関係に日本が領有化し、強権的な統治を行った。いわゆる同化政策が進められ、独自の文化、言語も日本と同一のものに改編されていった。これは植民地的な支配のひとつと言えるだろう。しかし、両地域の人々は今も独自のアイデンティティを持ち続け、文化の一端も存続させている。すなわち、国連等で規定される先住民族にあたる。

　先住民族とは古来より居住しているという意味だけではなく、近代において他国によって一方的に征服・支配された民族という政治的な概念を持つ言葉であるといえる。それゆえ、今日先住民族は権利主体として失った権利の回復を求めている。

〈参考文献〉
小坂田 裕子（2017）『先住民族と国際法─剥奪の歴史から権利の承認へ』信山社。
アイヌ民族に関する人権教育の会監修（2017）『イランカラプテ　アイヌ民族を知っていますか？』
　明石書店。

［第3章］

川崎市の多文化共生政策の背景と現状
～多文化共生政策の中に見る外国にルーツがある子どもたち～

小杉　聡

〈本章を読む前に〉

　日本は、少子高齢化社会を迎え、労働力が必要とされている。その労働力の担い手が、外国人であり、日本の社会を支え始めている。

　川崎市は、京浜工業地帯の中心的なまちである。京浜工業地帯を支える労働力は、地方出身者やオールドカマーなどに支えられてきた。現在は、ニューカマーも増え、外国に由来を持つ人たちが多く住むまちでもある。外国に由来を持つ子どもたちが、学齢期に来日した時に苦労するのは日本語の習得である。例えば、小学校低学年で母国語の習得も不十分な状態で来日して第二外国語として日本語を習得しなければならないとか、小学校高学年で来日して日本語を習得しなければならないなど、子どもたちによって事情は異なる。

　第二外国語としての日本語習得だけでなく、学校教育を受け、進学を考えた時に立ちはだかる問題がある。「学力」の問題である。「在県外国人特別募集」という外国籍であることを理由に高校を受験する制度がある。来日してからの年数で、この制度を利用できるかが決まる。しかし、子どもたちによって日本語習得には差があり、ましてや学校教育の中で学力をつけ、受験をしなければならないという厳しさがある。高校進学の段階で、日本語習得、学力といった問題が生じ、その後の就職などにも影響していくことになる。

　外国に由来を持つ子どもたちが増えていく中で、日本語習得の困難さ、学校での学習の困難さ、受験に向けて学力をつけなければならない困難さなど、日本の社会の中でさまざまな困難を抱える子どもたちが取り残されないように、どのようにしたらいいのかを考える一助にしてほしい。

はじめに

　川崎市は、京浜工業地帯の一角をなし、工業の発展を支えたまちである。そのために労働力を必要として、様々な国や地域からやってきた人々が住むまちである。工業による発展を背景として、労働力を必要とし、いわゆるオールドカマーと呼ばれる人々も多数住む。そのために、自治体として人権問題に早くから取り組み、人権のまちでもあり、多文化共生のまちである。

　一方で、川崎市は発展とともに、オールドカマーだけでなくニューカマーも住むようになる。川崎市のマイノリティ問題を考えるときには、オールドカマー、ニューカマーと分けて考えるのではなく、多文化共生のまちとして考える必要がある。川崎市は「川崎市多文化共生社会推進指針」(2005) を策定し、外国人市民に対する施策を打ち出すなど、多くの外国に由来のある人々が共に生きる街づくりを行っている。

　川崎市の人権問題については、川崎区にあるコリアンタウンを中心として、論じられることが多かった。確かに、川崎区はほかの川崎市内の区と比べても、外国に由来を持つ人々が多く住むまちでもある。その中に、在日韓国・朝鮮人の方々の人権に対する取り組みがあり、川崎市の施策と関わっている。在日韓国・朝鮮人の取り組みが、川崎の行政を動かし、多文化共生へのまちづくりの土台となっている。現在、多くの国々や地域にルーツを持つ外国人市民が川崎に住んでいる。外国人市民は、在日韓国・朝鮮人の人々に対して行われてきた多文化共生の施策の恩恵を受けている。

　そこで本章では、外国に由来のある人々が多く住む川崎市に焦点を当て、多文化共生に至るまでの歴史的背景を見ながら、オールドカマーと呼ばれる在日韓国・朝鮮人の人たちの活動から行政を動かし、川崎市が外国籍の人々に対して行政としてどのように取り組んできたかを見ていく。そして、1990年代ニューカマーの増加から2000年代に入り川崎市が多文化共生のまちとして、どのような取り組みを行ったか。多文化共生の施策を行う川崎市の取り組みの中で、マイノリティである外国に由来のある人々が、そして子どもたちが、まだ行政の施策の中で取り残されてしまっていることに焦点を当て、マイノリティの問題を考える上での課題として考えていきたい。

　日本社会の中でマイノリティとして生活し、次世代を担う子どもたちがよ
り生きやすい社会を構築するために、外国人市民として生きる子どもたちに
焦点を当てるのである。

1　川崎臨海部の発展と労働力

　川崎市臨海部は、京浜工業地帯の発展とともに多くの労働者を受け入れて
きた。鶴見・川崎地区の臨海部は埋立土地造成事業によって始まる。川崎の
海は遠浅の砂浜で、干潮時には1〜2キロの干潟ができ、海苔の養殖が盛ん
な地域であった。現在は、川崎の海苔づくりは行われていないが、川崎マリ
エンの「川崎の海苔づくり資料室」で海苔づくりの様子を窺い知ることがで
きる[1]。

　海苔づくりに適するような遠浅の海をもち埋め立てに便利な土地の条件の
もと、川崎臨海部の埋め立てが行われた。京浜運河会社、鶴見埋立組合など
が発足し、浅野総一郎らを中心として明治末に着工の準備段階に入り、1913
年に埋め立てが始まった。川崎市史によると「川崎地域における工業地帯の
発展は、日露戦争を画期に、産業資本の確立期」とみなされ、1906年「まず
御幸村に横浜精糖が設立されてから、東海道線川崎停車場と京浜急行電鉄川
崎停車場を中心とする内陸部・多摩川沿岸一帯に、食品・電気製品や紡績部
門などの諸企業が進出したことから始まった。次いで地先海面の砂州埋立地
に鋼管鋼材を生産する民間企業の日本鋼管が設立されたことによって、製
鋼・造船・機械・セメントなどの重化学工業があいついで進出を開始、第二
次世界大戦ないしそれ以降に急速に成長し、それらが臨海重化学工業地帯の
中枢部門を構成する」としている[2]。

　川崎地域には、横浜精糖が明治精糖株式会社と変わり、東京電機株式会社、
富士瓦斬紡績株式会社、鈴木商店が進出した。埋立地には、浅野総一郎の浅
野セメント、日本鋼管、浅野造船所、浅野製鉄などが進出し、工業地帯と
なっていく。

　1924年に設置された多摩川砂利鉄道（現：JR南武線）が順次開通し、川
崎から立川までつながり、青梅の石灰石を浅野セメントまで輸送する役割を
果たした。

　戦前の川崎の工業を支えた人たちには、当時の日本の政策による韓国・朝鮮からの労働者が含まれた。

　1910年の朝鮮併合により、朝鮮半島が日本の植民地となり、大日本帝国の支配下となり労働力の供給源となった。また、1938年国家総動員法、1939年「朝鮮人労務者内地移住ニ関スル件」が出され、朝鮮半島からの労働者が川崎の工業地帯にもやってくることになった。このころの朝鮮半島出身者の人数として、川崎市史には、1923年の神奈川県在住の朝鮮半島出身者1,860人、川崎町在住は569人と記されている。また、日本鋼管13人、富士瓦斯紡績18人、煉瓦工場 3 人など、朝鮮半島出身者の工場労働者の人数が分かるだけで、川崎在住者の推移など詳しい人数は分からないとされている[3]。

　戦争を境に、川崎は軍事産業都市となっていく。日本鋼管、東芝、富士電機、日本電気、いすゞ、昭和電工など大きな工場が進出した。臨海部ばかりか内陸部にも工場が進出し、それらの工場は多くの労働者によって支えられていくことになる。川崎市にどの程度、朝鮮半島出身者が働いていたかは不明だが、川崎市史を見ると神奈川県の朝鮮半島出身者は、1935年1,947人、1938年5,342人、1945年8,157人との記載がある[4]。

　戦後、GHQにより送還事業が始まり、多くの朝鮮半島出身者が戻っていくことになったが、日本にそのまま残った人たちもいた。戦後、川崎に残った朝鮮半島出身者は、川崎区の桜本、浜町、池上などに住むようになった。現在は、「おおひん地区」と呼ばれ、コリアンタウンとなっている。

2　川崎市の多文化共生への取り組み

(1) 外国人人口の増加と川崎市

　戦後、外国人の人口は、1980年くらいまでは、大きな変動は見られない。戦後、サンフランシスコ平和条約（1952.4.28）が締結される直前、法務府民事局長による「平和条約の発効に伴う朝鮮人台湾人等に関する国籍及び戸籍事務の処理について」（1952.4.24）で、「朝鮮人及び台湾人は、条約発効の日から日本国の領土から分離することゝなるので、これに伴い、朝鮮人及び台湾人は、内地に在住しているものを含めてすべて日本の国籍を消失する」[5]とあるために、サンフランシスコ平和条約発効後、国籍を消失した。

　1965年に「日本国に居住する大韓民国国民の法的地位及び待遇に関する日本国と大韓民国との間の協定（日韓法的地位協定）」が交わされたことにより韓国籍保持者はこの協定発効後（1966. 1. 17）、「日本国に居住する大韓民国国民の法的地位及び待遇に関する日本国と大韓民国との間の協定の実施に伴う出入国管理特別法」（1975. 12. 17）により協定永住許可者となる。

　1991年に「日韓法的地位協定に基づく協議の結果に関する覚書」が交わされ、「日本国との平和条約に基づき日本の国籍を離脱した者等の出入国管理に関する特例法（出入国管理特例法）」（1991. 11. 1）が施行された。この法律は、「平和条約国籍離脱者及び平和条約国籍離脱者の子孫について、出入国管理及び難民認定法（昭和二十六年政令第三百十九号。以下「入管法」という。）の特例を定めることを目的」[6]として作られており、この法律により在日朝鮮人、在日台湾人などの人々は、特別永住者という法的資格を得ることになる。

　総務省統計局の外国人登録者数をもとに外国人登録者の推移[7]を見てみると、〈表3-1〉のようになる。1947年の外国人の総数は、639,368人、そのうち韓国・朝鮮の人は598,507人である。この数から分かるように、外国人人口の大半が韓国・朝鮮の人であることが分かる。

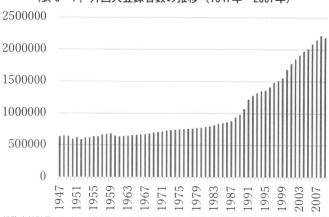

〈表3-1〉外国人登録者数の推移（1947年〜2007年）

総務省統計局　日本の長期統計系列 第2章 人口・世帯「国籍別, 在留資格（永住・非永住）別外国人登録者数」をもとに作成

　1980年代からは、フィリピン、タイ、ブラジルなどから外国人が日本に入ってくる。いわゆるニューカマーである。この背景には、1972年の田中角栄と周　恩来による「日中共同声明」による日中国交正常化、1983年「二十一世紀への留学生政策懇談会」が提出した報告書「二十一世紀への留学生政策に関する提言」[8]の中での留学生10万人計画などが外国人人口の増加の一因になっている。

　1970年代から東南アジアからの「インドシナ難民」が日本に避難してくるようなり、難民問題と向き合うことになる。また、国連の「難民の地位に関する条約」（1981. 10. 3 加入）、「難民の地位に関する議定書」（1982. 1. 1 加入）に伴い、難民に対する法整備を行う必要もあった。1982年に「出入国管理及び難民認定法」が制定された。この法律は「特定技能の在留資格」なども記されているが、その後改正されていく中で、「技能実習制度」（1993）なども盛り込まれていった。

　1990年「出入国管理及び難民認定法」の改定により在留資格の再編が行われ、日系ペルー人、日系ブラジル人など、移民として渡った日本人の子孫に在留資格が認められるようになった。「出入国管理及び難民認定法」とバブル経済の影響もあり、日系人の入国も増え、特にブラジル、ペルーなどから

〈表 3 - 2 〉 川崎市住人基本台帳に見る外国人人口の推移

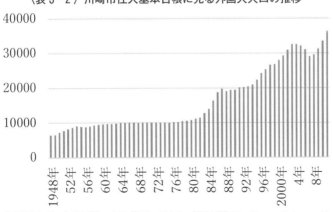

住民基本台帳による世帯数・人口（男女、日本人・外国人別）http://www.city.kawasaki.jp/170/cmsfiles/contents/0000010/10875/jyuki.xls　をもとに作成

の日系人が増えた。

　川崎市の住民基本台帳人口[9]を見ると〈表3‐2〉のようになる。例えば、1948年の外国人人口は6,491人である。この外国人人口には韓国・朝鮮人が含まれる。住民基本台帳による外国人人口の推移を見ると、1980年代中ごろから増える外国人人口は、ニューカマーの人口増加であり、それ以前はオールドカマーである韓国・朝鮮人の人口と見ることができる。この外国人人口の推移は、〈表3‐1〉の外国人登録者数の推移と一致する。国の政策と法律により、川崎市にも多くの外国人が住むようになり、オールドカマーとニューカマーが混在したまちとして外国人市民に対する市としての政策が問われていくようになる。

(2)　川崎市の多文化共生政策にいたるまでの背景

　川崎市では、人権のまちとしても知られている。その歴史背景には、先にも触れたような戦前より朝鮮半島出身者が多く住んでいることが挙げられる。

　その始まりは、日立製作所に対する就職差別裁判（1970年）であった。日立製作所に在日朝鮮人であることを理由に就職できないという不当な差別が行われたからである。この裁判の判決文[10]を見ると、

　　　在日朝鮮人は、就職に関して日本人と差別され、大企業にほとんど就職することができず、多くは零細企業や個人経営者の下に働き、その職種も肉体労働や店員が主で、一般に労働条件も劣悪の場所で働くことを余儀なくされている。また在日朝鮮人が朝鮮人であることを公示して大企業等に就職しようとしても受験の機会さえ与えられない場合もあり、そのため在日朝鮮人のなかには、本名を使わず日本名のみを使い、朝鮮人であることを秘匿して就職しているものも多い。右のような現状は、在日朝鮮人の間では、広く知れわたっている事実であり、いわば常識化していることである。そしてまた、我国の一流と目される大企業の間においても、特殊の例外を除き、在日朝鮮人であるというだけの理由で、これが採用を拒み続けているという事実も、公式に或は積極的な表現こそ避けてはいるものの、当然のこととし常識化しているところである。

　この判決文から、在日韓国・朝鮮人の人たちが不当な扱いを受けていたことが分かる。この裁判以降、裁判を支えたメンバーにより、1974年「民族差別と闘う連絡協議会（民闘連）」[11]が組織された。その中心となるのが、在日大韓基督教会川崎教会の李仁夏牧師である。青丘社[12]を設立し、桜本保育園を運営する。1981年に青丘社・桜本保育園主事が指紋押捺を拒否する。桜本にある在日大韓基督教会川崎教会や青丘社の民族差別と闘う運動と呼応していった。

　また、当時の川崎市の市長は川崎市労連委員長の伊藤三郎であったことから、労働運動の動きとも関連していく。伊藤は、全国革新市長会会長なども務めており、1985年には指紋押捺拒否者の「不告発宣言」を行っている。この「不告発宣言」について塚島[13]は、指紋押捺制度と川崎市の在日韓国・朝鮮人、川崎市の労連の動きなどを資料やインタビューなどをもとに「指紋押捺等の外国人登録事務を担当する川崎市職員を組合員として擁していた川崎市職労が連携しながら改廃運動がなされたことが特徴的」とし、伊藤市長が1985年に指紋押捺拒否者の「不告発宣言」をしたことは、外国人登録法における指紋押捺制度に影響を与えていることを指摘（塚島，2017：131-154）している。

　こうした在日韓国・朝鮮人に対する差別解消に向けて在日大韓基督教会川崎教会や青丘社が、川崎市に働きかけを行っていくことになる。

（3）川崎市多文化共生への取り組み

　1970年代から80年代にかけて、川崎市で起こった在日韓国・朝鮮人の人権問題に起因する事案により、川崎市でも在日韓国・朝鮮人に対する施策が行われていく。〈表3-3〉は、川崎市の取り組みである。伊藤市長の任期は1971年〜1989年までであるため、この間は伊藤市政下での取り組みとなる。

　1972年市内在住外国人への国民健康保険の適用、1975年市営住宅入居資格の国籍条項撤廃、児童手当の支給開始と行政が動き出していく。

　1986年「川崎市在日外国人教育基本方針―主として在日韓国・朝鮮人教育―」が制定され、在日韓国・朝鮮人に対する差別解消のための教育が行われていく。

〈表3-3〉川崎市の取り組み

年度	取り組みの内容
1972（昭和47）年	市内在住外国人への国民健康保険の適用
1975（昭和50）年	市営住宅入居資格の国籍条項撤廃、児童手当の支給開始
1986（昭和61）年	「川崎市在日外国人教育基本方針―主として在日韓国・朝鮮人教育―」の制定
1988（昭和63）年	川崎市ふれあい館の開設
1989（平成元）年	財団法人川崎市国際交流協会設立
1990（平成2）年	外国人市民施策推進のための24項目の検討課題をまとめる
1993（平成5）年	川崎市外国籍市民意識実態調査の実施 外国人市民施策調査研究委員会から「川崎市国際政策のガイドラインづくりのための53項目の提言」を答申
1994（平成6）年	外国人高齢者福祉手当、外国人心身障害者福祉手当の支給開始 川崎市国際交流センターの開設 川崎市外国籍市民意識実態調査（面接調査）の実施
1996（平成8）年	市職員採用の国籍条項撤廃（消防士を除く） 「川崎市外国人市民代表者会議条例」の制定及び会議の設置
1998（平成10）年	「外国人市民への広報のあり方に関する考え方」を策定 「川崎市在日外国人教育基本方針」を改定し、「川崎市外国人教育基本方針―多文化共生の社会をめざして―」を制定
2000（平成12）年	「川崎市人権施策推進指針」の策定 「川崎市住宅基本条例」の制定、「川崎市居住支援制度」の開始
2005（平成17）年	「川崎市多文化共生社会推進指針」の策定
2007（平成19）年	「川崎市人権施策推進基本計画」の策定
2008（平成20）年	「川崎市多文化共生社会推進指針」の改定 「川崎市住民投票条例」の制定
2014（平成26）年	川崎市外国人市民意識実態調査の実施
2015（平成27）年	「川崎市人権施策推進基本計画『人権かわさきイニシアチブ』」の改定 川崎市外国人市民意識実態調査（インタビュー調査）の実施 「川崎市国際施策推進プラン」の策定 「川崎市多文化共生社会推進指針」2度目の改定

川崎市の取り組み（2015）http://www.city.kawasaki.jp/250/page/0000072553.html　2019.8.5取得

　この点について、「かわさき外国人教育推進資料Q&A　ともに生きる　多文化共生の社会を目指して」[14]の中に、「川崎市在日外国人教育基本方針―主として在日韓国・朝鮮人教育―」が制定されるまでの経緯が書かれており、1982年「在日韓国・朝鮮人教育を進める会」から「在日韓国・朝鮮人の子どもたちにとって、のびのびと育ち得ない環境が、社会の中や教育の中に存在しているとの提起」がなされ、3年間、19回も話し合いが行われたこと、人

権尊重を基盤とする川崎の教育の中で大きな課題であることから1986年「川崎市在日外国人教育基本方針―主として在日韓国・朝鮮人教育―」が制定されたことが書かれている。

1988年には、川崎市ふれあい館が開設された。川崎市ふれあい館は、青丘社が運営を任されている。川崎市ふれあい館は、「川崎市ふれあい館条例」[15]の中で、

> 日本人と韓国・朝鮮人を主とする在日外国人が、市民として相互のふれあいを推進し、互いの歴史、文化等を理解し、もって基本的人権尊重の精神に基づいたともに生きる地域社会の創造に寄与するため、川崎市ふれあい館（以下「ふれあい館」という。）を設置する。

と記されている。このふれあい館設立までのことについて、社会福祉法人青丘社理事長裵重度[16]は次のように述べている。

> 当時私は「これは物取り闘争だ。つくるのではなく、つくらせなければ意味がない。そのために喧嘩をするな、そして説得をしろ。」と言っていました。そして、なぜふれあい館が必要なのかを分かってもらうために、この地域にどのような人たちが住んでいるかを調査し、レポートを行政に提出しました。そして担当者との話し合いもし、学習会も持ち、なぜ必要なのか、今どういう環境に子どもたちが置かれているのかということを訴えました。こうして、実現するまでに足掛け7年という時間が必要だったわけですが、最終的には川崎市も決断をしてくれました。

以上から川崎市と青丘社、在日韓国・朝鮮人の人たちの努力が分かる。

こうした在日韓国・朝鮮人の人たちへの取り組みと、1980年以降のニューカマーの増加により、川崎市は多文化共生の政策を打ち出していく。

1996年「川崎市外国人市民代表者会議条例」の制定及び会議の設置が行われる。代表者会議は、公募で選考された26人以内の代表者で構成[17]されている。代表者が毎年調査審議の結果をまとめて市長に報告し、報告を受けた

市長は議会に報告し、公表することになっている。また、ニューズレターなども発行しており、活動の状況が分かるようになっている。

　1998年「川崎市在日外国人教育基本方針」を改定し、「川崎市外国人教育基本方針―多文化共生の社会をめざして―」を制定した。同基本方針の中の「Ⅳ教育関係者の役割とめざすべき方向性」、「１基本的な考え方」においては、

(1) 国籍・民族等にかかわらず、すべての子どもの学習権を保証し、教育における内外人の平等、人間平等の原則の徹底に努める。
(2) 社会における少数の立場の者（マイノリティ）の文化を尊重し、あわせて外国人市民の積極的な社会参加を支援する。
(3) 日本人と外国人の相互の豊かさにつながる共生の教育をめざし、過去の歴史的な経緯をしっかりおさえ、同化や排除意識からの脱却をはかる。

とされ、多文化共生社会でのマイノリティに対する尊重が見られる。教育の面においても多文化共生の川崎市の姿勢が伺える。

　その後も、2000年「川崎市人権施策推進指針」の策定、2005年「川崎市多文化共生社会推進指針」の策定、2007年「川崎市人権施策推進基本計画」の策定など多文化共生に向けての政策が多く出されている。2015年には「川崎市多文化共生社会推進指針―共に生きる地域社会をめざして―2015（平成27）年10月〈改訂版〉」が出され、「国籍や民族、文化の違いを豊かさとして生かし、すべての人が互いに認め合い、人権が尊重され、自立した市民として共に暮らすことができる「多文化共生社会」の実現」[18]をめざすことがうたわれている。

　川崎市は、はじめは在日韓国・朝鮮人に対する人権政策であったものが、ニューカマーの増加により、さまざまな国や地域から日本に来る外国人が増えていったために外国人市民に対する政策を立てなければならなくなっていく。その中で、外国人市民に対する政策として、多文化共生へと転換していくことになった。もちろんその背景には、国の動きもある。総務省自治行政局国際室長「地域における多文化共生推進プランについて」（2006.3.27）で

は、「今後は『地域における多文化共生』を第 3 の柱として、地域の国際化を一層推し進めていくこと」[19]が述べられており、地方公共団体における多文化共生の推進に係る指針・計画の策定が求められている。「川崎市多文化共生社会推進指針」も国の方針に従って策定されたものである。国の政策の下、川崎市も多文化共生への取り組みを進めていくことになった。

3　川崎市の外国人市民の子どもたち

(1) 川崎市の外国人市民と子どもたち

　2019年 6 月末の川崎市の区ごとの外国人人口[20]を見ると、〈表 3 - 4 〉のようになる。川崎区16,350人,幸区5,385人,中原区5,970人,高津区4,984人,宮前区3,609人,多摩区4,835人,麻生区2,836人となっている。川崎区に外国人市民が集中している。

　川崎市の2019年 3 月末の外国人市民の数[21]を見ると、 1 位中国15,410人、 2 位韓国又は朝鮮 8,124人、 3 位フィリピン4,441人、 4 位ベトナム3,448人、 5 位ネパール1,295人、 6 位インド1,208人となっており、中国からの外国人市民が多い。

　〈表 3 - 5 〉は、2019年 6 月末の区ごとの外国人市民の子どもの数[22]である。川崎区に多く、 0 ～ 4 歳の未就学児が多いことが分かる。

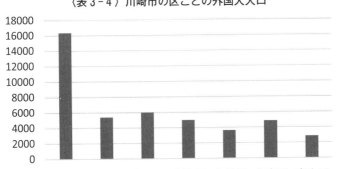

〈表 3 - 4 〉川崎市の区ごとの外国人人口

川崎市（2019）管区別年齢別外国人住民人口　令和元年 6 月末現在
http://www.city.kawasaki.jp/170/cmsfiles/contents/0000041/41608/1906gai.xls
2019.9.6取得

〈表3-5〉区ごとの外国人の子どもの数

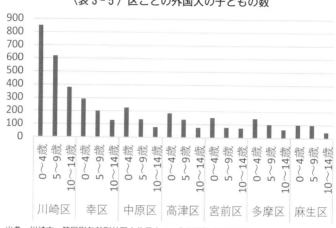

出典　川崎市　管区別年齢別外国人住民人口　令和元年6月末現在
http://www.city.kawasaki.jp/170/cmsfiles/contents/0000041/41608/1906gai.xls
2019.9.6取得

　「令和元年度 第1回 川崎市総合教育会議」[23]の資料を見ると、近年、川崎市立小中学校へ通う外国籍の児童が増えている。例えば、2013年に市立学校に通う外国籍児童・生徒数731人だったの対し、2015年837人、2017年957人と年々増加していることが分かる。そして、〈表3-5〉からも分かるように、現在、0～4歳の子どもたちが就学するにしたがって、その人数は増えること、また増加が予測される地域が、川崎区に偏っていることも予測されることである。

(2) 外国人市民の子どもたちの日本語教育

　文科省では、帰国・外国人児童生徒の受入れから卒業後の進路までの一貫した指導・支援体制の構築を図るため、各自治体が行う受入促進・日本語指導の充実・支援体制の整備に関する取組を支援するために「公立学校における帰国・外国人児童生徒に対するきめ細かな支援事業」（補助事業）[24]を行っており、川崎市も参加している。

　2018年度「公立学校における帰国・外国人児童生徒に対するきめ細かな支援事業」に係る報告書の概要を見ると、具体の取組内容として、（1）運営

協議会・連絡協議会の実施（2）拠点校の配置等による指導体制のモデル化
（3）日本語能力測定方法等を活用した実践研究の実施（4）「特別の教育課
程」による日本語指導の実施（5）学力保障・進路指導（6）日本語指導が
できる、又は児童生徒等の母語が分かる支援員の派遣（7）小学校入学前の
幼児や保護者を対象としたプレスクール（8）ICTを活用した教育・支援
（9）高等学校における教育・支援（10）成果の普及をあげている。

　どれも外国人市民と密接にかかわる内容である。外国人の子どもが学校に
入学するにあたって、日本語が話せるかどうかという点で、「（6）日本語指
導ができる、又は児童生徒等の母語が分かる支援員の派遣」と関わる。「日
本語が十分でない児童生徒のために、日本語指導等協力者派遣事業を実施し
た。学校に週2回、1回2時間の指導を基本として、72回（約8ヶ月〜1
年）をめどに実施」し、2018年度は「新規指導児童生徒、計297名に対して
派遣」を行っている。支援員の派遣が72回で終わる点である。

　言語の獲得には個人差があり、母国語の言語がどれくらい獲得できていた
かで日本語の習得も変わってくる。「令和元年度 第1回 川崎市総合教育会
議」の資料を見ると、日常会話は1〜2年、文字の読み取りや読解は2年程
度、母語話者と同等な学習能力5〜8年とあり、日本語の獲得に必要な年数
も示されている。72回で終わらなければならない現状を改善するために、
「日本語の指導」を「特別の教育課程」と位置付けて、取り出し指導を行っ
ている。文科省は、「特別の教育課程」を編成するにあたっては、日本語指
導の目的は、①日本語能力の向上（学校生活に適応するための日本語能力も
含む。）②在籍学級において日本語で各教科等の学習活動に参加できる能力
の養成を念頭におき、学校において、個々の児童生徒の日本語能力等に応じ
た具体的な目標や内容等を含む指導計画を作成するようにとしている[25]。

　また、川崎市では日本語指導が必要な児童生徒が5名以上在籍している学
校については、「国際教室」を設置し、正規教員を市独自の基準で配置して
いる。5名から1人の正規教員、20人からは2人の正規教員が配置される。
2019年の「国際学級」設置校は27校（川崎区17校、幸区5校、中原区1校、
高津区2校、宮前区2校）となっている。5名より少ない学校については、
校内での支援となる。

　2019年「公立学校における帰国・外国人児童生徒に対するきめ細かな支援事業」の成果と課題を見ると、「（6）日本語指導ができる、又は児童生徒等の母語が分かる支援員の派遣」では、「対象児童生徒数の増加に対して予算面での確保が難しい状況が生まれている」こと、「多言語化が進み、多様な言語に対応することが難しい状況もある」ことが記されており、財政の問題と多言語化が課題となっていることがわかる。今後は、外国人の児童生徒増加が予想され、日本語指導等協力者の確保も課題になるだろう。

（3）外国人市民の子どもたちの進学

　先の「令和元年度 第1回 川崎市総合教育会議」の資料に、日常会話は1～2年、文字の読み取りや読解は2年程度、母語話者と同等な学習能力5～8年かかるということが記されていたが、第二外国語としての日本語習得を行う生徒にとって、母語の習得状況と日本語習得状況が密接に関係する。日本語指導等協力者によって、来日したばかりで日本語がわからない子どもたちに対して日本語学習を行っていくが、どの年齢で日本にやってきたかでその差は出てくる。特に、高校受験を控えた中学生で日本語習得の状況が問題になる。

　川崎市の外国人の生徒の高校進学についての調査が公表されていないため、神奈川県の調査を見てみる。例えば、神奈川県では、外国人の生徒に対して外国籍であることを理由に高校を受験するには志願資格が必要である。「在県外国人特別募集」（以下。在県枠）といわれるものである。

　志願資格は、「外国の国籍を有する者（難民として認定された者を含む。）」で、「入国後の在留期間が通算で3年以内の者」「外国の国籍を有する人または日本国籍を取得して3年以内」「日本国籍を取得して3年以内の者」[26]とあり、県下の13校が受け入れ高校となる。中学1年で来日し、高校受験をする場合は、この在県枠で受験ができることになる。

　しかし、小学校6年生以前に来日している場合は、この制度を使用できないために、一般入試での受験となる。さらに、小学校6年生以前に来日し、日本語の獲得が上手くいかず学習言語能力が低い場合、高校受験が難しくなるケースが出てくる。

〈表3-6〉神奈川県外国人生徒数

出典「神奈川県学校基本統計（学校基本調査報告書）統計表」(2018) の高等学校（全日制・定時制）の外国人生徒の推移

　〈表3-6〉は、「神奈川県学校基本統計（学校基本調査報告書）統計表」[27] (2018) の高等学校（全日制・定時制）の外国人生徒の推移である。神奈川県全体を見ても外国人の生徒数が増えていることが分かる。

　かながわ国際交流財団の「神奈川県における国際教室在籍生徒の進路にかかわるアンケート調査」結果報告書[28]による国際学級在籍生徒の在県枠に当てはまるかどうかを〈表3-7〉にした。〈表3-7〉では、川崎市で回答した生徒の中で、在県枠に該当した生徒の数が25人中6人と分かる。

　川崎以外でも、在県枠に該当しない生徒の数が多く、在県枠に該当しないために、一般受験をする生徒が多いことが分かる。在県枠について、国際教室設置教育委員会および公立中学校計37件から回答（複数回答可）を得た資料[29]もあり、在県枠に該当しないが日本語・教科学習に困難を抱える生徒がいる（29件）、在県枠に該当しない生徒が多い（18件）、在県枠の定員数が足りない（15件）となっており、何よりも在県枠に該当しないが日本語・教科学習に困難を抱えている生徒が高校進学に当たって課題を抱えていることがわかる。

　川崎市の取り組みとしては、「中学生の段階で渡日した生徒が中学3年生になった際に、再度、日本語指導等協力者を派遣」「義務教育修了時点で必要な基礎的・基本的な知識の習得を図り、進学へ向けた支援を実施」を行っ

〈表3-7〉2017・2018年　国際教室在籍生徒数

地域別	年度	川崎市	横浜市東部	横浜市その他地域	湘南三浦地区	県央部	県西部	計
①在県枠に該当する	2018	6	53	11	2	30	5	107※
	2017	6	59	11	3	40	7	126
②在県枠に該当しない	2018	19	73	51	7	62	44	256
	2017	3	58	38	6	56	26	187
卒業生徒集計	2018	25	128	62	9	92	49	363
	2017	9	117	49	9	96	33	313

※107には海外帰国生徒特別募集に該当する2名含む

出典　かながわ国際交流財団「「神奈川県における国際教室在籍生徒の進路にかかわるアンケート調査」結果報告書〜対象：2018年3月卒業生〜」(2018)　図表6より転載

ている。派遣回数は48回（月6回、8か月程度）となっている[30]。

　これは中学生段階で渡日した中学3年生に対してのものであり、在県枠としての受験が可能な生徒である。在県枠を使えない生徒の場合、一般受験となるため支援対象から外れる。「神奈川県における国際教室在籍生徒の進路にかかわるアンケート調査」結果報告書の国際教室設置教育委員会および公立中学校のアンケートにもあるように、在県枠に該当しないが日本語・教科学習に困難を抱えている生徒に対する支援を急がなければならない。

　もしくは、在県枠の3年という期間のために進学を困難にさせているのかもしれない。現在、川崎市では、0〜4歳の子供が多い、その子どもたちが学校に入学し、教育を受けることとなる。また、学齢期の外国籍の子どもたちが渡日してくる。日本語の獲得と学習内容の獲得を同時に進めていくことは難しい。しかし、対応していかねばならない。日本語ができなければ、日本社会の中での困難さが生じてしまう。学習が遅れれば、高校進学にも影響が出る。多文化共生の中で、子どもたちに夢と希望が持てるような、具体性を持った支援の在り方を考える必要がある。

おわりに

　川崎のまちは、オールドカマー、ニューカマーとさまざまな文化背景を持っている人たちが多く住んでいる。その中で、人種を問わず、お互いを理

解し、より良い関係の中で生きていく必要がある。オールドカマーである在日韓国・朝鮮人の活動によって川崎は人権のまちとして、行政としても他の自治体と比べ人権に対する早い取り組みがなされてきた。現在も多くの外国人が住み、多文化共生のまちとして、行政は多くの取り組みを行っているが、問題は尽きることがない。

　今回触れたニューカマーとして来日した子どもたちの取り組みについては、外国に由来を持つ子どもたちがどのタイミングで日本の学校に入るのか。そして日本語獲得の過程の中で確実に日本語を獲得し、学習言語を獲得し、教科学習まで行う力を持つことができるのか。そうした子どもたちの将来を考えた教育を行う必要がある。日本にやってきた子どもたちに対して、高校進学時に大きな壁が立ちはだかるのである。言語の習得、学習の習得は個人の差によるが、子どもたちの未来ともつながっていくのである。手厚い学習の支援が必要である。

　日本は少子化で産業構造を支えるための人材として、移民政策に舵をきっている。しかし、日本に定住、永住する外国に由来をもつ人々が日本の教育システムの中で取り残されている現状は、国の政策としても改善を図らなければならない。

　日本に住んでいて日本の教育を受ける中で、日本語習得と同時に日本の教育カリキュラムの中で学ばなければいけない困難さを克服するだけの手立てと進学や就職の際にその困難さを考慮されるような選抜試験の条件緩和など、外国に由来を持つ児童生徒に対して行うべき改善策は多いと思われる。

〈注〉
（1）　「川崎の海の歴史保存会」が川崎市の臨海部にある川崎マリエンに「川崎の海苔づくり資料室」を作り、川崎の海苔養殖の道具などを展示している。
　　　https://www.kawasakiport.or.jp/indoor/seaweed.html　2019.9.6確認
（2）　川崎市（1995）『川崎市史通史編3 近代』311頁
（3）　川崎市（1995）『川崎市史通史編3 近代』369-370頁
（4）　『川崎市史通史編4 上　現代産業・経済』1997年　150頁
（5）　法務府民事局長通達（1952）「平和条約に伴う朝鮮人、台湾人等に関する国籍及び戸籍事務の処理について」法務府民事甲第438号
（6）　「日本国との平和条約に基づき日本の国籍を離脱した者等の出入国管理に関する特例法」（平成3年法律第71号）電子政府の総合窓口

https://elaws.e-gov.go.jp/search/elawsSearch/elaws_search/lsg0500/detail?lawId=403AC
0000000071_20190401_430AC0000000102&openerCode=1#1　2019.9.6取得

（7）総務省統計局　日本の長期統計系列 第2章 人口・世帯「国籍別，在留資格（永住・非永住）
別外国人登録者数」をもとに表1を作成
https://www.stat.go.jp/data/chouki/zuhyou/02-12.xls　2019.9.6取得

（8）中曽根康弘に対して「21世紀への留学生政策懇談会」が「21世紀への留学生政策に関する提
言」として10万人の留学生を受け入れるよう提言した。
中央教育審議会大学分科会留学生部会（第1回）（2002）資料4-2「留学生交流関係施策の
現状等について（資料編）」2、留学生交流推進政策（2-2）「留学生政策に関する各種提言
等」
http://www.mext.go.jp/b_menu/shingi/chukyo/chukyo4/007/gijiroku/030101/2-2.htm
2019.9.6取得

（9）川崎市長期時系列データ（人口）「住民基本台帳による世帯数・人口（男女、日本人・外国人
別）」http://www.city.kawasaki.jp/170/cmsfiles/contents/0000010/10875/jyuki.xls
2019.8.5取得

（10）横浜地方裁判所判決 1974年6月19日
http://www.courts.go.jp/app/files/hanrei_jp/798/019798_hanrei.pdf　2019.9.6取得

（11）民闘連については、現在は「在日コリアン人権協会」と名称を変更している。経緯について
は、「在日コリアン人権協会」のWebで確認できる。
http://koreanshr.jp/about.html　2019.9.6取得

（12）青丘社については、青丘社のWebに「在日コリアンの多く住む川崎南部の工場地帯に隣接する
地域にあって、在日コリアンと日本人が、共同で、民族差別をなくす市民運動、地域活動を
推し進める中から生まれ」、「民族差別は、最も弱い立場のこどもたちの育ちに色濃く表れる
ことから、こどもと共に歩む活動を基軸として桜本保育園を設立し、地域における実践を展
開」してきたことが記されている。
http://www.seikyu-sha.com/profile/seikyusya.html　2019.9.6取得

（13）塚島順一（2017）「外国人登録法における指紋押捺制度等の改廃運動：主に川崎からの視点と
して」法政大学大学院大学院紀要79．pp.137-154

（14）川崎市教育委員会（2017）「かわさき外国人教育推進資料Q&A　ともに生きる　多文化共生の
社会を目指して」7頁

（15）川崎市ふれあい館条例　昭和63年3月29日条例第23号
http://www.city.kawasaki.jp/templates/outline/cmsfiles/contents/0000007/7425/file13355.
pdf　2019.9.6取得

（16）裵 重度　第2回「ふれあい館のあゆみ」平成23年11月4日（金）
http://www.city.kawasaki.jp/kawasaki/cmsfiles/contents/0000026/26446/23kouza02.pdf
2019.9.6取得

（17）「川崎市外国人市民代表者会議代表者選任要綱」第3条には26人の配分について、「（1）本
市の住民基本台帳に記録されている者（日本の国籍を有しない者に限る。）が1,000人以上い
る国籍・地域に10人を配分する。その配分の内訳は1,000人以上いる国籍・地域に1人ずつ配
分し、残りをその数に比例して配分する。（2）国際連合人権理事会の委員選出の地域区分に
基づく5地域に16人（無国籍者を含む。）を配分する。その配分の内訳はアジア地域に3人以
上、その他の4地域に各1人以上とする」としている。
http://www.city.kawasaki.jp/templates/outline/cmsfiles/contents/0000002/2739/senninyou
kou.pdf　2019.9.6取得

（18）川崎市（2015）「川崎市多文化共生社会推進指針―共に生きる地域社会をめざして―2015（平

成27）年10月〈改訂版〉」11頁

http://www.city.kawasaki.jp/250/cmsfiles/contents/0000040/40959/tabunkashishin2015.pdf
2019.9.6取得

(19) 総務省自治行政局国際室長（2006）「地域における多文化共生推進プランについて」
（総行国第79号　平成18年 3 月27日）
http://www.soumu.go.jp/main_content/000400764.pdf　2019.9.6取得

(20) 川崎市（2019）「管区別年齢別外国人住民人口　令和元年 6 月末現在」
http://www.city.kawasaki.jp/170/cmsfiles/contents/0000041/41608/1906gai.xls　2019.9.6
取得

(21) 川崎市国際交流センター　ワールドものしり館「外国人に関するデータ」
https://www.kian.or.jp/worlddata.shtml#wdt1　2019.8.5取得

(22) 川崎市（2019）「管区別年齢別外国人住民人口　令和元年 6 月末現在」
http://www.city.kawasaki.jp/170/cmsfiles/contents/0000041/41608/1906gai.xls　2019.9.6
取得

(23) 令和元年度 第 1 回 川崎市総合教育会議（2019.8.5）資料「日本語指導を必要とする子どもへ
の対応について」
http://www.city.kawasaki.jp/170/cmsfiles/contents/0000109/109405/01kaigisiryou01.pdf
2019.9.6取得

(24) 文部科学省国際教育海外子女教育、帰国・外国人児童生徒教育等（CLARINET）「帰国・外国
人児童生徒等教育に関する事業概要」（平成25年度〜）に各年度の報告書が掲載されている。
http://www.mext.go.jp/a_menu/shotou/clarinet/003/001/1339531.htm　2019.9.6取得

(25) 文部科学省 初等中等教育局国際教育課「日本語指導が必要な児童生徒に対する「特別の教育
課程」の在り方等について」資料 1　11頁
http://www.mext.go.jp/a_menu/shotou/clarinet/kaigi/__icsFiles/afieldfile/2013/03/04/1330
284_1.pdf　2019.9.6取得

(26) 神奈川県（2020）「令和 2 年度神奈川県公立高等学校の入学者の募集及び選抜実施要領」
5　特別募集［在県外国人等特別募集］
http://www.pref.kanagawa.jp/docs/dc4/nyusen/nyusen/r2/documents/07_r2zaiken.pdf
2019.8.5取得

(27) 平成30年度神奈川県学校基本統計（学校基本調査報告書）統計表学校調査〈高等学校（全日
制・定時制）〉81　外国人生徒数
http://www.pref.kanagawa.jp/docs/x6z/tc30/gakuzi/documents/h30-h80.xlsx　2019.8.5取
得

(28) かながわ国際交流財団（2018）「「神奈川県における国際教室在籍生徒の進路にかかわるアン
ケート調査」結果報告書〜対象：2018年 3 月卒業生〜」2 頁図表 1
http://www.kifjp.org/wp/wp-content/uploads/2018/11/research_2018.pdf　2019.8.5取得

(29) かながわ国際交流財団（2018）「「神奈川県における国際教室在籍生徒の進路にかかわるアン
ケート調査」結果報告書〜対象：2018年 3 月卒業生〜」5 頁図表 6
http://www.kifjp.org/wp/wp-content/uploads/2018/11/research_2018.pdf　2019.8.5取得

(30) 令和元年度 第 1 回川崎市総合教育会議（2019.8.5）資料「日本語指導を必要とする子どもへ
の対応について」23頁
http://www.city.kawasaki.jp/170/cmsfiles/contents/0000109/109405/01kaigisiryou01.pdf
2019.9.6取得

〈参考・引用文献一覧〉

加賀美常美代（2019）「多文化共生に生きる」日立財団Webマガジン「みらい」VPL.3　1-14頁
　　https://www.hitachi-zaidan.org/mirai/03/paper/pdf/kagami_treatise.pdf　2019.6.14取得
金　侖貞（2011）「地域社会における多文化共生の生成と展開、そして、課題」自治総研通巻392号
　　59-82頁
近藤 敏夫（2005）「日系ブラジル人の就労と生活」佛教大学社会学部　社会学部論集 40　1-18頁
竹中 理香（2015）「戦後日本における外国人政策と在日コリアンの社会運動」川崎医療福祉学会誌
　　Vol.24　No.2　129-145頁
中野 裕二（2007）「「川崎市外国人市民代表者会議の10年―議事録から読み取れること―」駒澤法
　　学 7（1）20-46頁
西成田 豊（2000）「朝鮮人・中国人強制連行と現代：歴史認識の方法によせて」一橋論叢123(2)
　　397-406頁
前田育穂（2000）「川崎市における外国人住民施策の形成過程分析」
　　http://web.sfc.keio.ac.jp/~mkat/paper/1999maeda/index.html　2019.6.14取得
三国 恵子（1999）「川崎市の在日韓国・朝鮮人―集住過程と人口」城西大学大学院研究年報 16（1）
　　5-17頁
荒牧重人他（2017）『外国人の子ども白書』明石書店
小泉康一・川村千鶴子編著（2016）『多文化「共創」社会入門』慶応義塾大学出版会
佐久間孝正（2015）『多国化する日本の学校』勁草書房
鈴木ユータ・松立学編（2019）『これでいいのか川崎大変身の真相』マイクロマガジン社
毛受敏浩（2016）『自治体がひらく日本の移民政策』明石書店

コラム｜オールドカマーとニューカマー

小杉 聡

　オールドカマーとは、いわゆる「在日」のことであり、特に朝鮮半島からの人々が多い。戦前、植民地下であった朝鮮半島・台湾より日本に来た人々のことである。

　1910年の朝鮮併合により、朝鮮半島が日本の植民地となり、大日本帝国の支配下となり労働力の供給源となった。1938年国家総動員法、1939年「朝鮮人労務者内地移住二関スル件」が出され、国内の労働力を確保するためにやってきた。戦後は、GHQにより送還事業が始まり、出身国に戻っていったが、日本へそのまま残った人達もいた。

　サンフランシスコ講和条約（1952）の発効により、朝鮮半島出身者は日本の国籍を消失した。

　1965年「日本国に居住する大韓民国国民の法的地位及び待遇に関する日本国と大韓民国との間の協定（日韓法的地位協定）」が交わされたことにより、「大韓民国国民」で1945年8月15日以前から申請の時まで日本に居住している者や直系卑属として、1946年8月16日以後この協定の効力発生の日から5年以内に日本国で出生し、その後申請の時まで日本に居住している者はこの協定発効後、協定永住許可者となった。

　1991年入管法改正により、「平和条約国籍離脱者」及び「平和条約国籍離脱者の子孫」である在日韓国・朝鮮人、在日台湾人は特定永住者となった。

　1980年代以降、日本に在留する外国人をニューカマーと呼ぶ。1980年代半ばより日本に在留する外国人が増えた。その背景には、日中国交正常化に伴う中国からの帰国者とその家族の受け入れ、中曽根内閣の時の「留学生10万人計画」（1983）などある。また、国連の難民条約・難民議定書などの加入もあり、インドシナ難民受け入れるために1982年「出入国管理及び難民認定法」が定められた。

　1990年「出入国管理及び難民認定法」の改訂が行われ、日系人の受け入れを行うようになった。それに伴い、日系ペルー人、日系ブラジル人など、移民として渡った日本人の子孫に在留資格が認められるようになった。1993年技能実習生の受け入れも行われ、アジア地域からの外国人の在留外国人が増えている。2019年6月の在留外国人統計（国籍・地域別　在留資格（在留目的）別　総在留外国人）では、中国1,019,001人、韓国530,928人、ベトナム379,974人、フィリピン297,890人、ブラジル208,857人となっている。

〈参考文献〉
磯部　涼（2017）『ルポ川崎』サイゾー
鈴木ユータ・松立学編（2019）『これでいいのか川崎大変身の真相』マイクロマガジン社

［第4章］
犯罪者の社会復帰
～刑余者等に対する「働く所」と「住む所」～

長谷川洋昭

〈本章を読む前に〉

　犯罪を犯したが、法による「償い」を終え「反省」を抱きつつ人生に再チャレンジしようとする人がいたとしよう。しかしその経歴などで彼らが困難に直面した場合、私たち社会は「自業自得」や「自己責任」という視線で彼らを一刀両断してはいまいか。その結果、社会から排除された人が再び犯罪に手を染めてしまうという悪循環が近年示され、「再犯防止」が刑事政策の大きな柱の一つになっている。

　「当事者意識を持って考える」という言葉がある。相手の立場を考えて、ということだろうが、その相手のことなぞ考えたくもないという場合もあるだろう。その相手の最たるものが「犯罪者」ではないだろうか。では犯罪の加害者ではなく、「犯罪被害者」に対してはどうだろう。社会で生活する多くの人々にとって、犯罪の被害者になる確率は決して高いとは言えないが、それでも「もしこのような犯罪の被害者になったら。被害者の家族になったら。」と誰しもが思いを至らせることはできる。

　加害者が減るということは、被害者も減ることに外ならない。私たちが被害者に対して当事者意識が持てるならば、加害者が減る社会を目指すことの意義も理解できるはずである。本章では多くの人々にとって「当事者意識」を持つことができにくい犯罪者を取り上げるが、彼らもまたまぎれもない同じ社会の構成員であることを念頭に読み進めて頂ければ、足元につながる同じ地平に気づくことだろう。

はじめに

　刑余者とは、罪を犯した人・刑罰を受けた人のことをこのように呼ぶ。この人たちのことをここではマイノリティと考えることとする。ところでこの人たちが他のマイノリティとされる人と大きく違うところは何だろうか。それは「自己責任」「自業自得」という言葉で、その後の彼らの「生きづらさ」を断罪してしまう社会の大勢ではないだろうか。洋の東西を問わず、「犯罪」を取り扱うニュースやエピソードは人々の耳目を集める。名探偵が犯人を突き止める推理小説、刑事が犯人を追いつめるテレビドラマ。しかし、これらは犯人が捕まった「その後」は描かれていないものが大半である。また現実社会でも、事件の概要や裁判・判決については詳細に報じられるものの、罪を犯した人の「その後」はほとんど知りえることはない。そして社会のどれだけの人が、「彼のその後」に関心を持つだろうか。

　犯罪をした人を「マイノリティ」と捉えることに抵抗を覚える人もあるだろう。しかし、彼らの生活歴を辿ると、「貧困」「障害」「疾病」「高齢」「孤立」「教育機会の喪失」「日本語を母国語としない人」などといった、いわゆる支援を必要とする（した）要素が示されることが多い。そもそもがマイノリティであったケースも少なくないのである。このような様々な網の目からこぼれ落ちようとする人々の存在をわたしたちの社会が早くから認識することができていたならば、そもそも犯罪に手を染めなかった人も間違いなく存在するだろう。そのような未然対応としての様々な施策や社会の有り様ではなく、本章では、すでに罪を犯してしまった人の立ち直り支援、中でも社会生活の経済的基盤となる「働く所」と「住む所」について焦点を絞り論じていきたい。

　再犯防止が国の刑事政策における重要課題となっている根拠の一つとして、「再犯者率（検挙人員に占める再犯者の人員の比率）」が挙げられよう。「再犯者」とは、前に道路交通法違反を除く犯罪により検挙されたことがあり、再び検挙された者をいう。再犯者の人員は、2006年の14万9,164人をピークとしてその後は漸減状態であり、初犯者の人員は2004年の25万30人をピークとしてその後は大きく減少している。再犯者の人員は漸減傾向であっても、

〈図4-1〉刑法犯 検挙人員中の再犯者人員・再犯者率の推移

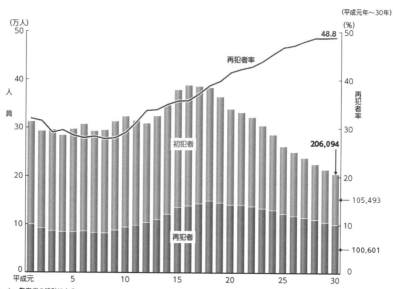

法務省（2019）「令和元年版犯罪白書」より

それを上回るペースで初犯者の人員は減少し続けているため、再犯者率は1997年以降一貫して上昇し続けており、2018年は48.8％となっている〈図4-1〉。

　令和元年版犯罪白書の「刑務所再入所者の再犯時の職業の有無」によると、無職者は男性71.0％・女性85.2％であり、有職者は男性29.0％・女性14.8％であった。また2011年〜15年までの法務省保護統計年表の累計によると、「有職者・無職者別の再犯率」において無職者は26.5％であり、有職者は7.7％であった。ここから垣間見えることは、刑務所再入所者のうち再犯時に仕事がなかった人の割合は約7割、そして仕事の無い人の再犯率は仕事のある人の約3倍という、仕事の有無が再犯に大きく影響していることから、就労支援は再犯防止と社会復帰にきわめて有効であるということである。

　日本は少子高齢化により生産年齢人口の減少も進み、様々な社会保障費は

増大する中で、改正出入国管理法に基づき2019年 4 月に創設された新在留資格「特定技能」による外国人労働者受け入れも大幅に拡大される。そのような時代背景にあって、たとえ障害があっても高齢であっても、働く意欲と能力があれば、それぞれ生き生きと働けるチャンスがあることが社会の維持と向上には望ましい。このような観点からも犯罪を犯した人への就労支援は、単に社会防衛思想による「再犯防止」といった視点ではさまざまな面で限界がある。深く反省し法的な償いを済ませたならば、彼らを貴重なマンパワー・タックスペイヤーとして再度社会に迎え入れ、就労を通して本人の社会復帰の基盤を作ることが本人のみならず社会全体の幸福へとつながるであろう。

　犯罪を犯したがゆえにその後の人生において様々なハンディを背負う人も多い。そんな彼らに社会が投げかける「自業自得」や「自己責任」という言葉が生み出すものは、マイノリティの再生産だけでなく社会矛盾、ならびに様々なリスクの拡大ではないだろうか。

1　その存在を「視覚化」すること

　人は古来、闇夜の中に見えないはずの「怪物（モンスター）」に怯えた。私たちが今、「犯罪者（モンスター）」に怯えることはこれに似てはいまいか。例えば、子ども・女性・障害者・高齢者・外国人といった人は街を行き交っていても視覚化できるし、支援が必要なシーンが想像できる場合もある。しかし「犯罪者」や「元・犯罪者」は、バスで向かい合っていたとしてもそうと気づく人はいないだろう。視覚化できない存在に対して我々は、モンスター扱いをすることは自然の流れかもしれない。ましてや彼らが社会で直面する困難な場面などは、仮に想像できても「自業自得」「自己責任」という言葉に変換され、われわれ側の「無関心」「無関係」といった感情を呼び起こす。

　本節では、罪を犯した人を「社会から視覚化されうるマイノリティ」と認識させる契機となりうる「再犯防止推進計画」の基本的考え方について概観する。2016年12月、「再犯の防止等の推進に関する法律」（平成28年法律第104号）（以下「推進法」と略す。）が制定され、同月施行された。この推進

法が定める基本理念は次の4つであるが、これらを国レベル、地方自治体レベルで推進していくためには、並行してマイノリティである犯罪をした人の存在を制度上において可視化する工夫が求められよう。

1　犯罪をした者等の多くが、<u>定職・住居を確保することができない等のため、円滑な社会復帰が困難な状況にある</u>ことを踏まえ、<u>犯罪をした者等</u>が、社会において孤立することなく、<u>国民の理解と協力を得て再び社会を構築する一員となることを支援する</u>こと。

2　犯罪をした者等が、その特性に応じ、矯正施設に収容されている間のみならず、社会復帰後も途切れることなく、必要な指導及び支援を受けられるようにすること。

3　犯罪をした者等が、犯罪の責任等を自覚すること及び被害者等の心情を理解すること並びに自ら社会復帰のために努力することが、再犯の防止等に<u>重要</u>であること。

4　犯罪や非行の実態、再犯の防止等に関する各般の施策の有効性等に関する調査研究の成果等を踏まえ、効果的に施策を講ずること。

（推進法第3条）下線部筆者。

　そして政府はこの推進法の施行を受け、同月、犯罪対策閣僚会議の下に、法務大臣が議長を務め関係府省庁の局長等を構成員とする「再犯防止対策推進会議」を新たに開催した。そして2017年2月から、再犯防止推進計画の案の具体的内容を検討する「再犯防止推進計画等検討会」を開催している。この検討会では、就労・住居の確保、保健医療・福祉サービスの利用の促進、修学支援及び効果的な指導の実施、民間協力者の活動及び広報啓発の推進、地方公共団体及び関係機関の体制整備等の検討テーマを毎回設定し、計9回にわたる議論を行いパブリックコメントを実施した。そして同年12月15日、「再犯防止推進計画」が閣議決定された。
　そこで掲げられた7つの重点課題は次の通りである。

1　就労・住居の確保等

2　保健医療・福祉サービスの利用の促進等

3　学校等と連携した修学支援の実施等

4　犯罪をした者等の特性に応じた効果的な指導の実施等

5　民間協力者の活動の促進等、広報・啓発活動の推進等

6　地方公共団体との連携強化等

7　関係機関の人的・物的体制の整備等

　本章においては、この課題のうち「1　就労・住居の確保等」を中心に進めていくが、どの重点課題を見ても、関係機関や団体だけの連携や取り組みだけでは不十分であり、根底に「社会の理解と協力」がなければ成しえないものばかりである。その意味でも「5　民間協力者の活動の促進等、広報・啓発活動の推進等」は、様々なシーンにおいてアプローチを工夫しなければならないが、地域の民間協力者のうち若いマンパワーの供給源として、BBS会（Big Brothers and Sisters Movement）に着目したい。この組織は、様々な問題を抱える少年と「お兄さん」「お姉さん」のような身近な存在として接しながら、少年自身の問題解決を支援したり、健全な余暇活動を提供するとともに、犯罪や非行のない地域社会の実現を目指す、全国規模[1]の青年ボランティア団体である。

　活動内容は、保護観察に付された少年と関わる「ともだち活動」、施設訪問などの「グループワーク」、少年とともに実施する「社会参加活動への参加協力」、『社会を明るくする運動』[2]を代表とする「非行防止活動」、学習会などの「研さん活動」がその活動方針であり、近年では地域の実情に合わせて、児童自立支援施設や児童養護施設等における家庭教師派遣活動や、通学路見守り活動、児童館、学校等における子どもの行事支援等も実施している。「まだ何者でもない若者たち」である若いBBS会員が、罪を犯した人や非行をした少年たちの社会復帰の啓発活動や交流を持つことは、再犯防止に関心がない層へのアピールとして有効であろう。マイノリティ問題は、いかに彼らの等身大の姿を世間の眼前に示せられるかがスタートである。その点で彼らに期待するところは大きい。

　更生保護法の第一条には（目的）として、「この法律は、犯罪をした者及

び非行のある少年に対し、社会内において適切な処遇を行うことにより、再び犯罪をすることを防ぎ、又はその非行をなくし、これらの者が善良な社会の一員として自立し、改善更生することを助けるとともに、恩赦の適正な運用を図るほか、犯罪予防の活動の促進等を行い、もって、社会を保護し、個人及び公共の福祉を増進することを目的とする」と示され、続く第二条には（国の責務等）としてその３には「国民は、前条の目的を達成するため、その地位と能力に応じた寄与をするように努めなければならない」と、国民の更生保護に対して寄与する努力義務が示されていることからも解る。再犯防止のためには、そもそも犯罪や非行を未然に防止する取組をさまざまな観点から実施することが重要である。

　また捜査・公判を適切に運用することで適正な科刑を実現することはもとより、犯罪や非行をした人が自らの責任等を自覚し、犯罪被害者の心情等を理解するとともに、自ら社会復帰のために努力することも重要である。そしてこれは、司法関係者のみで達成されるものでは全くなく、地域社会の理解と協力がなければ成しえないものである。

　かつて私たちは、為政者の支配下にある秩序を維持することを目的に身体に対して損傷または苦痛を与える刑罰（身体刑）や、残虐な行為で命を絶つ刑罰（死刑）を長らくその対策に据えてきた。江戸時代後期まで、指切・手切・鼻そぎ・耳そぎなどといった身体刑や、磔・串刺・鋸引・牛割・車割・火焙などといった残虐な死刑が行われていたが、この刑罰が余計に犯罪を助長している面が指摘されたり、社会的排除が再び罪を犯す者を生み出すなどその効果の程が疑われるようになり、政情の安定化も影響して次第に姿を消していった。そしてこれに代わって刑罰制度の中心に据えたことは、身体を拘禁する「自由刑」である。この内容もただ懲らしめだけを目的とするものから、労働や教育を通して更生を意図するものへと次第に変化し、現在に至っている。

　英国のベヴァリッジ（William Henry Beveridge）は『社会保険及び関連制度』（1942）の中で、窮乏（Want）、疾病（Disease）、無知（Ignorance）、不潔（Squalor）、怠惰（Idleness）といった「５つの巨人悪（FIVE GIANT'S EVILS）」を示したが、まさに我々の社会の営みはこれらとの闘いの歴史だ

といえよう。これらの巨人と我々との闘いは、時代の様相に合わせて新たな問題を生み出しつつも様々な文化や科学の進歩、そして社会全体の幸福を求める人々の不断の努力によって着実に前進してきた。そしてこれら「五つの巨人悪」にその因の多くを孕む「犯罪」も、我々社会の克服すべき対象であることは論を俟たないところである。

「はじめに」でも記したように、日本は生産年齢人口も減少する中で、働く意欲と能力があれば、誰にでもチャンスが与えられることが望ましい。罪を犯した人を社会の完全に見えないところに追いやり、全く関係なく生活ができることなぞ不可能なのである。ならば彼らが自らの罪を悔い、罪を法的に償ったのであれば、再び社会の一員として迎え入れることこそが、その人の幸せのみならずひいては社会全体の安定にもつながるであろう。

このことが実感できる世の中を目指す過程において、すでに「五つの巨人悪」との戦いに勝利しているともいえる。

2　罪を犯した人に対する社会内での処遇とその課題

ここでは、刑務所等を仮釈放になった人や保護観察付執行猶予判決を受けた人、および保護処分を受けた少年等に対して付される「保護観察」について整理する。罪を犯した人の中には、対人関係・社会適応能力に課題を抱える人が多いこと等から、刑務所などで刑罰を受けるだけでは再犯を防ぐことにはつながらないケースも多い。

また帰るべき場所や財産、人間関係を持たない人、また何らかの障害を持った人たちに対しては、刑罰は無意味であるとさえいえる。彼らが一般社会から隔絶した環境に長期間拘束されるほど、地域に戻ってもその環境になじみにくくなることは想像に難くない。そもそも課題を持っていた人たちにとって「犯罪者」というレッテルが加わることは、地域生活のハードルをさらに上げることになると判断せざるを得ない。

罪を犯した人の社会復帰には、どのような条件が必要とされるのであろうか。本人が反省と贖罪の意識、そして再び罪を繰り返さないという意思を持っていることが前提とされるが、大切なことはその彼の意思を維持できるような環境を、社会を整えることである。ではその環境を構成する条件とは

105

何か、保護観察制度[3]を通して概観してみたい。

　保護観察は、犯罪をした者が再び犯罪を繰り返さず改善更生できるように、その者が生活する地域社会において指導し、家庭、就労、交友などそれぞれに適切な居場所を確保できるよう、地域社会の力を動員して援助する制度である。刑事政策においては、特別予防の観点を重視して選択されるアプローチの一つで、更生保護法第1条[4]の目的を達成する手段の中核である。矯正施設（刑務所・少年院等）での処遇は「施設内処遇」と呼ばれるのに対して、保護観察を中心とする更生保護は、「社会内処遇」と呼ばれる。これは「塀の外」という単純物理的な意味だけではなく、あらゆる社会資源を活用し、社会に支えられたものという意味である。

　2018年末の保護観察対象者の人員は、仮釈放者が4,731人、保護観察付全部・一部執行猶予者が9,907人であった（保護統計年報による）。彼らを主に担当する機関が、法務省の地方支分部局である「保護観察所」である。保護観察所は刑事司法手続の最終段階にある機関として、裁判所その他の関係機関と刑事司法の目的を共有しつつ連携して、犯罪者を社会内で更生させてその再犯を防ぎ、もって社会を犯罪[5]のおそれから防衛するという役割を担う。犯された罪は公正に裁かれ、科された刑罰を法や規則に従って適正に執行することによって、一般社会の人々が犯罪を行うことを防ぎ（一般予防）、また、罪を犯した者の改善更生を図って再犯を防止する（特別予防）ことを目的とする。

　わが国における犯罪の約6割が犯罪者全体の約3割を占める再犯者によって行われていることから、再犯者を減少させることが国家の秩序を安寧に導く手がかりともいえる。ただし対象者が社会に包摂され、彼自身も安寧な生活を送れることが前提でなければなるまい。ここで誤解があってはならないのは、「犯罪」から社会を護るのであって、「犯罪者」から守るということではない。

(1) 仮釈放の機能とその基準

　「なぜ仮釈放というものがあるのか」と疑問に思っている人も多いかもしれない。特に犯罪被害者にとっては、この思いは強いことだろう。ここでは

仮釈放の機能とその基準を整理したうえで、保護観察の種類についてまとめてみる。仮釈放の機能については以下のような 4 つが整理されている。

① 刑事施設での良好な行状に対する褒賞として仮釈放等を許し、施設内の秩序を維持する機能
② 収容者の状況の変化に応じて仮釈放等を許し、不必要または不適当となった拘禁を排除するよう調整する機能
③ 拘禁状態から一挙に完全に拘束の無い状態に釈放するのではなく、仮に釈放して保護観察を受けさせることで、一定の規制の中で社会に慣れさせ、再犯を防ぐ機能
④ 刑事施設等に収容されている者を仮に釈放し、保護観察を受けさせて改善更生を促進させる機能、等があげられる。

この 4 つの機能は大きく、①②は施設内、③④は社会内での機能と言える。
　次にその基準については刑法第28条に、法定期間[(6)]を超え「改悛の状があるとき」と規定している。規則で詳しくは、次の通り規定している。

① 「悔悟の情及び改善更生の意欲がある」
② 「再び犯罪をするおそれがない」
③ 「保護観察に付することが改善更生のために相当である」
④ 「社会の感情がこれを是認すると認められない」等を地方更生保護委員会[(7)]で判断する。

　近年は犯罪被害者（彼らも当然マイノリティである）に対する支援施策も拡充しつつあり、また罪を犯した人の反省や償いにおいても被害者への贖罪感情を抜きにしては成立しない。上記規則の①～③は、罪を犯した人当事者の問題であるが、④の「社会の感情」とは、多くの事件の場合は被害者[(8)]を指すことになる。よって支援にあたる人や組織においては、等しく被害者の存在を忘れず関わらなければ、罪を犯した人の社会復帰について一般の理解と協力を得ることが難しくなるであろう。「なぜ被害者ではなく加害者を

助けるのか」と。この問いに対する真摯な言葉と姿勢を、罪を犯した人とともに考えなければならない。

　「反省」は更生の過程において大事な要素であることは間違いないが、本人の反省だけでは社会生活は成立しない。刑事施設等から釈放された人が地域に戻ったとき、犯罪や非行にいたった際の生活環境が改善されていない場合は再び犯罪や非行に走る要因ともなりうる。そのため収容中から釈放後の生活環境を整えておくことが必要となる。よって以下の環境が整わない場合は、仮釈放の対象となることは難しくなる。

　更生保護法第82条では「収容中の者に対する生活環境の調整」として、「保護観察所の長は、刑の執行のため刑事施設に収容されている者又は刑若しくは保護処分の執行のため少年院に収容されている者について、その社会復帰を円滑にするため必要があると認めるときは、その者の家族その他の関係人を訪問して協力を求めることその他の方法により、釈放後の住居・就業先その他の生活環境の調整を行うものとする」と定めている。この具体的な調整事項は、規則⁽⁹⁾により以下の通りである。（下線筆者）

一　生活環境調整対象者の釈放後の<u>住居</u>を確保すること。
二　生活環境調整対象者に係る<u>引受人</u>を確保すること。
三　生活環境調整対象者の釈放後の改善更生を助けることについて、引受人以外の生活環境調整対象者の家族その他の<u>関係人の理解及び協力</u>を求めること。
四　生活環境調整対象者の釈放後の<u>就業先又は通学先</u>を確保すること。
五　生活環境調整対象者の改善更生を妨げるおそれのある<u>生活環境</u>について、当該生活環境調整対象者が釈放された後に影響を受けないようにすること。
六　生活環境調整対象者が釈放された後に、<u>公共の衛生福祉に関する機関その他の機関から必要な保護</u>を受けることができるようにすること。
七　その他生活環境調整対象者が健全な生活態度を保持し、自立した生活を営むために必要な事項。

　以上の項目に示された7つ（①住むところ　②引き受けてくれる人　③引き受けてくれる人以外の、家族や関係する人の理解と協力　④働く場所や通学先　⑤よりよい生活環境　⑥他機関との連携　⑦その他）は、すなわち対象者が社会で自立した生活を維持するために最低限必要な環境として処遇上常に留意すべきことであると考えられる。そしてこれらの項目は、社会一般の多くの人にとっても大切な要素として考えることができ、犯罪をした人もそうでない人も求めるものは同じだといえる。

　ただし現状を見れば受刑者の約半数が満期で釈放されているが、これは次のどちらかに、もしくは両方に不備があった人と考えられる。

①　刑務所等内での態度が不良（施設内の問題）。
②　引受人がいない・帰住先が無い・仕事が無いなど生活環境が整わない（社会内の問題）。

　そしてこのような背景を持つ人が近年増加傾向にある。満期釈放になり、保護観察という社会内処遇を受けないということは、支援が無いまま地域社会に投げ出されることに等しく、その結果再犯に至る者が多くなる。令和元年版犯罪白書によると、刑務所満期釈放者の約5割の人が、出所当年を含む5年以内に再犯により再び刑務所に戻っているが、仮釈放者の場合は約3割であった。満期釈放者に対しては、「更生緊急保護」[(10)]の制度が施設の長から教示されるが（更生保護法第86条2）、地域に出た時にはさまざまな職種との連携が希求されると同時に、地域社会の理解も不可欠となる。

　〈図4-2〉の平成30年を見ると、①では1年を超える人は2％ほどしか存在せず、大半が比較的短期間のうちに保護観察期間を終了している。しかし②では逆に1年以内で終了する人が1％未満であり、数年にわたって保護観察下にて社会復帰に向けた指導監督と補導援護を受けることになる。このことから、刑務所等の施設内処遇を受けていた人たちの方が、社会内処遇を受ける期間は圧倒的に短く、彼らとのつながり方を工夫しなければ関係性はすぐに切れてしまう可能性があるということを、関わる人は自覚したい。

〈図4-2〉保護観察開始人員の保護観察期間別構成比

① 仮釈放者

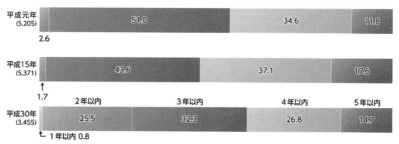

② 保護観察付全部・一部執行猶予者

注　1　保護統計年報による。
　　2　仮釈放者の「2年を超える」は、無期を含む。
　　3　「保護観察付全部・一部執行猶予者」は、平成元年・15年は保護観察付全部執行猶予者であり、30年は保護観察付全部・一部執行猶予者である。
　　4　（　）内は、実人員である。

法務省（2019）「令和元年版犯罪白書」より

（2）保護観察の処遇内容

　保護観察の実施主体は、全国の地方裁判所管轄ごとに置かれた法務省の地方支分部局である「保護観察所」であり、保護観察の直接の担い手は、地方更生保護委員会事務局（全国に8）および保護観察所（全国に50）に置かれた法務省職員の「保護観察官」である。また必要に応じて住居や職業の確保などの援助を、地域の民間篤志家である保護司[11]と共にあたることも多い。

　保護観察は、指導監督と補導援護の2つの方法を有機的、効果的に組み合わせて実施される。「指導監督」は権力的・監督的な性格を有し、「補導援護」は援助的・福祉的な性格を有している。それぞれの具体的な処遇内容は

以下の通りである。

　「指導監督」は、更生保護法には次のようにある。（下線筆者）
第五十七条　保護観察における指導監督は、次に掲げる方法によって行うものとする。
　一　面接その他の適当な方法により保護観察対象者と接触を保ち、その行状を把握すること。
　二　保護観察対象者が一般遵守事項及び特別遵守事項（以下「遵守事項」という。）を遵守し、並びに生活行動指針に即して生活し、及び行動するよう、必要な指示その他の措置をとること。
　三　特定の犯罪的傾向を改善するための専門的処遇を実施すること。
　2　保護観察所の長は、前項の指導監督を適切に行うため特に必要があると認めるときは、保護観察対象者に対し、当該指導監督に適した宿泊場所を供与することができる。

　ここにある「一般遵守事項」（更生保護法第50条）は、保護観察対象者の全員が対象となる共通の約束事である。
○　一般遵守事項
１．再び犯罪をすることがないよう、又は非行をなくすよう健全な生活態度を保持すること。
２．次に掲げる事項を守り、保護観察官及び保護司による指導監督を誠実に受けること。イ.保護観察官又は保護司の呼出し又は訪問を受けたときは、これに応じ、面接を受けること。ロ.保護観察官又は保護司から、労働又は通学の状況、収入又は支出の状況、家庭環境、交友関係その他の生活の実態を示す事実であって指導監督を行うため把握すべきものを明らかにするよう求められたときは、これに応じ、その事実を申告し、又はこれに関する資料を提示すること。
３．保護観察に付されたときは、速やかに、住居を定め、その地を管轄する保護観察所の長にその届出をすること。
４．前号の届出に係る住居に居住すること

５．転居又は７日以上の旅行をするときは、あらかじめ、保護観察所の長の
　　許可を受けること

　　この「一般遵守事項」には項目が５つあるが、そのうち、実に３つが「住
む所」に関係している。これは、法務省は「居所を定めること」が犯罪をし
た人たちの社会復帰への基盤と考えていることの証左といえるだろう。

　次に、「特別遵守事項」[12]（更生保護法第51条）は、保護観察対象者の
個々の状況に対して設定される約束事である。対象者の状況に合わせて変更
や取り消しも可能である。

　次に掲げる事項について、保護観察対象者の改善更生のために特に必要と
認められる範囲内において、個別的具体的に定めるものとする。
１．犯罪性のある者との交際、いかがわしい場所への出入り、遊興による浪
　　費、過度の飲酒その他の犯罪又は非行に結び付くおそれのある特定の行動
　　をしてはならないこと。
２．労働に従事すること、通学することその他の再び犯罪をすることがなく
　　又は非行のない健全な生活態度を保持するために必要と認められる特定の
　　行動を実行し、又は継続すること。
３．７日未満の旅行、離職、身分関係の異動その他の指導監督を行うため事
　　前に把握しておくことが特に重要と認められる生活上又は身分上の特定の
　　事項について、緊急の場合を除き、あらかじめ、保護観察官又は保護司に
　　申告すること。
４．医学、心理学、教育学、社会学その他の専門的知識に基づく特定の犯罪
　　的傾向を改善するための体系化された手順による処遇として法務大臣が定
　　めるものを受けること。
５．法務大臣が指定する施設、保護観察対象者を監護すべき者の居宅その他
　　の改善更生のために適当と認められる特定の場所であって、宿泊の用に供
　　されるものに一定の期間宿泊して指導監督を受けること。
６．その他指導監督を行うため特に必要な事項。

　例えば覚せい剤を不法に使用した結果裁かれた人と、窃盗を繰り返した結果裁かれた人が生活上注意すべき点は必ずしもすべて同じではないはずである。それどころか同じ罪名の人であっても、個々の生活背景や成育歴は異なることから、その人に応じた約束事が検討されることになる。

　そして「補導援護」は、更生保護法には次のようにある。（下線筆者）

第五十八条　保護観察における補導援護は、保護観察対象者が自立した生活を営むことができるようにするため、その<u>自助の責任を踏まえつつ</u>、次に掲げる方法によって行うものとする。
　一　適切な住居その他の宿泊場所を得ること及び当該宿泊場所に帰住することを助けること。
　二　医療及び療養を受けることを助けること。
　三　職業を補導し、及び就職を助けること。
　四　教養訓練の手段を得ることを助けること。
　五　生活環境を改善し、及び調整すること。
　六　社会生活に適応させるために必要な生活指導を行うこと。
　七　前各号に掲げるもののほか、保護観察対象者が健全な社会生活を営むために必要な助言その他の措置をとること。

　この「補導援護」を行う際に大切なことは、保護観察対象者の「自助の責任を踏まえつつ」ということである。社会一般の人々も、自立生活に向けての自助努力は前提であることと同じであり、まず本人が更生したい、という強い思いがなければ、周囲からの支援は自立への途を迂遠なものとするおそれがある。支援に関わる人は、様々な立場同士で情報の共有・処遇の一貫性の保持を常に意識して向き合うことを留意しなければならない。保護観察は更生の意欲と自発性を前提とする枠組みである。よって以下のような状況にある者は「前提を欠く者」としてその処遇はほぼ期待できないものとなる。

１）保護観察官や保護司の働きかけに対する意味のある応答が期待できない

者

２）暴力団への帰属意識を捨てないなど、反社会的な価値観が固着している
　　者

３）住居不定で定住自体を忌避するような者

４）在留資格のない外国人であって、釈放後直ちに退去強制が見込まれる者

　満期釈放となった場合には保護観察に付されることはない。ということは、
指導監督および補導援護などを受けることもない結果、仮釈放者よりも再犯
リスクが高まる。（平成30年の仮釈放率は、58.5％であった。）マイノリティ
である罪を犯した人たちの中にも、結局網の目からすり抜けてしまう「マイ
ノリティ内マイノリティ」が存在しているのである。彼らの後ろ姿を見失わ
ないようにすることも、司法関係者などだけではなく地域のネットワークを
用いながら考えていきたい。

（3）保護観察の担い手

　ここでは、保護観察における「指導監督」および「補導援護」に直接かか
わる、保護観察官と保護司について紹介する。保護観察官は、法務省地方更
生保護委員会事務局（全国に８）及び保護観察所（全国に50）に置かれた常
勤の国家公務員である。諸外国の場合は、この更生保護制度の中核となる強
制力を持った公務員が多数配置されているケース（たとえば、英国は保護観
察官が約８千人）が見られるが、日本においては年間約６万２千人の更生保
護対象者の対応にあたる保護観察官は約1,000人程度である。

　保護観察対象者の行状を面接等で把握し、遵守事項等の厳守を促す。当然
時には法律によるパワーを背景に対象者を指導することも含まれる。また特
定の犯罪傾向が有るものに対しては専門的処遇（「性犯罪者処遇プログラム」
「覚醒剤事犯者処遇プログラム」「暴力防止プログラム」「飲酒運転防止プロ
グラム」）を実施する。これらは「指導監督」にあたる。また必要に応じて
住居や職業の確保などの援助を保護司と共にあたることも多い。これらは
「補導援護」にあたる。その他、満期釈放者で生活に困窮し、帰住先がない
人に対する「更生緊急保護」、再犯やそのおそれのある人に対する「不良措

置」（身柄拘束を行い質問調査を行った上で矯正施設に収容する手続きを行う）、所在不明者の「所在調査」、犯罪や非行が無い地域社会を目指す「犯罪予防活動[13]」などの業務がある。

　もう一人の保護司は、地域で信頼が厚く、ネットワークを持っている人の中から選ばれ[14]、法務大臣から委嘱された地域住民である。身分は非常勤の公務員であるが、交通費等の実費支給はあるが給与は支給されない。活動中に災害にあった場合は「国家公務員災害補償法」が適用される。更生保護法第32条に「保護司は、<u>保護観察官で十分でないところ</u>を補い、地方委員会又は保護観察所の長の指揮監督を受けて、保護司法の定めるところに従い、それぞれ地方委員会又は保護観察所の所掌事務に従事するものとする」（下線筆者）とあるが、ここに示される「保護観察官で十分でないところ」とは何かを考えてみる。

　確かに保護観察官は「医学、心理学、教育学、社会学その他の更生保護に関する専門的知識」[15]を持ち、日々ケースと向き合っている。しかし対象者が住んでいる「地域」の実情については、転勤がある国家公務員として一体どれだけ把握できるだろうか。ネットワークの掌握も含めて、やはり「十分でない」と言えよう。そこで地域住民である保護司が協同することにより、より良い処遇が期待されるのである。

　保護観察官は約1,000人に過ぎないが、わが国の場合は、非常勤の国家公務員とはいえ実質地域の民間篤志家である保護司は約4万8千人が従事している。国際的に見てもこの処遇形態は特異なものといって過言ではなく、罪を犯した人というマイノリティの社会復帰については、大変心強いサポーターであるといえる。

3　罪を犯した人に対する就労支援の現状と課題

　2014年12月に犯罪対策閣僚会議は『犯罪に戻らない・戻さない―立ち直りをみんなで支える明るい社会へ』という宣言を発表し、犯罪・非行の繰り返しをくい止めるためには、犯罪や非行をした者を社会で孤立させないことが肝要であり、自立のために必要な『仕事』や『居場所』の確保といった社会での受け入れをいかに進めていくことができるかが大きな鍵となっている、

と指摘した。

　人が働き収入を得るためには、その職場での人間関係を上手に維持し、関係する周囲の人たちともしっかりとコミュニケーションをとることができなければならない。しかし犯罪や非行をした人の多くは、対人関係構築能力・社会適応能力に課題を抱える人が多いこともあり、そのこともまた彼らを雇用することを躊躇する要因ともなっている。過去に刑事施設を出所し、再犯をして刑事施設に入所した者について、再犯時に仕事に就いていた者と就いていなかった者との割合を見ると、7割を超える者が再犯時に仕事に就いていなかった。また、保護観察終了時に、仕事に就いていた者と就いていなかった者のそれぞれの再犯率を比べると、仕事に就いていた者の再犯率に比べて、仕事に就いていなかった者の再犯率は約3倍高くなっている[16]。

　この結果からも、再犯を防ぐために「働く所」は大きな役割を果たしていることがわかる。就労は、経済的収入を安定させるだけでなく、職場の人間関係を維持することにより社会との接点が持てるということでもある。

　刑務所等の刑事施設でも「特別改善指導」として、社会復帰後に職場で円滑な人間関係を保ち、仕事が長続きすることを目的とした「就労支援指導」を行っている。職場に適応するための心構え及び行動様式を身に付けさせるとともに、職場等において直面する具体的な場面を想定した対応の仕方など、就労に必要な基礎的知識および技能等を習得させている。刑務所にて懲役刑に服している受刑者は「刑務作業」に従事するが、これは償いの一環であるとともに、規定する条文[17]には「できる限り、受刑者の勤労意欲を高め、これに職業上有用な知識及び技能を習得させるように実施するものとする」「受刑者に職業に関する免許若しくは資格を取得させ、又は職業に必要な知識及び技能を習得させる必要がある場合において、相当と認めるときは、これらを目的とする訓練を作業として実施する」とあり、そもそも刑務所での償いの日々には就労を通しての社会復帰を目指すためのトレーニングが組み込まれている。だが現実は、社会に戻った時にスムーズに職に就くことは大変厳しい。

(1)「働く場」を提供する協力雇用主

　犯罪や非行をした人の地域自立生活には、就労して経済的安定や生活サイクルを整えることが重要である。しかしながら、こうした人々はその前歴ゆえに定職に就くことが必ずしも容易ではなく、不安定な就労が再犯リスクを高めていることが明らかになっている。『協力雇用主』はこうした人々に就労のチャンスを積極的に与え、その立ち直りに協力する民間事業者である。2018年4月1日現在、協力雇用主（個人・法人を合わせたものをいう。）は2万704（前年同日比2,149（11.6％）増）であり、その業種は建設業が過半数（51.7％）を占め、次いでサービス業（13.5％）、製造業（11.2％）の順である。（法務省保護局の資料による。）

　国の就労支援施策における民間協力者として中核に据えられるのがこの『協力雇用主』であるが、実際に雇用している協力雇用主は平成30年度には887と全体の数％にとどまっている〈図4-3〉。罪を犯した人を雇用して立ち直りに協力したいと考えている人も間違いなく存在し、また立ち直りたいと願っている人も間違いなく存在しているにもかかわらず、なぜこのような低水準となってしまうのか。考えられることは、双方の地域差の偏りや職種の偏りからくるミスマッチである。協力雇用主として、さらに多くのかつ幅広い職種の事業主が協力してもらうことが望ましいが、同時に雇用につながっていない現状についての整理と対策が求められる。

　2015年4月には、法務省が「刑務所出所者等就労奨励金制度」を開始した。この制度では最長1年間、協力雇用主を支援するために「就労・職場定着奨励金」として、雇用開始から6か月間は月額最大8万円を支給するものである。その間は刑務所出所者等に対して、就労継続に必要な技能や生活習慣等を習得させるための指導・助言を実施してもらい、保護観察所にその状況報告を求めている。7か月目から12か月目の間は「就労継続奨励金」として、3か月ごとに2回、最大12万円が支給される。こちらも指導・助言の実施や状況報告を求めている。また身元保証人を確保できない刑務所出所者等も多いことから、そのような人を雇用する場合雇用した日から最長1年間、雇用した人から被った損害のうち、一定の条件を満たすものについて、最大200万円の見舞金が支給される。

〈図4-3〉実際に刑務所出所者等を雇用している協力雇用主数・被雇用者人員の推移

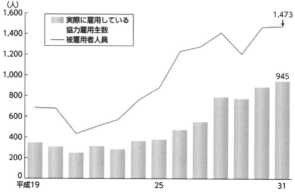

（平成19年～31年）

注　1　法務省保護局の資料による。
　　2　本図は、資料を入手し得た平成19年以降の数値で作成した。
　　3　各年4月1日現在の数値である。

法務省（2019）「令和元年版犯罪白書」より

　協力雇用主について、その他の支援制度は以下の通りである。正規雇用を
しなくとも、それぞれ雇用主の状況に応じたアプローチの仕方も工夫できる。
　・トライヤル雇用制度
　事前に「トライヤル雇用求人」をハローワークに登録するとともに雇用保
険に加入していることが条件。刑務所出所者等を試行的に雇用した場合、
最長3か月間月額4万円が支給される。
　・職場体験講習
　社会保険に加入していることが条件。刑務所出所者等に実際の職場環境や
業務を体験させることにより、就業への自信をつけさせる。おおむね5日
から1か月。講習委託費として、最大2万4,000円が支給される。
　・事業所見学会
　刑務所出所者等に実際の職場や社員寮等を見学させることにより、就労へ
の意欲を引き出す。

（2）就労支援に関連する施策の動向
　法務省は、受刑者等の出所時の就労の確保に向け、刑事施設及び少年院に

就労支援スタッフを配置するとともに、厚生労働省と連携し2006年より「刑務所出所者等総合的就労支援対策」を実施している。この施策は、刑事施設・少年院・保護観察所及びハローワークが連携する仕組みを構築した上で、支援対象者の希望や適性等に応じ計画的に就労支援を行うものである。その一環として、刑事施設では支援対象者に対し、ハローワーク職員による職業相談・職業紹介・職業講話などを実施している。高齢又は障害により自立困難な受刑者については、2009年度から「地域生活定着支援事業」を開始し、厚生労働省が整備した「地域生活定着支援センター」と連携して、社会福祉施設への入所や就労支援などを行っている。矯正施設入所時より明らかに支援が必要な人の存在が認識されるのであるならば、シームレスな取り組みをさらに拡充すべきであろう。

　2013年2月に、日本財団及び関西の企業7社が少年院出院者や刑務所出所者の更生と社会復帰を目指す「職親プロジェクト」を発足させた。対象者は、少年院出院者・刑務所出所者で就労意欲の高い初入者であり比較的犯罪傾向の進んでいない人（重大事犯、薬物事犯、強制わいせつ事犯などは除く）である。少年院出院者や刑務所出所者に就労と教育の機会を提供することで円滑な社会復帰を支援するとともに再犯者率の低下の実現を目指しており、2019年2月末現在125社が参加している（日本財団の資料による）。応募者総数350人中内定者は157人（44.8％）、6か月以上の定着率は29.41％であった。

　2014年2月からは刑務所出所者等の採用を希望する事業者が、矯正施設を指定した上でハローワークに求人票を提出することができる「受刑者等専用求人」の運用が開始されている。実際に「求人誌」[18]も発行され、「塀の中」にいるときから意思疎通できる環境も少しずつであるが進み、事業者と就職を希望する受刑者とのマッチングの促進に努めている。

　さらに、受刑者等の就労先を在所中に確保し出所後速やかに就労に結び付けるため、2016年11月から、法務省東京矯正管区及び法務省大阪矯正管区にそれぞれ設置された「矯正就労支援情報センター室（通称「コレワーク」）」が存在する。このコレワークは、受刑者等の帰住地や取得資格などの情報を一括管理し、出所者等の雇用を希望する企業の相談に対応して企業のニーズにマッチする人を収容する施設の情報を提供するなどして広域的な就労支援

等に取り組んでいる。2016年11月から2018年8月末までの間に事業者からの相談を1,462件受け付けて、282人の内定に結び付けている。

（3）支援する人を支援する体制づくりを

　2018年度からは、刑務所出所者等の雇用経験が豊富な事業主等を刑務所出所者等雇用支援アドバイザーとして招聘し、刑務所出所者等の雇用前後における事業主の不安や疑問等の相談に応じられる体制を整備した。初めて雇用する側にとっては「罪を犯した人」は緊張の高い存在に映るものであるから、同じ雇用する立場のアドバイザーの存在は心強いものとなる。このように「支援者を支援する」体制を、様々な場面で構築していくことがさらに求められよう。

　わが国の高齢化率は約30％に近づき、少子化も歯止めが効かない。このような時代において、働ける能力と意欲を持つ人が登場してもらえるような環境づくりを、社会全体でハード面もソフト面も整備していかねばならないはずである。「罪を犯した人」であっても貴重な社会資源の一人であることは否定しようのない事実である。彼らを雇用する企業そのものが「マイノリティ」であるような社会であってはならない。

4　罪を犯した人に対する住居確保の現状と課題

　罪を犯した人の中には「飛ぶ」と称して、安易に仕事や住居から逃げてしまう人も少なくない。しかし社会生活を安定したものにするためには、「働く所」と並行して「住む所」も重要である。保護観察における一般遵守事項で「住む所」に関する項目が多かったことは、第2節で確認している通りであるが、居住地がなければ住民票も確定できない。求職するにしても、生活保護制度を利用するにしても生活設計は難しくなる。また先述したように、そもそも生活環境の調整を行う中で帰住先が無い、もしくは不安定な状況であれば仮釈放になる可能性は低い。令和元年版犯罪白書の「出所受刑者の帰住先別構成比」を見ると、仮釈放の人の場合はほぼすべての人が帰住先があるにもかかわらず、満期釈放等の人では4割が「その他」となっており、生活のベースがスタート時から不安定な状況にある人が多いことがわかる。

「その他」の多くはホームレスであったりいわゆるネットカフェ難民であったりする「不明」、また暴力団関係者、刑終了後引き続き被告人として勾留、入国管理局（現出入国在留管理庁）への身柄引き渡し等である。ホームレスは路上生活者であるので、その存在を目にすることもできるが、いわゆるネットカフェ難民はその所在を掌握することが難しくなっている。

　このように、刑務所や少年院等といった矯正施設から釈放された人の中には、頼るべき親族や知人もなく、仮にいたとしても拒絶されたり地域から強く忌避される人たちがいる。そのような人たちに宿泊場所や食事を給し必要な生活指導などを行う、「更生保護施設」「自立更生促進センター」「自立準備ホーム」が一時的住居確保の制度として挙げられる。

　「更生保護施設」は、次のような人が対象である。1.刑務所を仮釈放された人 2.刑務所を満期出所した人 3.刑の執行猶予の言渡しを受けた人 4.少年院を出た人 5.起訴猶予者などのうち、親族や公的機関などからの支援が受けられない人が対象。主に保護観察所から委託を受けて入所する。宿所を提供し食事を給するとともに、就職指導、生活指導などの相談援助を行っている。

　2019年１月１日現在全国に103の施設があり、大半は更生保護法人が運営している。内訳は、男子施設88・女子施設７及び男女施設８である。また全国の収容定員は2,385人であり、同年の法務省保護局資料によれば、その内訳は、定員は20名の施設が51施設と最も多い。全出所者のうち、満期釈放者の約１割、仮釈放者の約２割が更生保護施設に入所する。平成30年における更生保護施設への委託実人員は、7,921人である。2017年度は、89.1％の人が６月未満で退所しており、平均在所日数は77.1日であった。退所先については、借家（29.8％）、就業先（17.3％）の順であった。

　「自立更生促進センター」等は、適当な引受人がなく、民間の更生保護施設でも受入れが困難な仮釈放者及び少年院仮退院者等を対象とし、保護観察官による濃密な指導監督や充実した就労支援を行うことで対象者の再犯防止と自立を図ることを目的とする施設である。仮釈放者を対象としては、「北九州自立更生促進センター（2009年６月設置・定員男子14人）」、「福島自立更生促進センター（2010年８月設置・定員男子20人）」が運営を開始した。

〈図4-4〉緊急的住居確保・自立支援対策（自立準備ホーム）の概要

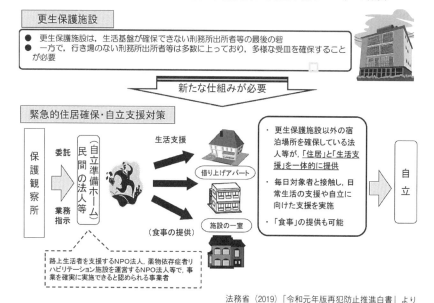

法務省（2019）「令和元年版再犯防止推進白書」より

　また主として農業の職業訓練を実施するセンターとして、少年院仮退院者等を対象とする「沼田町就業支援センター（2007年10月設置・定員男子少年12人）」が、仮釈放者等を対象とする「茨城就業支援センター（2009年9月設置・定員男子12人）」が、それぞれ運営を開始している。

　「自立準備ホーム」は、社会の中に更に多様な受け皿を確保する方策として、2011年度から「緊急的住居確保・自立支援対策」が開始された。保護観察所が登録している民間法人・団体等の事業者に宿泊場所の供与と自立のための生活指導（自立準備支援）の他、必要に応じて食事の給与を委託するものである（2018年4月1日現在の登録事業者数は411、2018年度の委託実人員は11万7,173人であった）（法務省保護局の資料による）。更生保護施設と異なり、その運営形態は大変多種多様である。薬物依存症のリハビリテーション施設や、グループホーム、アパートの一室やフロアなどを借り上げたものもある。

　これらの一時的住居の存在は、行き場のない罪を犯した人たちにとって大

変有為なものであるが、あくまでも一時的な住居である。そこに在籍している期間は身近に支援してくれる人もいるが、そこから地域のアパート等へ引っ越した後、生活を送る中でのトラブル等を解決できずに不安定になり、再犯リスクが高まる人も少なくない。今後は地域に移行したのちの見守りシステムを地域の実情に合わせて構築することが一層求められよう。

　「住む所」を支援することは、「働く所」を供するよりも難しい部分がある。それは、NIMBY（ニンビー）シンドロームといわれる、『施設の必要性は認める。しかし自分の近所には建築するな。(Not-In-My-Back-Yard)』と主張する地域住民との軋轢である。日本ではかつて1980年代以前は知的障碍者の施設などがそのやり玉に挙げられた施設であったが、ノーマライゼーション思想の浸透とともに現在はそのような声はほぼ下火になっている。しかし罪を犯した人への社会の視線は未だ冷たく、時に恐怖の対象でもある。「住む場所」は「働く所」よりも視覚化され身近な存在になるわけであるので、支援する側はより慎重にならざるを得ない。だが一時的住居の確保に留まることなく、地域社会における定住先の確保に向けた取組みを工夫していかねば、ノーマライゼーション思想のさらなる深化には結びつかないだろう。

おわりに

　本章では罪を犯した人の社会復帰に向けて重要な要素である「働く所」と「住む所」を中心に見てきたが、再犯に至らせないようにするためにもっとも肝要なことは「孤立させないこと」「人と社会と、つながること」である。「はじめに」にも記したが、彼らのライフヒストリーを辿ると、そもそも何らかの支援が必要であったのではないかと考えられる人も多く存在する。社会福祉の領域で「つながり」というコンセプトが注目され始めたのは、2000年に厚生労働省・社会援護局より提出された、「社会的な援護を要する人々に対する社会福祉のあり方検討委員会報告書」においてであったが、少子高齢化や都市化などによる価値観の変化によって弱体化した「つながり」を同書は、「社会福祉協議会、自治会、NPO、生協・農協、ボランティアなど地域社会における様々な制度、機関・団体の連携・つながりを築くことによって、新たな「公」を創造していくことが望まれよう」と述べている。そして、

地域の様々な関係者・関係団体が情報交換の場を作り、「孤立した人への見守り的な介入」を行うべきだと述べている。支援は制度や公の機関といったフォーマルなサポートだけでは不十分であり、職場の上司・趣味の仲間・友人などインフォーマルなサポートの存在が不可欠である。

　「人は反省しただけでは更生できない。受刑者が更生するのは刑務所の中ではなく、地域社会の中である」とは龍谷大学の浜井浩一の言葉である。確かに反省は大切な要素ではあるが、それだけでリアルな日々の社会生活を重ねていくことはできない。再犯を繰り返さないためには、理解のある職場に恵まれ、語り合える人を持ち、充実した余暇を過ごせる環境に身を置くことである。

　彼らはマイノリティの立場であっても、なかなか自らの主張を行うことは難しい立場である。「犯罪をした者等が、円滑に社会の一員として復帰することができるようにすることで、国民が犯罪による被害を受けることを防止し、安全で安心して暮らせる社会の実現に寄与する」という再犯防止推進法の目的の理解を、地域社会全体で深めていくことが、国民それぞれの立場で求められている。

〈注〉
（1）戦後の混乱の中で、浮浪児や孤児となった少年たちが街にあふれていた。中にはすさんだ生活で非行に走る少年たちに対して、昭和22（1947）年、京都の学生が中心となって「京都少年保護学生連盟」が発足した。そして法務省等の協力を得て昭和25年に全国組織の「全国運動BBS団体連絡協議会」として発足し、昭和27（1952）年、「日本BBS連盟」と改称された。平成31年4月1日現在、地区会数は461存在し、4,528人の会員が活動している。趣旨に賛同する人は誰でも入会できる。
（2）法務省主唱。年間通じての運動であるが、毎年7月1日からの一ヶ月が強化期間。「犯罪者予防更生法」1949（昭和24）が施行されたことを記念し、銀座の商店街の有志が「矯正保護キャンペーン」を実施したことから始まる国民運動である。1951（昭和26）年から現在の「社会を明るくする運動」となり、2020（令和2）年度で第70回を迎える。
　　実施主体は、各省庁、地方公共団体、経済・産業団体、教育機関、報道機関等多くの組織の参加がある。具体的な活動としては、街頭広報活動のほか講演会、住民のミニ集会、青少年非行相談、公開ケース研究会、学校との連携強化のための取組、スポーツ大会、ワークショップ、親子ふれあい行事など、住民が参加する様々な行事が行われている。
（3）保護観察の対象者は、次の5類型に整理される。
　　1号観察・・家庭裁判所において決定される、保護処分としての保護観察。
　　家庭裁判所で保護観察の決定がなされると、その日から20歳に達するまで保護観察に付される。ただし、20歳になるまで2年に満たない場合は、期間を2年間とされる。

　　2 号観察・・少年院を仮退院した後、収容期間の満了日または本退院までの期間受ける保護観察。仮退院の日から仮退院期間が満了するまで。通常は20歳までだが、26歳までの例外もある。
　　3 号観察・・刑務所などの刑事施設を仮釈放中に受ける保護観察。
　　仮釈放の日から刑期が満了するまでの間。無期の者は、終身保護観察を受ける（例外・恩赦）。少年のときに無期懲役の言渡しを受けた者は、仮釈放後10年を経過すると刑の執行が終了。
　　4 号観察・・保護観察付きの刑執行猶予判決を受けた者が、執行猶予期間中に受ける保護観察。地裁などで保護観察付きの執行猶予の言渡しがなされ、確定してから期間満了まで。
　　5 号観察・・婦人補導院を仮退院した者が受ける保護観察。ただし近年ほとんど事例はない。
　　これら 5 つの保護観察対象者それぞれの司法の流れを把握しておくことが、その後の支援の在り方を検討する上での前提となる。
（4）「更生保護法」（2008）・・・「犯罪者予防更生法」「執行猶予者保護観察法」を整理、統合。
　　更生保護制度についての基本法である『更生保護法（平成20年 6 月 1 日施行）』「この法律は、①犯罪をした者及び非行のある少年に対し、社会内において適切な処遇を行うことにより、再び犯罪をすることを防ぎ、又はその非行をなくし、これらの者が善良な社会の一員として自立し、改善更生することを助けるとともに、②恩赦の適正な運用を図るほか、③犯罪予防の活動の促進等を行い、もって、（最終目的）社会を保護し、個人及び公共の福祉を増進することを目的とする。」（第一条〔目的〕）
　　これを見ると、①～③までに示された事項を実施することにより、最終的に「社会を保護し、個人及び公共の福祉を増進すること」を目的としていることが分かる。
（5）「犯罪」であって「犯罪者」ではない。
（6）有期刑については刑期の 3 分の 1 、無期刑については10年の経過。
（7）全国50か所の地方裁判所所在地に所在する。
（8）「犯罪被害者等基本法」が2004（平16）年に成立。同法に基づき、「犯罪被害者等基本計画」が2005（平17）年に閣議決定され、国等が取り組むべき具体的な施策が示された。
（9）犯罪をした者及び非行のある少年に対する社会内における処遇に関する規則第112条
（10）「刑事上の手続又は保護処分による身体の拘束を解かれた後、親族からの援助を受けることができず、若しくは公共の衛生福祉に関する機関その他の機関から医療、宿泊、職業その他の保護を受けることができない場合又はこれらの援助若しくは保護のみによっては改善更生することができないと認められる場合に、緊急に、その者に対し、金品を給与し、又は貸与し、宿泊場所を供与し、宿泊場所への帰住、医療、療養、就職又は教養訓練を助け、職業を補導し、社会生活に適応させるために必要な生活指導を行い、生活環境の改善又は調整を図ること等により、その者が進んで法律を守る善良な社会の一員となることを援護し、その速やかな改善更生を保護する」（更生保護法第85条 1 ）六月を超えない範囲内において、その意思に反しない場合に限り行う。
（11）「保護司は、保護観察官で十分でないところを補い、地方委員会又は保護観察所の長の指揮監督を受けて、保護司法の定めるところに従い、それぞれ地方委員会又は保護観察所の所掌事務に従事するものとする。」（更生保護法第三十二条）
　　「保護司は、社会奉仕の精神をもって、犯罪をした者及び非行のある少年の改善更生を助けるとともに、犯罪の予防のため世論の啓発に努め、もって地域社会の浄化をはかり、個人及び公共の福祉に寄与することを、その使命とする」（保護司法第一条）
　　活動中に災害にあった場合は「国家公務員災害補償法」が適用される。ただし、交通費等の実費支給はあるものの無報酬である。
（12）『社会貢献活動』（27年版 犯罪白書 第 2 編／第 5 章／第 2 節／2 ）
　　平成25年 6 月、特別遵守事項の類型に社会貢献活動を加えることなどを内容とする刑法等の

一部を改正する法律が成立。「自己有用感の涵養、規範意識や社会性の向上を図るため公共の場所での清掃活動や福祉施設での介護補助活動といった地域社会の利益の増進に寄与する社会的活動を継続的に行うことを内容とする。平成31年3月31日現在、活動場所として活動場所として2,039か所（福祉施設1,033か所・公共の場所772か所）が登録されており、30年度は1,343回実施し、延べ2,488人（のべ人員として保護観察処分少年1,221人、少年院仮退院者258人、仮釈放者332人、保護観察付全部・一部執行猶予者677人）が参加している。

(13) 7月が強化月間である法務省主唱「社会を明るくする運動」が中心的活動となる。

(14) 下記4つすべての条件を具備する者のうちから、法務大臣が委嘱する。
　1．人格及び行動について、社会的信望を有すること。2．職務の遂行に必要な熱意及び時間的余裕を有すること。3．生活が安定していること。4．健康で活動力を有すること。

(15) 更生保護法第31条

(16) 法務省（2018）『30年版再犯防止白書』138頁。平成25〜29年の5年間について、保護観察を終了した者のうち犯罪等により保護観察を終了した者の割合（再犯率）を有職と無職で比較したもの（法務省調査）

(17) 刑事収容施設及び被収容者等の処遇に関する法律第94条

(18) 「Chance‼（チャンス‼）」株式会社ヒューマン・コメディが発刊。平成30年3月に創刊した日本初の受刑者専門求人誌である。

〈参考・引用文献一覧〉
今福章二・小長井賀與（2016）『保護観察とは何か』法律文化社、2-3頁、15頁、35-37頁。
大塚仁他編（1999）「大コンメンタール刑法第1巻」青林書院、498-499頁。
後藤広史（2019）「社会福祉援助課題としての「社会的孤立」」『福祉社会開発研究』第2号、7頁。
日本社会福祉学会関西地区ブロック・関西社会福祉学会2017年度年次大会発表要旨集、23頁。

コラム 薬物議員、その時・その後

『私が覚醒剤に頼ったのは、調べもの。資料作成。そして、そこに用いる時間に不足を感じ睡眠を抑制することを目的としていた。集中力の向上にも作用していたように思う。』

平成27（2015）年の統一地方選挙で、神奈川県葉山町において最年少・最多得票で当選した細川慎一氏。彼は高校中退の経歴ではあるが、大変な努力の結果、志を抱いて政治家の夢をかなえた。そして、これから、という平成28（2016）年2月16日、横浜市中区の路上に駐車した乗用車内で覚醒剤0・377グラムを所持し、同区コンビニのトイレで注射して使用したとして「覚せい剤取締法違反」の罪で逮捕された。同年5月12日、横浜地方裁判所は彼に対して懲役1年6月、執行猶予3年（求刑懲役1年6月）の判決を言い渡した。

彼はその後しばらく、「笑顔」になることすら罪悪感を覚えるような、自己嫌悪感や社会から排除されているような劣等感に襲われてしまう。「犯罪者コンプレックス」。彼はそう名付けたが、うつむき、引きこもるような生活から早期に救われたのは、「友人」がいたからだ、と語る。その友人は細川氏の家族を様々な場所へ連れ出してくれた。果物狩りや、郊外の公園、釣り、バーベキューなどなど。『議員在職中には一度も経験しなかった楽しみを私に教えてくれた』という彼が振り返ったのは、覚醒剤に頼った日々。「もっと仕事を」「もっと優秀に」「もっと結果を」という強迫観念が、薬物に依存してしまった。事件後彼は精神科病院に通院を開始し、自助グループに参加するようになって、次第に「自分は薬物依存症である」という自覚を持つにいたる。

自分には支えてくれる友人、そして愛する守るべき家族がいる。だからこそ再び薬物に手を出さないと思えるが、社会には様々な「生きづらさ」を抱えた人々が多く存在していることを彼は知った。「恐ろしい犯罪者」というレッテルを貼られて排除される人、「止められないのは意志が弱いから」という認識で治療の対象としても見られない人。法的に罪を償ったならば、過去を背負いながらも再チャレンジが許される社会であってほしい。現在彼は特定非営利活動法人Hatch（ハッチ）を立ち上げ、自助グループのコーディネートや法務省関係組織などでの講演活動等を通じて、薬物依存者のみならず再犯防止に関する啓発活動を精力的に行っている。先日、執行猶予の満了を迎えた。細川氏の新しいチャプターが始まっている。

最後に、読者に薦めたい、わかりやすい入門書を挙げておきたい。

〈参考文献〉
山本譲司（2018）「刑務所しか居場所がない人たち―学校では教えてくれない、障害と犯罪の話―」大月書店

第2部

ニッポン教育の
クライシス

［第5章］
産出される学力マイノリティ
〜「勝者」と「敗者」の学力構造〜

北野秋男

〈本章を読む前に〉

　日本の「学力」問題は、歴史的には様々な学問的論争があるものの、学力の実態は「受験学力」である。戦後から、今日まで全国の都道府県・市区町村で学力向上を達成するための最大限の努力がなされてきた。本章で取り上げる学力テスト体制は、入学試験や資格検定試験以上に広範囲で、重大な影響を及ぼす。今や、日本の学力テスト体制は国・都道府県・市区町村・学校などでも繰り返し実施される「重層的で複合的な構造」を持っている。

　学力問題の難しい点は、何人も「学力が上がる」ことを批判したりできないことである。しかし、学力テストの児童生徒、学校・教員に及ぼす影響は大きい。一番の問題点は、学力テストで測れる学力が限定であるにも関わらず、テスト結果が児童生徒、学校・教員の評価にまで及ぶことである。そして、親・保護者、地域までもがテスト結果に一喜一憂し、大切な「学びの意味」を見失う。また、へき地・離島、農・漁・山村まで、全ての地域や人々を巻き込み学力向上に邁進する。結果、「村を捨てる学力」「町を捨てる学力」「県を捨てる学力」となり、地域から人の姿が消える。「学力日本一」の呼び声が高い秋田県の人口減少率は全国最大である。

　さて、本章では戦後から今日までの「学力テスト体制」のあり様を振り返り、「学力マイノリティ」と呼ばれる地域・人々の産出構造を解明することを目的とする。本章が問いかけたいことは、「学力が低い」といった評価は、あくまでも学力を限定的に評価したものであり、「学力が低い児童生徒」は必ず構造的に生み出される点である。それよりも、

もっと大切なもの、考えなければならないことがあるはずである。もちろん大切なものは人によって異なる。しかし、少なくとも「学力テスト」の結果で人生を決めるようなことがあってはならない。

はじめに

　本章では、学力テストの結果によって「学力が低い」と位置づけられた人々を「学力マイノリティ」と呼ぶこととする。本章が対象とする「学力テスト」とは、入学試験、資格・検定試験などとは異なる、国もしくは地方公共団体が児童生徒の学力の実態把握を主たる目的として実施するものである。この国や地方公共団体などの公的な機関が実施する「学力テスト」とは、本人の意思とは無関係に受験を強制され、抽出調査や悉皆調査といった方法で、学力の実態を把握し、その後の教育施策や教育改善などに役立てようとするものである。

　こうした「学力テスト」は、戦後以降は「標準学力テスト」とも呼ばれてきたが、現代では「学力状況調査」「学力到達度調査」「学力定着状況調査」といった様々な名称が付与されている。入学試験や資格・検定試験などが個人の問題に限定されることと比較すれば、その影響力は広範囲に及ぶ。例えば、国際学力テストであるPISAやTIMSSのようなテストでは、学力の国別ランキングがなされ、国家に対する評価までもなされることになる。日本の国内に限定してみても、学力テストの結果は「都道府県別・市区町村別ランキング」をもたらしているだけでなく、将来的には「学校・教員のランキング化」も予想される。

　今や、国や県、市区町村を挙げての学力向上が全国的に普及・浸透し、日本の隅々まで影響が及んでいる状態である。さらには、国や地方公共団体の教育政策、教育行政のあり方、学校・教師の教育内容や教授方法などにも影響しているし、学力観や能力観といった極めて学問的・理念的な問題までも左右する状況にある。こうしたわが国の学力テストの構造は、一朝一夕によってできたものではなく、幾重にも積み重ねられた歴史的産出物である。

　フランスの哲学者フーコー（Foucault, Michel, 1926-1984）は、「規律・

訓練のすべての装置のなかでは試験が高度に儀式化される」（フーコー，1977：188）として、試験・テストが生徒を規格化し、資格付与し、分類し、処罰を可能とする監視装置となりうることを指摘している。しかし、今日の世界各国で実施されている学力テストは児童・生徒を評価・監視・区分するだけではない。学区・学校・教師、親・保護者、そして国や地域をも評価・監視・区分する装置へと変貌している。今日の学力テストは、その結果で人々や地域を「抑圧」「統制」「管理」「区分」するといった「権力性（gewalt）」を内包するものである。それは何人も抵抗できない、甘んじて受容せざるをえない絶妙な管理・統制手段といえる。

　フーコーが指摘するように、日本においても、学力テストによって産出された「学力マイノリティ」の人々は、本人の意思とは無関係に「学力が低い」と位置づけられ、学力向上を強いられるか、さもなくば切り捨てられ、邪魔者扱いされかねない人々となる。つまりは、学校では「お客様」「厄介者」「落伍者」などとレッテルが貼られ、学力向上策の中では包摂されつつも、排除されてきた人々である。

　しかしながら、テストの点数が高いことが「善」で、低いことが「悪」なのであろうか。こうした善悪の単純な構図、レッテル貼りが多くの「学力マイノリティ」を絶望の淵に追い込み、将来への希望を失わせることになるのではなかろうか。学校教育の成績が悪くても、社会で立派に活躍する人は多い。問題とすべきは、教育の中で学力テストの比重を高め、テスト結果を重視して、子どもの能力や才能の多様性・可能性を奪い、子どもの考え方や生き方をも画一化・単純化することである。

　本章の課題は、この戦後から今日までの日本における学力テスト政策によって生み出された「学力マイノリティ」と呼ばれる人々の存在を確認しつつ、学力テスト政策が「学力マイノリティ」と呼ばれる人々を、いかに産出したかを歴史的に検証することである。その際に、国や地方自治体の学力テストによる「点数」を規準とした「勝者（＝高学力）」と「敗者（＝低学力）」を生み出す学力テストの構造に着目し、学力テストの結果によって「学力が低い」と位置づけられた人々を生み出す規準や要因を解明することである。

本章は、学力マイノリティの産出構造を歴史的に解明することであり、「学力マイノリティ」と呼ばれる児童生徒を扱ったものではないことを予め断っておく。

1　新教育運動による学力低下

本章が取り上げる「学力マイノリティ」の範疇は多様であり、歴史的構造を持つものである。この「学力マイノリティ」とは、一般的には「地方・田舎」「へき地」「部落（同和地区）」「アイヌ・琉球（沖縄）」などの地域的なカテゴリーに加え、「障害者」「貧困者」「片親、もしくは両親がいない」「（日本語ができない）外国人・帰国子女」「不登校児」「中退者」などの児童生徒を指す場合が多い。

こうした「学力マイノリティ」の人々は、戦後から今日までの学力政策、とりわけ学力テスト政策の中で「学力が低い」とされた児童生徒であったが、本章ではこうしたカテゴリー以外にも多くの「学力マイノリティ」が存在したことを指摘する。

まずは、終戦直後の混乱期や米国から影響を受けた「新教育運動」の中で「学力マイノリティ」と位置づけられた人々の存在から確認してみよう。「新教育運動」とは、読み書き計算といった基礎学力ではなく、児童の生活や経験に基づく問題解決学習を主流とした考え方である。たとえば、埼玉県の「川口プラン」は「実践的社会人を育てるために、社会一般ではなく、地域社会の課題を探求させる」（山住，1987：167）ことを目的するものであった。新教育の実践に向け、各都道府県では新たなカリキュラム編成や授業実践の試みがなされている。

戦後直後の教育界は、米国の占領下にあって新教育運動が主流となったものの、学力問題に限定すれば、新教育運動による基礎学力低下が問題視され、全国的な動向としては批判の対象とされたケースが目立つ。たとえば、当時の保護者の間では「子どもは漢字がよく書けぬ、計算力がついていない、県庁所在地や歴史上の重要な人物の名前さえ知らない等、総じて学力の低下をもたらしているのではないかという、率直な疑問や不満」（山住，1987：178）が噴出している。東北各県の学力低下の実態は、特にひどい状態で

あった。1951（昭和26）年9月28日付の『岩手日報』では、岩手県の300余名の学校において中2の1クラス44名の中に7名が自分の名前を「ひらがな」でも満足に書けないこと、また「天然」という漢字も「シゼン」「テンサイ」「テンゼン」「テンゴク」「アマテラ」などと誤って読んでいるばかりか、全く意味も理解できていないことを報じている。計算能力も同じ程度であったようだ（岩手県教育委員会，1982：1302-1303）。

　新潟県では1956（昭和31）年に国語科学力の実態調査をする際に、戦後の新教育が「日本教育の伝統的な体系を一挙に破壊」し、戦後の教育の矛盾と混乱が始まったことを問題視している（新潟県立教育研究所，1952：97）。千葉県では、明確な時期は特定できないものの、県民の学力低下が問題となり、県議会では「千葉県人をアイヌ化するな」（千葉県総合教育センター，1977：385）というアイヌ蔑視の質問までがなされていた。

　つまりは、戦後直後の最初の「学力マイノリティ」は基礎学力が低いとされた児童生徒であり、その主犯格は「新教育運動」による新しい学力観であったことになる。しかしながら、米国から入ってきた新教育運動が日本の基礎学力低下を招いたわけではない。それは、長期間にわたって日本国民を苦しめた太平洋戦争と戦後直後の荒廃した日本社会がもたらした必然的結果であった。

　当時の人々は、「学力」よりも食べること、生きることに精一杯であったはずであり、学校の勉強は後回しになっていたと考えるべきである。にもかかわらず、終戦直後の約20年間は様々な教育調査が実施され「調査ブーム」が沸き起こった時代であったと言われている[1]。この時期は、わが国の戦後から今日までの学力テスト政策の黎明期、基盤形成期と位置づけることができる。

　例えば、文部省は1952（昭和27）年〜1954（昭和29）年まで「学力の実態把握」を目的とした「全国小・中学校児童生徒学力水準調査」を実施しているが、この調査は比較的小規模な抽出調査（昭和27年度は15都道府県）として実施されており、研究色の濃いものであった。同じく、昭和20年代には各自治体でも独自の学力テストが開始されている。意外と思われる方も多いと思われるので、昭和20年代の北海道・東北7県の独自の学力テストの実施状

〈表５-１〉昭和20年代の北海道・東北６県の独自の学力テストの実施一覧表

県名	実施年	「学力テストの名称」「実施学年と教科」「調査対象者数」
北海道	S.25	①「小・中学校卒業生に対する學力調査」小６・中３（２教科）小中各1,000人
	S.26	②「全道高校志願者の學力調査」中３（全教科）約９万人
	S.27	③「北海道学力検査（中３テスト）」中３（８教科）約４万人
	S.27	④「標準学力検査」小４～中３（４教科）人数は不明
青森	S.27	①「青森県人の読み書き能力調査」小６～中３（読み書き）小中各1,000人
	S.27	②「小・中学校児童生徒学力水準調査」小６（４教科）中３（４教科）小中で1,000人
	S.28	③「小学校国語・算数学力調査」小１～６（２教科）小中で約7,300人
	S.29	④「中学校国語・数学学力調査」中１～３（２教科）2,550人
秋田	S.26	①「算数標準検査」小５（算数）人数は不明。
	S.27	②「学力検査」小・中（学年は不明：４教科）小が12校、中が７校
岩手	S.25	①「岩手県標準学力検査問題」小４～６（算数）各学年約1,200人
	S.27	②「知能と計算能力」中１（算数）173人
	S.28	①「分数の加減の診断と治療」中１～３（分数）200人
山形	S.25	①「標準学力検査」小５・６、中２・３（４教科）各学年300人
	S.27	②「学力調査」中３（５教科）４教科は約500～600人。英語は約3,000人
	S.29	③「新入学児童調査」新入学児童（算数）約３万人。
宮城	S.24	①「学力検査」中１（２教科）1,000人
	S.27	②「標準学力検査」小５・６、中１・２（２教科）全数調査
福島	S.25	①「児童生徒の学力調査」小６・中３（４教科）全数調査
	S.28	②「県診断テスト」国（中１・３）数（中１～３）理（中３）各学年700名程度
	S.29	③「能力別に見た算数学力の基準」小１～小３（算数）県内18校

＊「２教科」は国・算（数）、「４教科」は２教科＋理・社、「５教科」は４教科＋英語である。
＊「全数調査」とは全ての学校の児童生徒を対象にした調査である。

況を〈表５-１〉にまとめてみた。

　終戦直後の混乱した時期であっても、これだけ県独自の学力テストが開発・実施されていたことに、読者の方々も少々驚くのではなかろうか。紙幅の関係で北海道・東北以外の全国的な実施状況は紹介できないものの、その実施状況は日本全国どこでも同じであり、全国的な規模での学力テスト重視の姿勢がうかがえる。

　こうした昭和20年代に実施された各都道府県が独自に実施する「地方学力テスト」（以下、「地方学テ」と略す。）の特徴は、標準化された学力テストの作成であり、それを用いた「学力と知能の相関関係」を調査することであった。いわば、科学的な測定を意図した標準化されたテストの開発であり、

そのテストで学力の高低に影響する教育条件の調査がなされた時代であった。調査対象とされた教育条件には様々なものがある。教師の経験年数や学歴、学校・教室の規模、都市部なのか山間部なのかといった地域性、親の学歴など様々な事柄が調査の対象とされたが、とりわけ重要な教育条件とされたことが「学力」と「IQ・知能検査」との相関関係であった。

　日本の知能検査の歴史は明治末期から始まるが、戦後においても様々な知能検査が開発・作成され、販売・利用されている[2]。昭和20年代における知能検査は、戦後の民主的教育理念の下で「生徒児童が本来具有している可能性を最大限に発達させることであると同時に、生徒児童の一人一人に対して、正確でかつ徹底的な理解が要求される」（日比野，1950：152）とした上で、「科学的に生徒児童の知能の発達程度を正しく測定し、その結果を学校、ホーム・ルーム、個人にそれぞれ有効適切に生かすこと」（日比野，1950：152）が重要であるとされた。

　当時の学習指導要領（1947年）でも「小中高の 1 年次と 3 年次の終わりに実施されることが、のぞましい」（日比野，1950：168）とされ、いわば知能検査を用いた科学的評価に基づく児童生徒の理解と教育指導を目的とするものであったことが理解できる。

　一例を挙げると、青森県は1953（昭和28）年における「小学校国語・算数学力調査」（小 1 ～ 6 ： 2 教科）では、小 3 ～小 6 までを対象にテストと知能検査を実施し、学力と知能の相関関係を調査している。この調査の目的は「市部と郡部を比較することによって、青森県郡部の学力の低い原因を把握する」（青森県教育研究所，1955：1）ことであった。当時に於いては「学力と知能の相関」が日本全国で調査対象となり、知能指数や知能偏差値が高い生徒は「学力が高い」という神話が生み出されることになる。代わって、「障がい児」「学業不振児」、そして都市部以外の郡部や家庭環境の良くない児童生徒が「学力が低い」とされ、「学力マイノリティ」と位置づけられていく。だが、知能テスト自体は「もともと学業成績と高い相関を持つように設計されたテスト」（広田，2001：138）であり、科学的に児童生徒の知能の発達程度を正しく測定できるか否かは今日でも懐疑的な意見が多い。ましてや、昭和20年代での知能検査の実施方法や内容に関しては、技術的な側面や理念に

対する否定的な意見も多く見られた。

　今日でも、「知能検査で人間の能力は本当に測定できるのか」、「人間の能力は遺伝的なものか、環境的なものか」といった根源的な問題に対する答えは存在しない（北野，2011：49）。学力や知能の形成要因は複合的であり、特定できるものではない。

2　「学テ」の影響と全国的な学力向上政策

　昭和30年代になると、文部省は全国的な学力低下批判を受け、1956（昭和31）年から「全国学力調査」を実施し、当時の学力論争に関する客観的な資料を提示しようとする（文部省調査局調査課，1957：序文）。とりわけ、昭和36年から 4 年間実施された「全国中学校一斉学力調査」（以下、「学テ」と略す。）は、戦前にもなかったわが国初の大規模な学力テストとなり、中学校では「悉皆調査」と呼ばれる全数調査が実施された。

　学テの実施は、それまでの各地方の固有で多様な教育のあり様だけでなく、全国の異なる学力や学習内容の画一化・標準化をもたらすものであった。教育の効率化・合理化には好都合であるものの、その反面、地方ごとの個性化や多様化を奪うものとなった。そして、この学テの結果によって「学力が低い」とされた各県では「学力向上」が最重点項目に掲げられ、学力向上対策に正面から取り組む政策が展開された。

　たとえば、香川県の学テ対策は徹底され、目標値として昨年度より「県の平均点を 7 点以上、上回る」（香川県教師集団，1965：64-65）ことが掲げられ、事前対策として前年度教材の総復習、学テと同形式の模擬テストが 4 回も実施されている。当時の『日教組新聞』（1963.10.1）にはテストの実施を疑問視する小学生の声が紹介されている。

「朝の七時からテスト：テスト訓練が最高度になされている学校生活に対して、子どもたちは『何のために学校に行っているのかわからない。学校は教えてくれるところか、テストするところか、全く疑問や』と、不満を訴えています。それほど香川ではテストが多いのです」（「戦後日本教育史料集成」編集委員会、1983：191）。

　小学生ですら日本の学力テスト政策への不満を訴えていることになる。また、昭和39年に行われた福島県内の約3千人の教員に対する無記名調査では事前準備の実施が小学校で81.9％、中学校72.8％の高い数値を示しただけでなく、「できの悪い子どもを当日休ませる」という教員が小学校で12名、中学校で17名いたことも明らかにされている（福島県教育センター編，1974：282）。

　1961（昭和36）年度に中学校で学テが悉皆調査となった表向きの理由は、「教育課程に関する方策の樹立、学習指導の改善に役立てる資料」（文部省初等中等教育局地方課，1962：4）とされ、児童生徒を点数で格付けし、差別教育を行うものではないことが強調されている。しかしながら、学テの将来的な目的は「やがては高校入試に代わるべきものにする」という点と「アメリカの能力開発的なものを」（徳武，1965：3）実施することであった。特に、「アメリカの能力開発的なものを」という意味は、1960年11月の「当面する文教政策の重要課題」、同年12月の閣議決定『国民所得倍増計画』における新たな人材開発政策との関連性から理解できる。

　文部省側は、「早期に人材を発見し、適切な教育訓練を実施するために、義務教育終了時に能力・適性等を見出し、進路指導を行う必要性がある」（文部省初等中等教育局，1960：19-20）とし、テスト結果を高校入試選抜制度にすり替え、人材の能力開発と選抜・配分を意図する側面もあった。

　また、結果の公表に関しても「学習指導要領の改訂や教育諸条件を改善する資料」（文部省初等中等教育局地方課，1962：16）としての側面が強調され、全国的な傾向、地域類型別の集計結果、教育条件による差異などを公表するものの、県別・市町村別・学校別・個人別などの結果については「無益な競争心をあおる」として公表しないことが明言されていた。しかしながら、公表しないはずであった学テの県別集計の結果公表が1961（昭和36）年にはなされ、わが国の歴史上では初と言える全国の都道府県のランキング結果が公表された。翌年の6月5日号の『内外教育』（時事通信社）に掲載された結果は、〈表5-2〉のようになる。

　とりわけ、愛媛県では昭和38年に「全国一斉学力テスト第一位獲得祝賀会」（浦岸，2010：30）なるものが行われ、文部次官が祝辞を述べている状

〈表5-2〉昭和36年度「学テ」の国・数の成績結果（中3）

国　語		数　学	
順位	都道府県名	順位	都道府県名
1	東　京　68.0	1	富　山　65.5
2	大　阪　66.7	2	香　川　64.4
3	香　川　64.6	3	大　阪　63.5
4	神奈川　63.7	4	東　京　63.2
5	長　野　63.4	5	福　井　63.0
6	兵　庫 63.3	6	兵　庫　62.9
12	福　井　61.0	11	石　川　60.3
18	石　川　60.3	12	長　野　59.9
39	秋　田　54.2	40	秋　田　49.7
44	北海道　53.4	44	北海道　45.9
45	青　森　52.3	45	高　知　44.4
46	岩　手　47.6	46	岩　手　43.9

＊数値は平均点。理・社・英も公表されているが省略（時事通信社, 1967：2-7）。

況から鑑みて、文部省自らが「無益な競争心をあおった」と言える。この日本の歴史上初の全国の都道府県別ランキングによって、東北・九州各県が全国で最も学力が低いとされ、「学力マイノリティ」としてのレッテル貼りが行われた。この学力が低いとされた東北各県は、以後は汚名返上に必死となり、自ら進んで独自の学力向上対策を打ち出している。たとえば、青森県では1963（昭和38）年から県全体で学力向上運動が強力に展開され、「学力向上は本県に課せられた最大の命題である」（青森県教育史編集委員会, 1974：976）と位置づけている。

　確かに、こうした県の総力を挙げた県民運動の結果、今日では青森県や秋田県の学力テストの結果は全国トップレベルである。しかし、同時に東北地方の人口減少は全国的に見ても最も急速に進んでいる地域である。総務省が公表した人口推計（2018年10月1日現在）では、秋田県の人口は98万1千人となり、前年からの減少率は1.47％であり、減少率は6年連続で全国一であった（『秋田魁新報』2019.4.12.）。

　2040年の人口予測は約70万人になり、高齢者の割合は10％増加すると予想

されている。秋田県は日本の中でも真っ先に消滅する県とも言われ、学力が全国トップになっても若者の人口流出に歯止めがかからない代表的な県の一つである。

　昭和30年代からの学テを契機とする全国的な学力競争は、個人だけでなく学校、地域、都道府県単位で日本社会全体を覆いつくし、次第に何人の逸脱も許さない競争メカニズムが構築されたといえる。そして、戦後の有名高校・有名大学の合格を競う受験学力の影響は、児童生徒の家庭や地域における生活や労働を捨てさせる現象も誘引する。

　こうした事態を早くから予測した東井義雄は、1957（昭和32）年に「村を捨てる学力」と述べて、「普遍的な学力」ではなく、子どもの「生活」の中に消化される学力を主張している（東井，1984）。東井が50年以上も前に危惧したことが、今や現実味を帯びてきている。このままでは、日本の学力テストは「村を捨てる学力」「町を捨てる学力」「県を捨てる学力」となってしまうことは疑いない。昭和30年代の「村を捨てる学力」への信仰・神話が、その後の日本の「学力・学歴獲得競争」を全国的にヒートアップさせたことは疑いない。

　確認しておきたいことは、昭和30年代において、学力が低いとされた地域は「小規模校・へき地」、ならびに「第１次産業」の従事者と居住区（農漁村・純農村・普通農村）（青森県教育研究所，1963：38-43）であった。一方、東京や大阪などの大都市や地方の各都市は一般的には学力が高いとされた。これを「都鄙（とひ）格差」と呼ぶ。

　しかしながら、東北地方の奥深い山間部や農村部に暮らす人々は「生きる力」が高く、普通教科の「学力が低い」方が自然である。日本全体で行われた「地域」「へき地」に住む人々、「農林水産業」などの第１次産業に従事する人々の「学力が低い」とする構図の単純化が何とも恐ろしい。

3　「学テ」の反動と「能力主義体制」の影響

　すでに多くの先行研究も指摘しているように、学テは日教組による「学テ反対闘争」をもたらし、学校現場は混乱状態になる。また、その後の約20年間は歴史的にも有名な学テ裁判闘争も展開され、北海道旭川地裁、札幌高裁、

福岡小倉地裁では調査の実施を違法とする判決が下されている。1962（昭和
37）年から1969（昭和44）年2月までに地裁・高裁から14の学テに関する判
決が出され、違法か、その疑いがあると指摘された判決が7つに達している
（本山・丹羽，1970：12）。こうして、学テは旭川判決による教育基本法第10
条の「不当な支配」に該当するとして、11年間続いた学テは様々な問題を投
げかけ、1966（昭和41）年11月22日に中止されることになった。

　今から考えれば、当時の学テ実施のテスト・ガバナンスは凄まじいまでの
権力闘争を引き起こし、「学力調査」は教育研究のための調査というよりも、
学校・教師のコントロールに変貌した側面が強い。学テの後は「学力調査研
究アレルギー」（高野，1979：13）を生みだし、「教育課程実施状況に関する
総合的調査研究」が実施されるまでの15年間、国による学力調査は未実施の
状態になっていく。

　例えば、岩手県の場合には学テ反対闘争の「岩手事件」以降は「学力調査
アレルギー的風潮が教育界に残った」（岩手教育委員会，1982：1328）と指
摘されている。明らかなことは、学テを通じた政府・文部省による地方教委
に対する「アメとムチ」政策による学テ体制の全国的構築であり、反対する
学校・教員の排除と制裁であったと思われる。とりわけ、日教組による全国
的な反対闘争は、後に学力低下をもたらした犯人として攻撃の対象となり、
「学力向上」に反対する「悪しき抵抗組織」とも位置づけられていく[3]。

　昭和40〜50年代の高度経済成長期における「学力マイノリティ」は、新た
な段階を迎える。それは、文部省による学テに対する全国的な反対運動や最
高裁判決を受けて、国家的規模による学力テストが実施不可能となったこと
である。ただし、各都道府県による独自の「ローカル・テスト」や「業者テ
スト」が代わって実施されていく。

　沖縄のケースを見てみよう。沖縄は1972（昭和47）年に日本に復帰し、戦
後27年間にもわたる米国の統治の下、教育の「施設設備、備品その他あらゆ
る条件が他県に劣る中で復帰を迎え、そこから「学力低下問題が急速に出て
きた」のであった（沖縄県教育庁義務教育課，2007：12）。本土復帰により
沖縄独自の受験システムが崩され、大学受験など地元の琉球大学への入学者
が他府県に占められるなど、「これまで本土との直接の比較を考えなくても

よかった受験生や父母たちはこれで衝撃を受け、いきなり"本土なみの学力"が要求されるようになったことがその背景にあった（沖縄県教育庁義務教育課，2007：13）と指摘された。

　言い換えれば、本土復帰を契機に沖縄の学力低下が明白となり、沖縄県自らが「全国的な物差し」で「沖縄固有の歴史と文化」を測る矛盾を受け入れたものと言える。沖縄県は、学力テストに包摂されたものの、今日まで全国的には「学力最下位県」とのレッテル貼りがなされ、沖縄固有の基地問題や生活保護などの貧困家庭の解消、離島問題などによる学習環境の整備は後回しにされる。

　一方、学テに代わって昭和40年代に主流となる学力テストとは、民間のテスト会社が主催する「業者テスト」であった。高度経済成長期においては高校進学率上昇への期待が高まるが、このことが各都道府県における「業者テスト」への依存体質を生みだすことになり、教育の本格的な市場化への道が切り開かれることになる。

　岡山県では、「昭和40年代中ごろから、ほぼ全校が進路指導（志望校選択）の資料」（岡山県教育委員会、2006：484）として業者テストに依存する状況が生まれるなど、「業者テスト問題」がクローズアップされていた。こうした問題に危機感を抱いた文部省は、1976（昭和51）年9月7日に初等中等教育局長通達として「学校における業者テストの取扱い等について」を各都道府県教委に送り、自粛を呼びかけている[4]。そして、文部省は1993（平成5）年2月22日に事務次官通知による中学校における「業者テスト関与の禁止」を公表している。

　しかしながら、「業者テスト」が禁止された後も、各学校では進路指導対策として、学校で工夫した「実力テスト」の実施や、地域の校長会が連携して「進路指導検討委員会」等で共通テストを暫定的に実施」（岡山県教育委員会，2006：485）するなど、進路指導用のための「共通テスト」を実施している。ただし、業者テストは簡単にはなくならない。例えば、埼玉県の有名な「北辰テスト」は今日まで継続されている。

　2016（平成28）年9月の埼玉県議会定例会で自民党県議の一人は、「埼玉県では北辰テストを廃止したものの、実際には93パーセントの中学3年生が

塾などを通じて北辰テストを受検している」とした上で、「北辰テストをは
じめとした的確に学力を測ることのできるテストを復活させることにより、
中学校の教師が生徒の学力を把握し、きちんと進路指導することが本来果た
す役割と考えます」(『埼玉県議会』平成28年9月定例会：2016. 10. 18.）と
して、テスト復活に向けた教育長の見解を問うている。

　こうした業者テストの利用は、受験結果を基にした学校の序列化を激化さ
せ、新たな進学エリート校と底辺校の格差拡大をもたらすことになる。激し
い受験競争は、受験生のみならず、学校・教師、親・保護者、マスコミなど
の国民の目を集中させ、その結果に一喜一憂することになる。だが、逆を言
えば、そもそも進学できない何らかの理由を抱える生徒、落ちこぼれ・不登
校・非行・いじめなどの問題に悩む生徒、さらには同和問題・在日朝鮮人問
題に代表される学習機会が十分に保障されていない生徒などのマイノリティ
問題は脇へ追いやられ、覆い隠されることになる。

　置き去りにされ、切り捨てられた人々の中には、被差別部落（同和問題）
や在日朝鮮人の人々も含まれるが、両者の様相は異なったものとなる。被差
別部落に関しては、1965（昭和40）年「同和対策審議会答申」、1969（昭和
44）年「同和対策事業特別措置法」が成立・施行され、同和教育が新たな段
階に入り、財政支援による学校の新規開校、「同和加配」による教員が増員
された。この1970年前後の同和対策事業によって、同和問題は戦後の〈社会
外〉の位置から次第に公教育の枠内での〈包摂〉が始まったと言える。

　もともと、同和地区には固有の社会・文化的世界が色濃く残存し、差別・
偏見の中で様々な困難に直面し、試練に満ちた状況下に置かれていたが、そ
うした状況は同和対策事業の開始によっても変わることはなかった。近年の
各県の学力テストの結果でも同和地区の学力は依然として低いとされるもの
の、抜本的な対策はないままである。同じく、同和問題と同様の枠内で在日
朝鮮人教育にも「外国人加配」（在籍率10％を目安）の枠が設けられたが、
在日朝鮮人教育の場合は依然として日本の公教育の枠外に置かれたままの状
態が継続されている。一種の「私教育」的状況である。

4　「ゆとり教育」による学力低下批判

　昭和50年代後半から開始された学力テストの特徴は、「学力テスト」ではなく「学力調査」が行われたことであった。1981（昭和56）年から開始された文部省・国立教育研究所による「教育課程実施状況に関する総合的調査研究」の特徴は、①教育課程や学習指導の方法の改善など本来の目的に戻ったこと、②学問的・科学的な根拠に基づく抽出調査であったこと、③都道府県別ランキング化もなされていないことである。

　この時代の学力調査は、本来の学問的・科学的な調査がなされ、国によるテスト・ガバナンスも弱体化したことが指摘される。また、調査対象者も1996（平成 8 ）年度までは抽出率約 1 ％のサンプル調査が行われ、 1 教科 1 問題冊子当たり16,000人が調査対象となっている。2001（平成13年）年度からは「小中学校教育課程実施状況調査」（小:国・算・理・社、中:国・数・理・社・英）が実施されているが、その際の抽出方法（抽出率は約6-8％）は前年度の学校基本調査に基づき、小・中学校の在籍児童生徒を無作為に「標本抽出」したものであった（国立教育政策研究所，2005：6）。繰り返しになるが、この間の学力調査は本来の学力調査と呼ぶにふさわしい適切な調査であった。

　昭和60年代以降の教育改革を導く契機となったものが、1984（昭和59）年に設置された臨時教育審議会（以下、「臨教審」と略す。）であった。1984（昭和59）年に中曽根康弘内閣総理大臣の直属の諮問機関として設置された臨教審は、1987（昭和62）年の第三次答申において、市場原理・競争原理の導入に基づく学校選択の自由化に向けて、通学区域の弾力化などの具体策を提示している。この臨教審による個性化・自由化の理念は、新自由主義的な教育改革として、以後の教育制度改革を特徴づけるものである。

　とりわけ、学力向上の目的は「日本の学力を世界でトップにする」ことであり、学力における国際的地位の回復であった。そして、そうした要望は経済界の強い意向が反映されていた。グローバル化された国際経済体制下において経済の国際競争力を高めるためには、学力向上が必要不可欠であった。

　1995（平成 7 ）年 3 月には、政府の行政改革推進本部に「規制緩和小委員

会」が設置され、この中で「学校選択制度」「教育バウチャー制」「児童生徒や保護者による学校や教員の評価制度の導入」が提言された。日本における新自由主義的教育改革路線は、経済界からの強い要望に応え、それを具現化したものであった。さらには、1997年に設立された「日本会議」のような保守系団体が「教育基本法」の改正、「歴史教育の是正」などを提言し、教育改革実現を後押しする動きとも連動した。こうした教育改革路線の最終局面として、テスト政策は提言され、導入された。その象徴が2007（平成19）年から開始された全国学テである。

　日本のテスト政策の「真のねらい」は、教育界から「ムダ、ムリ、ムラ」を排除し、国家が教育を管理統制するための手段とすることであった。そして、テストの結果で「学力の低い子ども」「能力のない子ども」を排除し、社会の「枠外」に置くための教育人材配分のツールとして用いられていく。

　こうした動向は、地方自治体でも顕著なものとなっていく。1999（平成11）年から東京都知事に就任した石原慎太郎は、戦後の日本の教育のあり方自体を次のように批判した。

　「戦後の教育は、どのような人材を育成するのか明確な方針を出せず、加えて「結果の平等」を偏重する悪しき平等主義が横行し、画一化された、およそ面白味のない教育が行われてきた。今や、四則演算が満足にできず、我が国の歴史も正確に知らないまま義務教育を終了する生徒が増えるなど、基礎学力の低下が懸念される状況となっている」（石原，2003）。

　石原都知事が指摘する学力低下の原因は「制度疲労を起こしている教育システム」であった。その結果、東京都では学力回復を目指した教育改革『東京都教育ビジョン』（2004年4月）が制定される。そして、学力向上の具体的手段として「児童生徒の学力向上を図るためのテスト」（東京都学力テスト）が2004（平成16）年2月に都内の公立中学2年生を対象に初めて実施されることになる。

　平成元年以降になると、日本全体で学力テストが復活する時代を迎える。2003（平成15）年のPISAショックは、わが国の本格的な「学力調査の時代」

（苅谷・志水，2004：1）を迎えたと指摘されたが、それ以前に、早々と県独自の方針で学力テストを開始した県が多い。OECDが実施するPISAテストは、「世界の中の日本の学力低下」を示す根拠とされた。日本の学校が世界的な学力潮流に後れを取っているだけでなく、学力低下はもはや疑いない事実として明白になったというわけである。

　いわば世界の中の「日本教育のマイノリティ化」といった国際戦略的言説が流布する。逆を言えば、日本の学校・教師の日々の努力を一方的に非難し、「リテラシー」や「キーコンピテンシー」などの新たなPISA型学力の潮流を学校現場に押し付け、国際戦略の中で児童生徒、学校・教師を包摂しようと試みるものであった。そこには、政府が「目標設定」と「管理」を行い、学校・教師の「アカウンタビリティ」（結果責任・説明責任）を問題視するといった新自由主義的な構図が構築されていった。

　また、2002（平成14）年10月30日の地方分権改革推進会議報告書では『事務・事業の在り方に関する意見―自主・自立の地域社会をめざして―』において、わが国における財政の危機的状況を背景にして、戦後からの国と地方の役割分担の変更を打ち出している。こうした構造は、地方自治体における「ローカル・テスト」の実施に拍車をかけ、学校・教師の責任を問うものであり、日本全体で二重・三重の重層的な学力評価体制が構築されることを意味した。

　この学力の重層構造とは、多くの都道府県で2003年以降に学力テストが実施され、平成18（2006）年度には39都道府県・13指定都市にも達していることからも明らかである。まさに、学力テストが蔓延し普及する時代であるが、学力テスト実施が当たり前という大多数の声が批判的な見解をスイープした時代でもあった。

5　「全国学テ」の実施と「目標値」の設定

　2007（平成19）年度は、「全国学力・学習状況調査」（以下、「全国学テ」と略す。）が実施され、約半世紀ぶりの国のナショナル・テストの復活がなされることになる。まず最初に、2016（平成28）年度の全国学テの結果を示すと、以下の〈表5‐3〉のようになる。2016年度は熊本地震の影響もあり

〈表5-3〉2016年度の小・中公立学校の上位3県のランキング

2016年度（全国平均）	小学校	中学校
小学校：64.0% 中学校：62.3%	1位・石川（69.5%）	1位・福井（67.0%）
	2位・秋田（68.8%）	2位・秋田（66.5%）
	3位・福井（68.5%）	3位・石川（66.0%）

＊平均正答率で順位付けしたもの。

　九州各県の一部で中止されたものの、全体的に格差が縮小したこと、小学校では石川県が秋田県を抜いてトップになったこと、中学校では依然として上位3県と最下位の沖縄県に変動がなかったことが特徴的であった。

　全国学テの結果公表は、当事者である各都道府県の対応を過敏なものとし、一種の過熱状態となっている。たとえば、秋田県が「一位死守」、岡山県が「小中10位」、高知県が「10位以内」、沖縄県が「最下位脱出」、北海道が「全国平均以上」などと目標を掲げ、その達成に様々な努力や対策がなされている。

　こうした各都道府県を競争の渦に巻き込んだ全国学テは、どのような経緯や論理で導入されたのであろうか。全国学テの基本政策は、2005（平成17）年12月の内閣府規制改革・民間開放推進会議の『規制改革・民間開放の推進に関する第2次答申』によって確認できる。同報告書では「学校に関する情報公開・評価の徹底（全国的な学力調査の実施を含む）」の項目の中で、「現在、全国的な学力到達度調査について検討が進められているが、教員評価など同調査を実効あるものとするためには、悉皆的に実施し、学校に関する情報公開の一環として学校ごとに結果を公表する」（規制改革・民間開放推進会議，2005：133-134）といった「教員評価」を旨とする提言がなされている。

　同じく、「全国的な学力調査の実施方法等に関する専門家検討会議」でも「自治体レベル、学校レベルにおいて、学校評価における重要なデータの一つとして学力調査の結果を活用するということになれば、悉皆に近い規模が必要と考える」（文科省，2005）との意見も見られ、「学校評価」への利用も検討されている。2007（平成19）年度から開始された全国学テ実施の意図として、その前段階で「教員評価」「学校評価」を目的とした悉皆調査が検討

されていたことになる。

　つまりは、全国学テの実施においては児童生徒の学力の実態把握などの「表の目的」とは異なる「裏の意図」があり、最初から悉皆調査で実施することが決まっていたことになる。そもそも、全国学テの結果を基に「（教員の）授業・指導力改善」に活かそうとすること自体、国からの強制的な改善命令に等しく、学校・教員を管理統制しようとする意図があったと思われる。

　2007年から開始された全国学テは、全国の公立と私立の小学校6年生（特別支援学校も含む）と中学校3年生（中等教育学校・特別支援学校も含む）を対象とし、算数（数学）・国語・理科（2012年から）の3科目が行われた。約50年ぶりに復活した全国学テのテスト問題の特徴は、知識の「基礎・基本」を問う「A問題」と知識の「活用力」を問う「B問題」で構成されている点である。

　また、全国学テの表向きの目的は昭和30年代に実施された学テと余り大きな変化はないが、結果の公表に関しては大きな差異が見られる。最も大きな違いは、第一には全国学テの結果にマスコミ・国民一般が大きな関心を寄せ、そのランキングに一喜一憂し、かつ結果の公表に関する開示請求が全国各地で行われたことである。第二には、大阪府・秋田県・静岡県・鳥取県の事例のように、実施主体（文部科学省）でもなければ参加主体（市町村教育委員会）でもない都道府県知事がテスト結果の市町村別・学校別公表に踏み切ったことである。第三には、文科省自らが2014（平成26）年に学校別・市区町村別の結果公表を認めたことである。

　こうした結果の公表は、新たな「学力マイノリティ」問題を創出することになる。秋田県や福井県などのように学力テスト上位県は問題ないが、学力が下位とされた沖縄・北海道・高知・大阪などは、「学力下位県」としてのレッテル貼りが行われる。

　結局、全国学テの目的は国家による目標設定とその成果を検証する「評価制度」（モニタリング・システム）の確立であった。全国学テの結果公表は、全国都道府県のランキング化を定着させただけでなく、学力が低いとされる学校・教師への冷ややかな地域的眼差しも生み出した。また、「生活習慣が確立されていない」児童生徒や「家庭の教育力が劣る」家庭も学力低下の犯

〈表5-4〉各都道府県における学力向上の目標値の内容

県名	年度	目標値の内容
秋田県	2013	『あきたの教育振興に関する基本計画』において、「推進指標」として県学習状況調査で設定通過率を超えた設問数の割合を「74.4％（平成21年度）から75％以上（平成26年度）」とする。
栃木県	2018	推進指標：子どもたち一人一人の学力が向上しているか（全国学テの平均正答率）。目標値：平成32年度に「全ての教科で全国平均正答率を上回る」。
和歌山県	2018	『教育振興基本計画』（2018〜2022年度）において、方針として全国学テにおいて、「全ての教科で全国中位以上をめざします」。また、進歩管理目標の目標値として、「小中ともに全ての教科で20位以内」、2026年度までの長期目標値として「小中ともに全ての教科で10位以内」が掲げられる。
岡山県	2016	県の中期計画で、全国学テ（平均正答率）の全国順位：小中ともに平成28年から32年まで目標値「全国順位10位」
愛媛県	2016	全国学テにおける都道府県順位が10位以内に入った校種の数。県教育委員会は県学力向上5カ年計画（12〜16年度）で目標に掲げた「全国10位以内」を最終年度に達成。
大分県	2012	全国学テの全国平均を超えた教科の割合（平成22年度小6・中3ともに0％→目標値：平成27年度は小6・中3ともに100％）。
	2018	平成31年達成指標：「低学力層の半減」「（全国学テ）全国平均を超える教科・区分2つ以上」「授業中分からないことがあっても、そのままにする生徒の半減」。

人とされた。

　しかしながら、現在の日本社会においては学力が「上がった」「下がった」といった問題は、それほど重要な問題であろうか。学力低下問題以上に深刻な問題が色々とあるのではなかろうか。全国学テの結果に一喜一憂することよりも、もっと真剣に取り組むべき喫緊の課題があるのではなかろうか。たとえば、「いじめ」「暴力」「教員間のパワハラ」「教員の過重労働」「外国人子弟の教育」「貧困による教育格差」など、挙げれば切りがないほどの教育問題が未解決のままである。

　全国学テ実施の意図として、最後に確認しておきたいことは、近年では、日本でも米国のようなテスト結果に対する数値目標が掲げられていることである。2008（平成20）年7月の『教育振興基本計画』では、目標の明示と達成を図ることの重要性が指摘され、「これまで教育施策においては、目標を明確に設定し、成果を客観的に検証し、そこで明らかになった課題等を

フィードバックし、新たな取組に反映させるといったPDCA（Plan-Do-Check-Action）サイクルの実践が必ずしも十分でなかった。今後は施策によって達成する成果（アウトカム）を指標とした評価方法へと改善を図っていく必要がある」（文科省，2008：9）と提言された。

　この『教育振興基本計画』以後において、各都道府県では学力向上の目標値として全国学テなどを基準にした数値による目標管理を行うケースが多い。いくつかの事例を、各県の教育委員会などの公開資料に基づき整理すると〈表5-4〉のようになる。

　各都道府県が掲げる目標は、具体的な数値目標が示されてはいるものの、罰則規定は見当たらない。しかしながら、目標達成に向けた国や県からの指示は、県内の市町村や学校・教員には「達成しなければならない目標」に転化する。そして、そうしたレッテルを貼られた各自治体の首長の暴走ぶりが目立つ。

　大阪府の橋下　徹知事は、2008（平成20）年度の全国学テの結果が小学校41位、中学校45位であったことに激怒し、同年8月に「このざまはなんだ」「府教委は最悪だ。2月年連続でこんなざまなら民間では減給は当たり前だ」と府教委や学校現場を激しく批判している。そして、学力向上を最優先課題として、同年9月には「教育非常事態宣言」を発令して教育改革に乗り出す。

　2018（平成30）年8月2日には、大阪市長の吉村洋文が全国学テの成績が政令指定都市で最下位だった結果を受け、「市として学テの数値目標を設定し、達成状況に応じて教員の手当を増減させる人事評価の導入を検討する」（『毎日新聞』2018.8.2.）と公表する。吉村市長の提案は、まさに全国学テの結果による「教員評価」となりうるものであった。

おわりに

　全国学テの結果を重視する各県の対応は、ヒートアップするばかりである。それは、あたかも誰にも止められない暴走車のようなものである。「学力日本一」の呼び声が高い秋田県では、県内の小中学校で事前のテスト対策が行われ、小学校教員の66％、中学校教員の39％が「テスト対策のため授業の進度が遅れるなどの影響がある」（『秋田魁新報』2016.8.29.）と指摘した。

「テストあって教育なし」。日本の学校現場がテストの弊害に苦悩する状況が読み取れる。

　本章では、戦後から今日までの学力テストによって産出された「学力マイノリティ」の歴史的構造を明らかにすることを試みた。学力テストは、何のために実施されてきたのだろうか。本当に学力が低い児童生徒、地域、学校を支援し、学力の底上げを成し遂げ、学力格差を是正することを目的としてきたのであろうか。それとも、競争と淘汰によるリストラ、排除、切り捨てであったのか。戦後の日本社会は経済的豊かさを求めて「学力の高い有能な人間」を産出するとともに、一方では「学力の低い劣悪な人間」を排除・差別してきたのではなかろうか。

　切り捨てられ、置き去りにされた人々、夢や希望を奪われた人々、排除・抑圧された人々。こうした「学力マイノリティ」の問題こそ、日本社会の豊かさの内実、そして平等性・多様性・国際性が問われる問題ではなかろうか。

〈注〉
（1）戦後の学力テストの実施主体は、国レベルは1949（昭和24）年の「文部省設置法」「文部省組織規程」の制定、1952（昭和27）年の「文部省設置法」の改正「文部省組織令」の制定などを経て、戦後の教育調査を文部省調査課が担当することになった（奥田，1965：14）。一方、地方学力テストは1948（昭和23）年7月の「教育委員会法」の制定によって各都道府県と5大市に教育委員会が設置され、各都道府県教育委員会事務局においては「教育の調査及び統計に関する部課」（第44条第1項）を置くことが規定された。
（2）「田中・ビネー式知能検査法」は、1947（昭和22）年に初版が刊行されているが、「小中学校の現場では、それぞれの子どもについて測定されたIQや知能偏差値が、主として学業不振の診断と進路指導に利用される」（滝沢，1987：10）。その後、1958（昭和33）年に「学校保健法」が制定され、就学時健康診断が開始されると同時に、「学校保健法施行規則」において就学時検診で知能検査を実施し、小学校か養護学校就学の判断材料となる。
（3）学テの実施に反対する「学テ反対闘争」が日教組を中心に全国規模で展開され、昭和36年には「岩手では9割以上、福岡、北海道、高知では6割以上がテストを中止し、その他宮崎、鳥取、滋賀、大分をはじめ青森、東京、京都、山口、熊本、石川の各県でも中止」（青森県教育史編集員会，1974：978）に追い込まれている。
（4）業者テストの実情報告の概要では各都道府県には1～4の業者があり、全国で80程度の業者が存在すること、テスト結果の偏差値を資料として出す業者が県下にあるとする都道府県は7割を超え、中学校へ送付する資料として各高等学校別に偏差値による合否水準の予想を行う業者も約3割に達している（文部省，1976：1）。

〈参考・引用文献一覧〉
秋田県教育研究所（1959）「─算数・数学─秋田県標準学力検査報告書」『研究紀要』第7号、1-76頁。

愛媛県教育委員会（2017）「平成28年度　事務事業評価表」http://www.pref.ehime.jp/hyouka/h28/index.html〔2018.11.20.取得〕

青森県教育研究所（1955）「中学校国語・数学学力調査（調査の設計・国語診断テスト・数学診断テスト・学力と教育条件）」『研究紀要』第三巻．1-120頁。

青森県教育研究所（1963）「青森県中学生の学力―その姿と条件　昭和36年度―せい学力調査3年生結果の分析」『研究資料』No.7、1-56頁。

青森県教育史編集委員会（1974）『青森県教育史（第二巻：記述編）』青森県教育委員会。

石原慎太郎（2003）「教育改革」http://www.sensenfukoku.　得〕

岩手県教育委員会（1982）『岩手県教育史第3巻・昭和Ⅱ編』岩手県教育委員会。

浦岸秀雄（2010）「全国学力テストはなぜ実施されたのか」『園田学園大学論文集』第44号、27-39頁。

岡山県教育委員会（2006）『岡山県教育史（昭和51年～平成7年）』岡山県教育広報協会。

沖縄県教育庁義務教育課（2007）『学力向上の歩み』沖縄県教育庁義務教育課。

奥田真丈（1965）「教育調査主管課の歴史」全国教育調査研究協会編『教育調査』ぎょうせい、57号、9-24頁。

香川県教師集団（1965）『学テ日本一物語』教育問題新書。

苅谷剛彦・志水宏吉編（2004）『学力の社会学―調査が示す学力の変化と学習の課題―』岩波書店。

川村迪雄（1953）「知能と計算応力」岩手懸教育研究所『研究紀要』第4集、25-69頁。

北野秋男（2011）『日米のテスト戦略―ハイステイクス・テスト導入の経緯と実態―』風間書房。

北野秋男（2013）「東京都の教育改革とテスト政策」日本大学人文科学研究所『研究紀要』第86号、91-104頁。

北野秋男（2015）「全国の市町村教育委員会による「学力調査」の実施状況～学力評価体制の実態と構造～」日本大学教育学会『教育学雑誌』第51号、1-14頁。

北野秋男（2016）「わが国の学力調査体制の実態と課題～学力調査の独自性・専門性を中心に～」日本大学教育学会『教育学雑誌』第52号、1-14頁。

北野秋男・下司　晶・小笠原喜康（2018）『現代学力テスト批判―実態調査・思想・認識論からのアプローチ―』東信堂。

北野秋男（2018）「地方学力テストの歴史的展開―上位県と下位県の比較―」日本大学人科学研究所『研究紀要』第95号、77～94頁

規制改革・民間開放推進会議（2005）「規制改革・民間開放の推進に関する第二欠答申「小さくて効率的な政府」の実現に向けて―官民を通じた競争と消費者・利用者による選択―」1-147頁。https://www8.cao.go.jp/kisei-kaikaku/old/publication/2005/1221/item051221_02.pdf〔2015.3.18.取得〕

国立教育政策研究所（2005）「平成13年度小中学校教育課程実施状況調査：データ分析に関する報告書」教育課程研究センター、1-84頁。

小鹿石蔵・松田正幸（1952）「小・中學校卒業生に對する學力調査」『北海道教育』第5号、14-17頁。

佐藤判三・荻原芳・加藤泰治・瀧田房子（1952）「標準学力検査（小學校算数四、五、六年用）作成について」岩手懸教育研究所『研究紀要』第3集、160-196頁。

時事通信社（本社支局社）（1962）「学力の開き、実体はどうか。教科別成績と、その分布をみる」時事通信『内外教育』（1962.6.5.）2-7頁。

「戦後日本教育史料集成」編集委員会（1983）『戦後日本教育資料集成』（第8巻）三一書房。

高野桂一（1979）「学校経営研究の動向と学力問題」『講座　日本の学力　第15巻　学校経営』日本標準、13-24頁。

滝沢武久（1987）『知能指数―発達心理学からみたIQ―』中公新書。

千葉県総合教育センター（1977）『千葉県の学力―千葉県標準学力テスト20年の歩み』1-537頁。
東井義雄（1984）『村を育てる学力』（ほるぷ現代教育選集―15）ほるぷ出版。
東京都立教育研究所（1975）『東京都教育史稿（戦後学校教育編）』東京都立教育研究所。
徳武　靖（1965）「転換点に立つ文部行政-学力調査中止の背景と新構想-」『内外教育』時事通信、
　　1815号（1965.12.6.）、2-6頁。
新潟県立教育研究所（1952）「国語科学習指導の実態と改善点」『研究紀要』第14集、97-191頁。
日比野文一（1950）「愛知県における中学高等学校生徒の知能テストの実態調査」愛知県教育研究
　　所『研究紀要』第11集、152-180頁。
広田照幸（2001）『教育言説の歴史社会学』名古屋大学出版会。
福島県教育センター編（1974）『福島県教育史第 4 巻（現代編）Ⅱ』福島県教育委員会。
フーコー、ミシェル・田村　俶訳（1977）『監獄の誕生』新潮社。
北海道教育研究所（1953）「標準学力検査問題」『研究紀要』第 5 号、1-205頁。
宮城縣教育委員会事務局（1953）『宮城縣の教育　昭和二十七年度』宮城縣教育委員会事務局調査
　　課、1-312頁。
本山政雄・丹羽　孝（1970）「教育裁判における「学テ」裁判」『教育』国土社,No.257,6-12頁。
文部省調査局調査課（1957）『全国学力調査報告書、国語・数学昭和31年度』1-351頁。
文部省初等中等教育局（1960）「当面する文教政策の重要課題―義務教育の充実・高等学校の振興」
　　『文部時報』999号，16-25頁。
文部省初等中等教育局地方課（1962）「昭和37年度全国小・中学校学力調査について（通達）」『教
　　育委員会月報』No.141,4-27頁。
文部省（1976）「学校における業者テストの取扱い等について」1-6頁。
　　http://www.mext.go.jp/b_….html［2018.6.26取得］
文部科学省（2005）「全国的な学力調査の実施方法等に関する専門家検討会議（第 2 回）議事概要」
　　1-5頁。
　　https://www.mext.go.jp/b_menu/shingi/chousa/shotou/031/gijigaiyou/05121901.htm
　　〔2020.3.31.取得〕
文部科学省（2008）『教育振興形基本計画』1-48頁。
　　https://www.mext.go.jp/a_menu/keikaku/detail/__icsFiles/afieldfile/2013/05/16/1335023_002.
　　pdf〈2017.8.27取得〉
山形縣教育研修所（1951）『山形縣標準学力検査手引　中学校二・三年用』1-56頁。
山形県教育研究所（1953）『昭和27年度　学力調査報告書―國語・社会・數學・理科―』1-30頁。
山形県新入学児童調査問題作製委員會（1954）『新入学兒童調査の手引』山形県教育研究所，1-41
　　頁。
山住正己（1987）『日本教育小史』岩波書店。

コラム ┃ IQ・知能検査

亀田良克

　知能検査は、ビネー（Binet, Alfred 1857-1911）とシモン（Simon, Theodore 1873-1961）により1905（明治38）年にフランスで開発されたものが最初といわれている。ビネー式知能検査は諸外国へと広まったが、各国に合った検査法として改訂されるなかで大きな転換点を迎える。それが知能指数（IQ）の導入である。知能指数の考え方は、ドイツのシュテルン（Stern, William 1871-1938）の提案でアメリカのターマン（Terman, Lewis M. 1877-1956）が実施したスタンフォード・ビネー法で広く普及したといわれている。

　ところで、この知能をはじめとする人の能力や性格等は、あらかじめ遺伝により決定づけられているのか、それとも、育った環境によるのであろうか。

　行動論学者のワトソン（Watson, John B. 1878-1958）は、後天的な学習や環境の重要性を説いた。ダーウィン（Darwin, Charles 1809-1882）のいとこのゴルトン（Galton, Francis 1822-1911）は、優秀な才能の持ち主の家系資料の分析から遺伝との関連性を明らかにした。家系とは無縁に輝かしい功績を遺す者がいる一方で、バッハ一族をはじめ親子やその孫世代までもが活躍している家系があるのもまた事実である。

　しかし、こと学力に関していえば、人は生まれながらに変わりようがない存在だとすれば教育は意味を成さないことになるし、育て方と努力次第という考えは人々に希望を与えるため対立が起こるであろう。その後、ジェンセン（Jensen, A. R. 1923-2012）が環境閾値説（生後の環境刺激によって遺伝的特性が発現するという考え）を提唱し、現在は、遺伝も環境も相互に作用し合うという相互作用説が主流となっている。

　さて、日本では、小学校と養護学校のどちらに就学すべきかの判断材料として、知能検査が用いられてきた歴史がある。1958（昭和33）年に、学校における児童、生徒、職員等の健康の保持増進を図るための法律として「学校保健法」（現「学校保健安全法」）が制定された。そこでは、学校保健計画、健康診断、健康相談、学校医等の設置が規定され、就学時健診時に知能検査を実施することが定められた。その後、学校保健法施行規則第3条の改正に伴い、2002（平成14）年には、それ以外の適切な検査でもよいと改められたが、その実態はほとんど変わっていない。

〈参考文献〉
植原 亮（2017）『自然主義入門：知識・道徳・人間本性をめぐる現代哲学ツアー』勁草書房。

コラム 日本会議
(Nippon Kaigi, or Japan Conference)

町山太郎

　「日本会議」は保守系任意団体である。そのルーツは藤生 明（2017）によると、新宗教団体「生長の家」にあるという。当時「生長の家」は、反共愛国・靖国神社国家護持・現憲法破棄と明治憲法復元を掲げる神道系の教団だった。この「生長の家」信者であり学園紛争で活動をした椛島有三と安東 巖が、全国の民族派学生を組織化したことが発端である。直接的には、「日本を守る会」と「日本を守る国民会議」が統合して1997（平成9）年に組織されたものである。

　「日本を守る会」は、1974（昭和49）年に臨済宗円覚寺貫主・朝比奈宗源によって発足した。この会には、生長の家の創始者である谷口雅春のほか神道、仏教、キリスト教など各宗教団体の指導者や文化人らが集まり、1977（昭和52）年から元号法制化を求める国民運動を行った。この「日本を守る会」の活動は、1970（昭和45）年に椛島よって組織された民族派社会人組織「日青協」が支えていた。

　「日本を守る国民会議」は、元最高裁判所長官の石田和外により1978（昭和53）年に設立された「元号法制化国民会議」を前身に持ち、1981（昭和56）年に宗教界、財界、政界、学界などの代表者約800人が集まり発足した団体である。

　「日本を守る会」と「日本を守る国民会議」が合併して1997（平成9）年に発足したのが「日本会議」である。この背景には、1993（平成5）年に自民党の一党体制が崩壊したことが影響している。日本新党の細川首相は先の大戦を歴代首相として初めて「侵略戦争」を明言した。さらに1995（平成7）年、社会党の村山首相は、侵略行為や植民地支配などへの深い反省を盛り込んだ「村山談話」を発表した。反省と謝罪の国会決議に強く反発し、これを阻止しようと保守陣営は激しい抗議活動を展開したが、最終的には決議された。この一連の出来事により、保守の再結集が叫ばれ、さらにこの時期、公明党・創価学会が伸長していたことも日本会議の設立を促したとされる。

　日本会議の目指すものは、（1）美しい伝統の国柄を明日の日本へ、（2）新しい時代にふさわしい新憲法を、（3）国の名誉と国民の生命を守る政治を、（4）日本の感性を育む教育の創造を、（5）国の安全を高め世界への平和貢献を、（6）共生共栄の心でむすぶ世界との友好を、の6つである。宗教学者である島薗 進は、この「美しい伝統の国柄」とは、国体論的な国家を指すとしている。そして強い国家にするためには天皇の権威が必要という神権的国体論を推進している。「日本会議」の国会議員懇談会には衆参両院の約290人が所属する。令和2（2020）年4月1日時点で安倍晋三首相、麻生太郎副総理が特別顧問を務め、菅 義偉内閣官房長官、大島理森衆議院議長、岸田文雄自民党政務調査会長らがいる。第2次安倍改造内閣では、日本会議国会議員懇談会会員の中から15人が入閣した。

〈参考文献〉
青木 理（2016）『日本会議の正体』平凡社。
菅野 完（2016）『日本会議の研究』扶桑社。
藤生 明（2017）『ドキュメント 日本会議』筑摩書房。

［第6章］
戦後日本の教員養成を振り返る
〜生み出される「マイノリティ化する教員」〜

攪上哲夫

〈本章を読む前に〉

　1886年に制定された「師範学校令」では、第1条目的で、「師範学校は教員となるべき者を養成するところとする。ただし生徒に順良・信愛・威重の気質を備えさせることに注目すべき者とする」として生徒を教育した。すなわち、上長の命令に従属すること、同僚に愛情あふれた信頼を寄せること、児童の行動や態度を重々しく威厳をもって統制する教員の資質を重視した。教員は、給与や労働条件について関心を持つべきでなく、ただひたすら教育という崇高な使命に邁進すべきであり、献身的な職務態度が要求された。

　戦後の教員養成は、戦前の歴史への深い反省の上に構想された。1946年、アメリカ教育使節団は、教員養成は大学が行うべきであると勧告し、教員養成は一般の大学で行われるようになった。1949年、「教育職員免許法」が制定されると、大学で一定の単位を修得すれば、だれでも教員免許を取得できる開放制の免許制度が整備された。戦前の閉鎖的で画一的な師範教育への厳しい反省に立ち、より広い視野と高度な知識と学問を身に付けた教員養成を目指して、大学における「教員養成・開放制・免許状主義」という3つの原則を確認して再出発した。

　戦後70数年が経ち、教員養成は戦前回帰の方向に向かっている。特に、2006年「改正教育基本法」は第1条で、「教育は、人格の完成を目指し、平和で民主的な国家及び社会の形成者として必要な資質を備えた心身ともに健康な国民の育成を期して行われなければならない」と教育の目的を掲げた。

　今日、「資質・能力」というキーワードで、児童生徒を、また教員の

在り方を規定するようになった。「資質・能力」の大まかな規定が法律に存在根拠を持っていることは、文科省が「法的拘束性」を盾に実行を迫り、「育成すべき資質・能力」を明確化したうえで、各教科等の教育目標・内容を定め、それに対応した学習評価を行う。教員は、学習指導要領の内容を従順に、効率的に指導することが求められる。学習指導要領の存在とその中身については、すでに与えられた前提とされており、それ自体を批判的に考察される対象となっていない。

　教員養成の在り方を主軸に、翻弄されている教員を浮き彫りにしながら、戦後打ち立てた教員養成の変質を問うていきたい。

はじめに

　教員という職業は、小中高等学校に限定しても約105万人[1]もいて専門的な職業集団の中では、マジョリティの部類に入る。一般的には、教員の身分や待遇は保障され、安定した職業であるだけでなく、児童生徒の教育を親・保護者から委託される社会的な信頼も受ける職業である。しかしながら、今日の学校教員はマスコミからは「ブラックな職場」と位置づけられ、その待遇や超過勤務の実態は一般企業よりも劣悪であることが知られている。

　例えば、中学校教員の一週間あたりの学内超過勤務時間は20時間を超えており、すべての職種の中で異常に高い数値である。また、うつ病などの精神疾患を抱える者も多い。こうした学校教員の「ブラック化」の問題は、日本の学校教育制度のシステムが抱える問題でもあり、このまま放置すれば現場が疲弊するだけでなく、将来的には教員のなり手も減少していくことが予想される。学校における人材の枯渇を招き日本の教育の大幅な地盤沈下につながる。

　学校教員の養成は大学機関が、教員採用は教育委員会が、教員になってからの研修は学校・教育委員会が担っている。確かに、こうした「養成・採用・研修」の一体化によって教師は教師らしく成長していくが、同時に国や都道府県の教育行政の監理・監督が強まり、現場の教員らが自由に考え、独創的な教育を展開することが難しい時代になっている。

　教員は、学校内において上意下達の事務的業務を遂行することに多くの時間が割かれ、一人ひとりの子どもに目向ける時間を奪われている。また、校長・副校長・教頭・主幹教諭・指導教諭・教諭と非正規教員である講師・非常勤講師、さまざまな職種の教員から学校は成り立ち、まるで役所の職位のようなピラミッド型の校内人事となっている。長時間労働に疲れ果てた教員、希望はあっても非正規教員から抜け出せない非常勤講師のような教員が相当数に上る。

　本章では、こうした「ブラック化」する学校で働き、物理的にも精神的にも追いつめられる教員を「マイノリティ化する教員」と位置づける。過労死ラインを超えての教員の長時間労働や非正規教員の増加は、教員が教員らしく、生き生きと教育に当たることを困難なものとしている。本章では、学校の管理・統制が強化され、それに抗うこと、物言えぬ教員を作り出されてきた背景がどこにあるのか、戦後の教員養成政策の変遷を確認しつつ、マイノリティ化に追い込まれる教員の世界を浮き彫りにする。

1　教員の長時間労働

　広島県を中心とする地方紙、『中国新聞』の記事を紹介する。若手中学校教員の、ある一日の勤務の様子が伝えられた。長時間労働と際限のない業務への対処（大内，2018：46-47）、過酷な勤務実態[2]が読み取れる。これは、全国の中学校教員の日常の業務の様子とも言える。

　　　　　　　「食事する気力なく布団に　広島県内の女性教諭」

　目覚めるのは午前 7 時すぎ。ぎりぎりまで寝て重い体を引きずるように、最低限の身支度をして車に乗り込む。朝食は、車中でかじるパンとコーヒー。「朝 8 時から働き、帰宅は夜 11 時すぎ。食事する気力もなく布団に倒れ込む日もある。」広島県内の公立中の 20 代女性教諭はうなだれる。

　始業後は息つく暇もない。職員会議が終わると担任のクラスでホームルーム。1 日 6 こまある日なら 4 から 5 こまは、授業で埋まっている。移動は常に小走りだ。昼休みはクラスの生徒と向き合える貴重な時間。心身の調子や人間関係、トラブルの有無を把握するためにも、教室にいて話し相手になる。放課後は部活動

が待っている。運動部の顧問を任され、気が抜けない。生徒がけがをすると監督責任を問われかねない。

　生徒の下校後は提出物の点検、学校行事の進行表作り、保護者からの電話への対応…。午後 9 時を回っても 3 分 1 以上が職員室にいる。同僚と、つい愚痴をこぼし合う。「こんな働き方で、よく体がもっているよね」

（『中国新聞』朝刊　2019年3月11日）

　この女性教諭の残業は、月80〜90時間。おおむね月80時間超が目安の「過労死ライン」（佐久間，2018：60-67）を超えている。上記の女性教諭のケースは特別ではない。2016年文科省は、「教員勤務実態調査結果（速報値）」を公表し、国が示す「過労死ライン」に達する週20時間以上の「残業」をした教諭は、中学校で57.6％、小学校で33.5％に上ることが明らかになった。さらに深刻なのは、中学校教諭のうち週40時間以上の「残業」をした教員が8.5％、週60時間以上「残業」をした教諭が0.2％存在したことであった。

　図 6 - 1 は、文科省の「教員勤務実態調査（平成28年度）」の集計である。小・中学校教員の学内における勤務時間を週当たりで計ったものである。この時間数には家庭への持ち帰り勤務は計算されていない。加えて「見えない残業」もある。たとえば休日の部活動指導は「教員の自発性」に委ねられ、勤務時間としてカウントされない。

　文科省は、これまで教職員の時間外勤務は、「公立の義務教育諸学校等の教育職員の給与等に関する特別措置法」（以下「給特法」と略す）により、公立学校教員の残業を「教員の自発的行為」と位置付けており、正式な時間外労働とは認めていない。

　埼玉県教育委員会の新任教員向け資料には、「原則として校長は時間外勤務を命ずることができません」と明記されている。そして、「教育職員は、その職務と勤務態様の特殊性にもとづいて、教職調整額が支給されることとしています」とある。公立学校においては、時間外労働が法律上存在していない。あれだけ長時間働いていながらも賃金は不払いという。新しく教員になろうとしている者に対しても、勤務時間の実態を見えにくくする内容である。

〈図 6 - 1〉 文部科学省初等中等教育局「教員勤務実態調査（平成28年度）」の集計
（速報値）

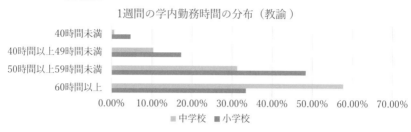

給特法の趣旨は、「教員に時間外労働はさせない」とするものである。仮に時間外勤務を命ずる場合も、「生徒の実習に関する業務」「学校行事に関する業務」「教職員会議に関する業務」「非常災害等のやむを得ない場合の業務」の「限定 4 項目」に限られている。公立学校の管理職以外の教員には、労働基準法第37条の時間外労働における割増賃金の規定が適用除外となっており、時間外勤務手当が支給されない。全員一律に給料に 4 ％の定率を乗じた額の教職調整額が支給されているだけである。

教職調整額の支給額は、昭和41年度に文部省が行った教員の勤務状況調査の結果その他を勘案して、月額 4 ％とされた。昭和41年度調査によると、教員の 1 週平均の時間外勤務時間数は、小学校 1 時間20分、中学校 2 時間30分、平均 1 時間48分であった。このことから、教職調整額は「以上の結果に基づく 1 週平均の超過勤務時間が年間44週（年間52週から、夏休み 4 週、年末年始 2 週、学年末 2 週の計 8 週除外）にわたって行われた場合の超過勤務手当に要する金額が、超過勤務手当算定の基礎となる給与に対して、約 4 ％に相当」するものが支給されると位置付けられた。

もともと教員の給与水準は、一般公務員及び民間企業の給与水準と比較しても高いものではなかった。高度経済成長期には優秀な人材が教育の場に集まらなくなり、教員の人材確保という面から、昭和47年 1 月、超過勤務手当を支給しない代償として給料（俸給）の 4 ％相当額を教職調整額として支給されることとなった。以後、今日まで 4 ％の調整額は変わらず、教員の長時間労働を放置してきたと言える。

教職調整額4％の手当をはるかに超える残業を行っているにも関わらず、実質支払われないまま、それが当たり前、常態化している。行政は、「長時間労働」の問題を根本的に解決しようとせず、時間外労働の対価を支払わず、「不払い労働」を教員に課してきた。

教員は日常的に無尽蔵な労働を強いられている。民間企業なら、時間外に労働をしているのであれば残業代が支払われる。支払われないならば労働基準法違反であり、告発の対象となる。教員の働き方についてマスコミ報道が行われるようになり、文部科学省は2017年12月に「学校における働き方改革に関する緊急対策」を発表し、各種業務の外部化や、時間外労働抑制のガイドライン作成など、働き方改革に向けた提言を行った。しかし、その内容はあまりにも多岐にわたり、業務の中で低減可能な項目の羅列である。

長時間労働との関連から、教員の「休憩時間」について触れておく。学校は年度当初、校長より勤務の割り振りが発表されるが、勤務時間の中に休憩時間があることを教員は実感できないであろう。埼玉県教育委員会が作成した新任教員向け資料「教師となって一歩」には、「休憩時間」は次のように解説されている。

　教師の一日には休憩時間があります。頭と心と身体を休め、リフレッシュする時間をもつことも大切なことです。休憩時間は勤務時間に含まれません。勤務時間等条例では、1日の勤務時間が6時間を超える場合には少なくとも45分、8時間を超える場合には少なくとも1時間の休憩時間を、勤務時間の途中に置かなければならないと定めています。

　一人一人が確実に休憩時間を確保できるよう工夫することが大切です。例えば、緊急の対応で定められた休憩時間が取れない場合、別の時間にずらして取得をしたり、複数で業務にあたる場合などはほかの教員と交替しながら行ったりすることなどが考えられます。

（「平成31年度　教師となって第一歩」）

上記の資料では、休憩時間が制度的に設定されていることを記し、その上で各教員が工夫して取ることを推奨している。しかし、教員は児童生徒が学

校に残っている間に休憩時間をとることは現実的に難しい。そこで、多くの学校は、授業終了後の午後3時から4時台の時間帯に、45分の休憩時間を設定していることが多い。

　しかし、この時間帯は帰りのホームルームや中学校では部活動が始まる時間帯である。会議も児童生徒が帰宅する時間帯を見計らって設定されることがある。実質的に休憩時間を取ることはほぼ不可能であり、埼玉県教育委員会が解説するような休憩時間の取り方は、制度的な設定を示しているが実質的に休憩をとることは難しいと言えるものである。教員の仕事は、献身的に児童生徒と向き合わなければならないが、それは安定した労働環境の上に成り立つものである。今日の教員を取り巻く労働環境は、長時間労働の上に成り立ち、最も向き合わなければならない児童生徒との時間をとることも限られ、この多忙さのなかでは、改革に着手するための時間さえ生み出せない。あまりに多くの業務を学校は抱えてしまっている。

　2017年11月、全日本教職員組合（以下「全教」と略す。）は「教職員の長時間過密労働の抜本的な解消に向けた全教の基本要求」をまとめた。長時間過密労働の背景には、現政権の「教育再生」のもとで進む、管理と統制を強化する教育政策がある。長時間労働の解消を進めるためには、教育条件整備も含め、抜本的な教育政策を転換していかなければならないと全教は主張し、以下の要求を公表した。

「教職員の長時間過密労働の抜本的な解消に向けた全教の基本要求」（抜粋）

①教職員の定数改善を抜本的に行うこと。少人数学級を小学校から高校まで実現すること。

　＊教員一人の持ち授業時間数に上限を設定し、子どもたちの教育に必要不可欠な授業準備や研修の時間を確保することです。全教は文科省に「当面の上限を小学校20時間、中学校18時間、高校15時間とすること」を求めています。

②授業準備にかかる時間を、勤務時間内に保障すること。

---

③給特法の名称を「教育職員の労働時間の適正な管理と給与等に関する
　法律」に改め、以下の重点を盛り込んだものとして改正すること。

　　＊「教育職員を正規の勤務時間を超えて勤務させる場合は、政令で定
　　　める基準に従い条例で定める場合に限るものとする」としている給
　　　特法第6条および第6条の規定にある「原則として時間外勤務を命
　　　じないものとする」とした政令を堅持することです。

　　＊各学校における校長による適正な勤務時間管理を制度化することで
　　　す。

　　＊週当たりの実労働時間の上限を規定することです。

　　＊実労働時間が法定労働時間を超えた場合には、労働基準法第37条に
　　　準じて計算した時間外勤務手当を支払う旨の規定を設けること。ま
　　　た、そのための予算を政府・文科省の責任で確保することです。

　　＊教職調整額については、現実に勤務した時間に対する事務的な精算
　　　という性格の賃金の一部支給と見て、これを超える時間外労働が
　　　あった場合には精算することです。

④任命権者と服務監督権者、管理職は労基法や労安法にもとづき、学校
　現場の実情に応じた環境整備を行い、教職員のいのちと健康を守るた
　め責任ある役割を果たすこと。

⑤教職員の長時間労働の大きな要因の一つとなっている部活動について、
　勝利至上主義を改めるため有効な施策を打ち出すなど、抜本的に見直
　すこと。当面、子どもたちの生活にゆとりを生み出し、成長・発達に
　とって不可欠な休養日の確保、中学校部活動の全国大会を見直すこと
　など具体的な検討を進めること。

⑥以上の要求を文科省が真摯に受け止め、教職員の長時間過密労働の解
　消に向けて、全教を含む教職員組合との誠実な協議・意見交換の場を
　持つこと。

　教員は一人の「労働者」であることを自覚する余裕もなく、日々の業務に
追われている。全教の要求は、労働者のまっとうな要求であり、組合として
行政、政府と交渉するところから、少しずつ解決策が見出されていく。最終

的には教職員一人ひとりが、自分の問題として教員の長時間労働問題を考え、組織を挙げて要求・提案・交渉していかなければ本質的な問題解決とはならないであろう。

2　非正規教員の増加

　公立小中学校は、教員採用試験で採用された「正規教員」と、それ以外の「非正規教員」が児童生徒の指導に当たっている。近年「非正規教員」の割合が増加するとともに（勝野，2018：68-69）[3]、非正規教員の厳しい労働環境が報道されるようになった。愛知県他中部地方で発行されている『中日新聞』の記事を紹介しよう。

「忙しさ正規教員並み…でも低い処遇」

　「中学校は本当に大変。二年しか続かなかった」。五十代前半の女性は四十代後半のとき、三重県内の公立中学校で常勤講師を務めた。県立高校では約二十年間、常勤などで勤務してきたが中学校は初めて。授業をしながら三年生の副担任をもち、入試の願書の書き方も指導した。

　運動部の顧問として土日は生徒を試合に連れて行くこともあった。終わると学校に残ってテストを採点したり、二百冊ものノートを確認したり、平日は職員会議などで帰宅時間は午後九時ごろになった。幼子を抱え、夜中に翌日の晩ごはんを準備する日々を送った。まさに「多忙」とされる正規教員と同じ。でも給与は月額二十万円台前半と、同年代の正規より大幅に少なかった。「仕事内容は変わらないのに、差があるのは腹立たしい。忙しすぎて教員採用試験の勉強の時間もとれない」と明かす。

（『中日新聞』朝刊　2018年2月11日）

　常勤講師は、地方公務員法第22条で「臨時的任用教職員」に位置付けられ、正規教職員とほぼ同様の職務を担っている。臨時的任用教職員は地方公務員法により6か月が任用期間になる。一度だけ更新が可能で通算すると1年が限度となる。臨時の任用であり、1年を越えるのであれば正規教員を配置するべきという法の考え方による。臨時的任用教職員の多くが、任用と任用の

間に1日から数日を空ける空白期間を設けている。この空白期間が入ることにより、ボーナスに相当する「期末勤勉手当」の期間から除算される。期末手当80％（在職期間5か月以上6か月未満）、勤勉手当95％（勤務期間5か月15日以上6か月未満）の支給となり、毎年度退職手当は支給されるが、継続勤務者に支給される退職手当額より、低廉である。給与も正規より低く抑えられている上、日本教職員組合（以下「日教組」と略す。）によると、10〜15年勤務すると30万円前後で頭打ちになる自治体が多いという。また、次年度も職があるかどうか年度末にならないと分からない。正規教員の人事異動が終了してから補充の必要性が発生するからである。雇用が不安定な上、正規教職員とほぼ同様の職務を担っているにもかかわらず、待遇面での格差が著しい。

　臨時的任用教員には、国からの人件費の補助が出る「産休・育休の代替者（定数外）」と各自治体の裁量によって採用されている「その他の臨時的任用教員」に分かれる（図6‐2）。仕事の内容は、正規教員とほとんど同じだが給与面での格差が著しい。臨時的任用教員以外に学校の業務にあった専門的なスタッフとして、勤務時間や勤務日、勤務の内容ごとに配置された非常勤教職員が非正規教員に位置付けられる。資格を持ったスクールカウンセラーやスクールソーシャルワーカー、学習支援などの正規教職員の補助的な役割を担っている。

　非正規教職員が近年増加をしている主な要因としては、国の政策として公務員の総人件費抑制が行われたことによる。いわゆる総額裁量制（義務教育国庫負担金の総額の範囲内で、給与額や教職員配置に関する地方の裁量を大幅に拡大）が2004年に導入された。それまでは、国庫負担金の額が決められ、費目間での流用ができない制度であったが、総額裁量制の導入により、国庫負担金の総額の中で給与や人数を地方自治体が決めることができるようになった。この制度の導入により各県の自主性が認められたことを背景に、臨時・非常勤教職員の配置状況は都道府県で大きく異なる。

　2011年度では、臨時的任用教員の割合は全国平均で7％であるが、最も割合の高い沖縄県の16.8％から最も低い東京都の1.0％までばらつきがある。財政状況が逼迫した自治体ほど人件費を抑制せざるを得なくなり、正規の採

〈図6-2〉公立小・中学校の臨時的任用教員数の推移（初等中等教育局財務課調
　　　　　べ）

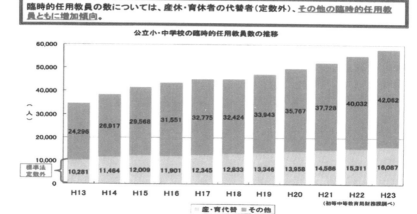

注）上記の臨時的任用教員数には、養護教諭や栄養教諭が含まれていない。

用試験を経ず、体系的な研修を受けていない非正規教員の割合が過度に大き
くなる傾向にある。

　中日新聞の女性教員の事例にもあるように、臨時的任用教員は日々の業務
に追われ、同一労働同一賃金からはかけ離れた給与しか得ることができず、
教員採用試験の準備をする余裕もなく、教員としてのキャリアも十分身につ
かない。教職員全体が将棋の駒のように、職種や賃金で分断され、働かされ
ているのが現在の学校である。分断された教職員一人ひとりの声を届けるに
はどうしたらいいのだろうか。

　次に、職場環境の改善を労働組合としてどのような運動を提案、実施して
きたのか、中心的な労働組合である日教組と全教の長時間労働、非正規教員
問題への取り組みについて紹介する。

3　日教組・全教の取り組み

　教職員組合である日教組と全教は、教育政策をめぐり文部省（文科省）と
長年にわたって対峙してきた。しかし、一般の教職員の労働組合離れが加速
するにしたがい、その組織力が著しく低下していった〈表6-1〉。文部省

（文科省）は1958年より日教組の組織率と新採加入率を調査してきた。日教組の組織率は、1958年調査開始時は86,3％に上り（レオナード，2004：137-138）、ほとんどの教職員が組合に加入をしていた。

しかし、今日、日教組と日教組から分裂した全教の組合員を合わせても、組織率は30％に届かない。〈表6-2〉は、2018（平成30）年10月1日現在の、日教組、全教、そのほかの組合の加入状況を文科省調査がまとめたものであ

〈表6-1〉日教組組織率の推移（文科省「日教組加入率・新規加入率の推移」）より

年	1958	1960	1965	1970	1975	1980	1985	1989	1990
組織率	86.3	81.8	63.3	56.2	55.9	52.0	49.5	46.7	36.9
新採加入率	未調査	76.9	55.2	51.2	53.1	37.2	30.9	20.2	19.6
年	1993	1998	2003	2008	2013	2015	2016	2017	2018
組織率	34.4	32.3	30.4	28.1	25.3	24.2	23.6	22.9	22.6
新採加入率	18.7	18.9	19.5	22.4	18.6	18.8	18.6	19.2	19.9

〈表6-2〉教職員団体への加入状況（文科省　平成30年10月1日現在）

	教職員全体の加入状況		新採用教職員加入状況	
	加入者数	割合	加入者数	割合
日本教職員組合（日教組）	230,294	22.6	7,167	19.9
うち教員	217,669	26.3	6,91	20.5
全日本教職員組合（全教）	36,497	3.6	414	1.1
うち教員	33,661	4.1	386	1.1
日本高等学校教職員組合（日高教　右）	8,244	0.8	192	0.5
うち教員	7,688	0.9	184	0.5
全日本教職員連盟（全日教連）	19,750	1.9	623	1.7
うち教員	17,062	2.1	585	1.7
全国教育管理職員団体協議会（全管協）	3,737	0.4	0	0.0
うち教員	0	0.0	0	0.0
その他	41,065	4.0	863	2.4
うち教員	14,968	1.8	671	2.0
合計	339,587	33.3	9,259	25.7
うち教員	291,048	35.2	8,737	26.0
非加入	681,270	66.7	26,838	74.3
うち教員	536,866	64.8	24,926	74.0

る。6割以上の教職員が組合に加入しておらず、組織で職場内の問題を話し合い、校長や教育委員会と長時間労働問題などの改善を要求する場がない。

　学校に分会（学校にある組合の会）があれば、教職員の権利を知り、職場環境の改善を要求することが可能である。組合の中央本部は、国の教育・労働政策等の問題点を調査・分析し、提言を行っている。例えば、日教組の「政策制度　要求と提言　2017〜2018年度版」（2017年8月）では、「臨時・非常勤教職員等の処遇改善と雇用安定」について以下のような提言を行っている。

「日教組　政策制度　要求と提言　2017〜2018年度版」（2017年8月）

（政策目的）

○臨時・非常勤教職員等の処遇改善と雇用安定をはかる。

（具体策）

1）地公法・地方自治法改正を受け、自治体での条例・規則等の改正を行うこと。

2）臨時・非常勤教職員に対して、経験や職務に応じた賃金の適正な支給を行うなど、同一価値労働同一賃金とすること。

3）臨時的任用教職員の初任給格付けの制限・昇給上限の撤廃、あわせて臨時的教員は、教育職2級の適用をすすめること。

4）非常勤教職員の報酬は在勤に係る手当等を含んだものとすること。また、時間外勤務手当、期末手当を支給すること。

5）非常勤教職員への手当支給が可能となるよう地公法・地方自治法等を改正すること。

6）休暇等については労働基準法、男女雇用機会均等法等を下回ることのないようにすること。また、諸権利についても正規職員と同様にすること。

7）任用は業務に応じたものとし、空白期間を撤廃すること。

8）社会保険について事業主変更となっても要件を満たす場合、資格を継続させること。

9）採用試験における受験年齢制限の撤廃、経験等による試験の緩和を
すすめること。

10）大学法人・私立学校等の非正規教職員、公立共済の医療職場の非正
規職員について、正規化を促進するなど労働条件の改善を行うこと。
18年4月の無期転換ルール回避目的での雇止めをしないこと。

　労働組合の中央本部は、教育政策についてさまざまな提言を行い、各都道
府県本部・支部・単組・分会におろし、それぞれの機関で討議を行い、吸い
上げ、意見を集約して対文科省交渉を行っていく。

　本章では、教員の長時間労働と非正規教員の増加について二つの組合の提
言を紹介した。2006年教育基本法「改正」以来、教職員の管理強化、統制が
進行している。組合の組織率の低下とともに、組織として職員の労働条件、
教育問題を要求していくことが困難となっている。教職員一人ひとりが、お
かしいことはおかしいと声を上げ、さまざまな問題について組織で改善をし
ていくことが重要である。

　しかし、一人ひとりの教職員が声を挙げようとしない、できない構造が現
在の学校にあるとすれば、その要因は何であろうか。教職員組合に加入しな
いのはなぜなのか。教職員組合に対する政府による敵視攻撃は従来から行わ
れてきたが、声を上げようとしない、できない、「ブラック化し、マイノリ
ティ化する教員」が生み出される要因の一つとして、戦後打ち立てられた教
員養成の変質にあるのではないか。特に、教職課程における「実践的指導
力」の強調、学校現場経験者である「実務家教員」の指導は、「教員養成・
採用試験・初任者研修」と初期の教員段階での影響力が非常に強い。実務家
教員の増員が実は、日本の教員を「マイノリティ化する教員」とする最大の
元凶ではないだろうか。

4　戦後における教員養成政策の基本方針

　日本の教員養成は、戦前は師範学校や高等師範学校等の教員養成を目的と
する専門の学校で行うことを基本としていたが、戦後においては幅広い視野
と高度の専門的知識・技能を兼ね備えた多様な人材を広く教育界に求めるこ

とを目的として、教員養成は大学で行うこと（「大学における教員養成」の原則）とした。また、国・公・私立のいずれの大学でも、教員免許状に必要な所要の単位に係る科目を開設し、学生に履修させることにより、制度上等しく教員養成に携わることとした。教員養成制度が立ち上がったころの経過については、海後宗臣『戦後日本の教育改革8　教員養成』（海後、1978：360-369）が戦前から戦後にかけての教員養成政策の転換を詳細に書き残している。海後宗臣の著作を概観しながら、戦後の教員養成の原則を確認しておこう。

　1946年、第一次米国教育使節団が提出した報告書（村井，2008：91-95）は、我が国の教員養成についての重要な提案を行ったが、米国教育使節団が到着する以前に、占領軍総司令部内の「民間情報教育局」（「Civil International and Educational Section」＝CIE）は"Education in Japan"という改革提案を行っていた。このCIEの作った冊子は、日本の教員養成全般にわたって米国教育使節団のために説明したものである。米国教育使節団による教員養成についての原則的提案として、次のような勧告が行われた。まず今後は教師を民主主義教育の代行者たらしめるように正しく向き直さなければならない。このため、特定の準備教育を受ければ教員免許が与えられないようにする。

　教員養成のカリキュラムについては、第一が全般的な普通教育、第二は教える教材についての特別な知識、第三は教師の職務の専門性についての知識、と言った3つの観点から具体的な内容が挙げられた。その勧告案によると、戦前に創設された師範学校はもっと優れた専門的準備教育とさらに十分な高等普通教育を施すように、教師養成のための専門学校あるいは単科大学となるべきであると指摘された。

　こうした米国教育使節団報告書等を受けて、教員養成及び教員に関する問題について論議した「教育刷新委員会」第17回総会（1946年12月27日）は、「教員の養成は総合大学および単科大学において教育学科をおいてこれを行う」という教員養成の基本方針を採択した。この原則を「大学における教員養成」の原則と呼ぶ。

　これに基づき、教員免許は「教育職員免許法」にしたがった教職課程を置

く大学ならば、いずれの大学でも教員養成を行うことができるという「開放制教員養成制度」がとられ、先の「大学における教員養成」とともに、戦後の教員養成における二大原則が確立した。

　また、大学基準協会が1947年7月に設立され、「新制大学における教職的教養基準設定に関する提案」が採択された。「提案」は、「教職者は人間としての豊かな一般教養と専門学科に関する精深な知識技能と更に十分なる教職的教養との三者を調和的に身に付け以て新しい社会における有能なる教師たる実践的使命を果たさなければならぬ」と述べ、戦後の教師像の基本的な考え方が提起された。

　新しい教師教育の制度は、1949年5月31日に「国立学校設置法」が施行され、全国に学芸大学7校、学芸学部19校、教育学部26校が発足することとなった。これらの大学・学部は、いずれも教員養成を主としながら、研究教育の組織および教員養成のための学科課程の構造に特色を持っていた。学芸大学および学芸学部は教員養成に自己完結的であったが、教育学部は文理学部等との協力のもとに教員養成を行った。また、教育学部のうち、旧帝国大学、旧文理科大学に設置されたものは、必ずしも教員養成を主要な任務としなかった。

　さらには、同日公布された「教育職員免許法」、「同施行令」によって今日に至るまで戦後の教師教育の原則が確立された。一つの型にはまった戦前の師範教育の反省から、戦後、教員養成の二大原則を踏まえつつ中教審、教養審で教員養成の在り方についての様々な答申が提示されてきた。それは必ずしも米国教育使節団の教員養成の理念とは一致せず、戦前の師範教育を想起させる内容でもあった。

　次に、中教審・教養審答申等より教員養成がどのように変化してきたのか、「教員の資質」「実践的指導力」「実務家教員」をキーワードに考えてみよう。戦後、文部大臣（文部科学大臣）は、中教審、教養審に対し「教員の資質」についての諮問を行った。これら中教審・教養審答申から、時の政府は、教員をどのようにとらえ、求めてきたのか、答申より教員像を確認してみよう。

　1957年、灘尾弘吉文部大臣は「教員養成制度の改善方策について」中教審に諮問した。その諮問理由は、「学校教育の成否は、これを担当とする教員

の教育力のいかんに左右されるところが極めて大である。したがって学校の種類に応じ、望ましい質の教員の適当数を養成してこれを適正に配置する。」「教員の資質については必ずしも認めがたく」とあり、「教員の資質」をはじめて問題とした。この諮問の背景には、中教審第3回答申（1954年）「教員の政治的中立性維持に関する答申」と関連がある。

　そこでは、「公務員の身分を有する教員の政治的中立が保てない現状を憂い、心身未熟な生徒・児童への影響力を憂慮」したのである。当時は日教組の組織率が80％を超え、政府の教育政策等に反対する抗議行動が盛んな時代であった。日教組の政治行動にブレーキをかける意味を含め、「教員の資質」を問題とした。組合運動を主導する日教組対策から「教員の資質」が答申されたと言っても過言ではない。

　第16回中教審答申（1958年）は、戦後の重要な教員養成の原則とされた「開放制」を問題として、「目的大学」化の必要性を打ち出した。教育職員免許法が制定された当初の「開放制」とは、国立、公立、私立の差を認めず、一定の基準を満たせば教育職員免許状の授与権限を認可するということであり、制度が戦前に比べて単純化し開放的になったことを意味する。しかし、答申では、義務教育学校の教員養成については、児童生徒の教職教養、担当教科の学力が必要とされることから、「小学校教員の養成を目的とする大学」「中学校教員の養成を目的とする大学」で教育する必要があり、公立の義務教育学校教員の必要数を養成するため、国は教員養成を目的とする大学（学部）を設けることを提言した。教員の「目的大学」化構想である。

　当時の中教審は、教育職員免許法に定める所定の単位を履修した者に対してはすべて教員の資格を与える開放的制度が、教員に必要な学力、指導力すら十分に育成されない実情を憂慮し、「目的大学」化の必要性を打ち出した。同答申は、教員に必要な資質として、「一般教養」、「専門学力（技能を含む）」、「教職教養」の3つを挙げ、教員の「資質」の内容を具体的に言及した。しかもこれらが教師としての人格形成の目的意識を中核として有機的に統一されることが必要であるとした。教員を志望する学生に対しては、大学教育を真摯に受けることが基本的な前提であり、戦後の教員養成の原則を押さえた答申となっていた。

　1971年、中教審答申「今後における学校教育の総合的な拡充整備のための基本施策について」答申が出された。教員養成については、「教員としての自覚を高め、実際的な指導能力の向上をはかるため、まず新任教員の現職教育を充実するとともに、その的確な実施を保障するため、特別な身分において１年程度の期間、任命権者の計画のもとに実地修錬を行わせ、その成績によって教諭に採用する制度を検討すること」とある。

　いわゆる試補制度の導入を提言した。この提言は、関係機関の反対もあり実現しなかったが、学校現場での教員の指導力を「実際的な指導能力」と押さえ、教員の創造的な教育指導と学校現場から積み上げていく民主的な教育指導を排除する考え方であった。この答申はその後の官制研修強化へとつながったものであった。

5　実務家教員の登場

　1978年、第24回中教審答申「教員の資質能力の向上について」が出された。答申では「大学においては、教科教育、教育実習その他実際の指導面に関する教育の充実に留意して教育課程の改善を図ること。その際、初等中等教育において十分な教職経験と教育研究上の実績を持つ者を進んで大学に招致するなどの配慮をすること」を挙げ、大学の教職課程の改善と、教職課程担当教員への根強い不信を表した内容となっている。

　義務教育段階の教員を養成するためには、学校現場経験のある教員（「実務家教員」）の登用が必要であることを明記した。同答申では、新任教員に「実際的な指導能力」を求め、就任早々の新任教員であっても、学級経営を担い、教科指導・生徒指導も過不足なく指導できる教員を求めるものであった。大学の教職課程の目標と内容を、より学校現場に即した実際的な指導内容に改めるよう求めてきたものであった。

　1984年、文部省の枠を超えて政府全体の取り組みの中で進めていく、総理大臣直属の臨時教育審議会（以下「臨教審」）が設置された。1987（昭和62）年、臨教審第２次答申では新任教員が「実践的指導力と使命感を養う」ことを目的とした初任者研修制度の導入を答申した。同答申は、教育公務員特例法等の関連法規の改正を受け、1989（平成元）年、全小学校新任教員より順

次執り行われ今日に至っている。

　新規採用された教員に対して採用の日から1年間、実践的指導力と使命感を養うと謳われ、条件附採用期間も1年間に延長された。前述の日教組新任教員加入率（表6-2）を見ると、初任者研修制度がスタートした1989（平成元）年より10パーセントも日教組の加入率が下がっていることが確認できる。大田　堯[4]は、「子どもとともに育つ教員は、学問や芸術を愛する自由な雰囲気の中で初めて育つと」と述べているが、初任者研修制度は鋳型にはまった教師づくりであり、戦前の師範教育への回帰ともいえる。

　臨教審答申を受け、1997（平成9）年、教養審答申（「新たな時代に向けた教員養成の改善方策について」）では、採用当初から学級や教科を担任しつつ、教科指導、生徒指導等の職務を著しい支障が生じることなく実践できる資質能力を新任教員に求めた。これらの資質能力を身に付けさせる責任は大学にあり、教職課程の一層の実践化が進むこととなった。そのために、小・中学校等における教職経験が豊富で、特色ある教育活動を展開している教員による指導が効果的であるとし、「実務家教員」の登用を促進させる答申でもあった。

　この実務家教員に関する問題点について、山崎準二は「実務家教員の業績評価が曖昧のままで採用等が進行している。この問題は教職大学院における設置審査において起こってきた問題であるが、学部段階の教職課程設置審査等においても初等中等学校の経験を有する者の配置が推奨されることが多いことから、養成教育全体の問題である」（山崎準二，2010：38-39）と指摘している。1980年代以降、文部省は教員養成に必要な課題として「実践的指導力」を強調するようになったが、その根拠や理由は何だろうか。「実務家教員」とは、これまでの大学教員＝高度な知的専門家集団というイメージからはかけ離れ、学術研究とは無縁な実践的指向を持つ教員を指している。それは、大学における学術研究を中心としたアカデミックな体制に対する批判を内包するものであった。

　大学の教職課程教員への強い批判としては、1999（平成11）年の教養審答申（「養成と採用・研修との連携の円滑化について」）において、大学の授業をより優れたものとするためには、外部評価の導入が必要であること、外部

評価を行うものとしては、教育委員会や現職教員（退職教員を含む）等を挙げている。その骨子は、以下のような内容である。

①現職教員を、教職課程を担当する常勤・非常勤の大学教員として任用することが必要である。

②大学教員が現職経験のある者を自らの授業のスタッフとして活用する方法等、多様な活用方法を検討することが必要である。

③教員養成大学・学部において教員養成に携わる大学教員の中に、教員養成を主たる目的とする学部の大学院において養成された者が加わることが、教員養成の実践性を高め、教職課程について指摘されてきた問題点を改善する上で重要であり、中でも各教科の指導法を担当する教員の養成の充実が必要である。

④教員養成学部の大学院に小・中・高等学校等における教職経験者を積極的に受け入れ、大学の教員養成課程の教員として活躍できるような、専門的な研究能力を身に付けさせていくことも望まれる。

これは、教職課程担当教員の選別（文科省調査，2016）[5]を示唆し、大学の教職課程を根底から覆す答申内容であった。

2002年中教審答申（「今後の教員免許制度の在り方」）では、適格性を欠く教員には厳しく対処し、閉鎖的な学校組織や教員社会に緊張感を醸成させる「教員免許更新制」を検討した。「指導力」の低い教員の排除と、教育委員会、管理職の強い権限といった側面が隠されていた。2006（平成18）年の中教審答申（「今後の教員養成・免許制度の在り方について」）では、「教職大学院制度」創設が提起されている。将来、教職大学院を修了した者の中から、実務家教員の候補を養成する意味合いも含まれている。

2015（平成27）年の中教審答申（「これからの学校教育を担う教員の資質能力の向上～学びあう育成コミュニティの構築に向けて」）では、大学と教育委員会の連携強化が推進され、教職課程の内容も学校現場のニーズに応じたカリキュラム編成を企図したものとなっている。従来の中教審答申では、「理論と実践」というキーワードが多々使用されていたが、この答申では皆

無である。教養的な教育としての「教育学教育」という視点が欠如をしている。学習指導要領の範囲内の指導力さえ持てば教員として務まるという認識は危険である。

　戦後日本における教員養成の分野で、学校現場を経験した実務家教員（油布，2017：46）が大学の教壇に立つようになり、そのことが学校現場にどのような影響を及ぼしてきたかを総括してみたい。実務家教員を積極的に受け入れることは1986年の臨時教育審議会第二次（以下「臨教審」）答申以降、1996年の中央教育審議会（以下「中教審」）答申、1999年の教育職員養成審議会（以下「教養審」）答申などでも表明され、大学における教員政策の文脈から実務家教員は導入されてきたものである。この「実践的指導力」とは何を指すのであろうか。

　佐久間亜紀（佐久間，2006：147-148）は、「指導力」を知識の深さとする考え方、「指導力」を教育方法や技術とする考え方、「指導力」を「人間力」とする考え方の３つに類型化して、「実践的指導力」とは何かを類型化しようと試みている。詳しくは佐久間（2006）に譲るとして、その内容を簡単に紹介しておきたい。

　第一は、「実践的指導力」を「学問」、「学識」だとする考え方である。授業を通して「何を」教えるのか、授業で伝える知識内容とその基盤にある学問を理解する力量こそが、教師の指導力だとする考え方である。

　第二は、「指導力」を教育方法や技術とする考え方であり、「方法」や「技術」をどう習得させるかを重視する理念である。この考え方は、教員養成を高等教育レベルで行う必要性や必然性については、脇に置かれる場合が多く、教育実習期間の延長によって、専門科目が削減され、実験や卒業研究に充てる時間を確保できずに、「教育実習」は無条件によいもの、必要なものとされており、その内実や効果を冷静に相対化した実証的議論が少ないと佐久間は疑問を呈している。

　第三は、指導力を「人間力」とする考え方であり、「実践的指導力」とは教師の人格そのもの、教師の「人間性」の語に象徴される漠然として実感に支えられ、近年の世論の保守化に伴い無視できない頻度で聞かれるようになってきたものである。例えば、養成教育の「教職実践演習」や採用段階で

の「面接重視」、採用後の「初任者研修」・「教員免許更新制」など、教師として「人間力」のない者をふるい落とす様々な関門が待っている。今日では、教育行政が主催する「教師塾」（文科省，2018：11）等、これらの「人間力」を直接的に養成しようとする疑似「師範学校」が取り組まれている。

おわりに

　本章は、学校の「ブラック化」に伴う教員の様々な問題を指摘したが、その背景には、戦後の教員養成政策の変容が大きな要因として存在することを指摘した。とりわけ、大学における「実務家教員」の採用が、学校教育の実践的・実際的指向を生み出し、教員を多忙化へと追い込んでいった。こうした実務家教員は、1986年の臨時教育審議会（以下「臨教審」と略す）答申以降、1996年の中央教育審議会（以下「中教審」）答申、1999年の教育職員養成審議会（以下「教養審」と略す）答申などで表明され、大学における教員政策の文脈から実務家教員の導入がなされてきた。

　今日の教員養成政策は、「実践的指導力」を強調することにより、学習指導要領の範囲内での教育技術を、学生に、初任者に、そしてベテラン教員にまでも身に付けさせようとしている。今後は、修士レベルの教職大学院が拡充され、教職の高度化を図っていくだろうが、修士レベルにまで進学できる経済的に余裕のある学生と、そうでない学生とは、教員になる以前に格差が生じていくこととなる。

　さて、第1節、第2節で取り上げた教員の長時間労働問題と非正規教員の増加は、1980年代以降の政治主導の教育改革、教員養成政策と連動した形で進行をしていった問題である。現在、教育現場で働いている20代から50代までの教員は学生時代を、1980年代以降の教職課程で学んできた世代である。「学校では政府の見解を教えるのが当然」「学校教員は上司の命令に従うことが当然」といった考え方の高まりとともに、「教職員組合に加入することは反政府の側に立つことで受け入れられない」といったネガティブな見解の広がりがあるのではないか。おかしいことをおかしいと物言わぬ沈黙する教員の増加は、初任者研修の「成果」であるともいえる。

　佐久間亜紀は、「教員養成の開放制および大学の自律性を重視する考え方

が、今の日本でどこまで支持されているか定かではない。」（佐久間，2017：93-96）と疑問を呈しながら、「大学はまず教育公務員としての教員を養成すべきであり、教員志望者には日本政府の方針に基づいた教育内容を教えつつ、それをうまく子どもたちに教えるかの教育技術を育てるべきなのでしょうか。それとも、大学はまず学問の自由に基づいて真理を探究し、特に論争的な見解のある事柄については多様な見解や学説を教えつつ、学生や教員志望者に複眼的な思考力を育てるべきなのでしょうか」と問いかけている。

　1947年1月18日、文部省は、新しい学科課程の研究を促進するため各師範学校長宛に「学科課程案の研究について」の通牒（北神，1997：133-144）を出した。ここには新しい教員養成の考え方が通牒されている。

　従来この内容や運営の仕方までも、全国一律に文部省が決定し指示してきたのですが、民主主義の見地から考えて今後もそういう仕方でよいのでしょうか。教育者がみずからの現場における経験に立脚し、深い反省の上に、これからの新しい社会が要求する最もよい教育はそのようにして作られるべきかについて全員協議を重ね、練り上げた案を文部省に提供し、文部省と全日本の現地人の衆知を集めて大まかながら国としての方針を立て、地方の実情に即する自由裁量の余地を出来るだけ多くして運営のことは学校の自由と責任に委ねるほうが実際的でもあり民主的であるではないでしょうか。

　このように各学校での取り組みに新しい制度の下での内実形成を委ねる姿勢を示していた。民主主義を基調とする教員養成を、文部省自ら師範学校に通牒していたのである。この事実を忘れてはならない。こうした思想の下で教員養成を進めていくならば、「マイノリティ化する教員」を生み出すような職場環境にはならなかったと言える。

〈注〉
（1）平成30年度文部科学統計欄によると、小学校459,155人、中学校293,086人、高等学校307,019人、計1,059,260人の本務教員数である。このほか特別支援学校、義務教育学校、中等教育学校を合わせると、1,154,190人の本務教員数に上る。
（2）日本の学校教員の労働時間は国際的に見て極めて長い。「OECD国際教員環境調査（TALIS）」

　　の2013年調査結果によると調査団34か国中、教員の仕事時間は日本が最も長い。

（3）勝野は、世界的規模で教職の非専門職化と呼ばれる現象が進行しており、その主要な側面の
　　一つが身分保障の脆弱化であると述べている。具体的には、従来は保障されていたテニュア
　　（終身在職権）の剥奪や公務員身分から契約雇用への切り替えが行われ、非正規・有期雇用が
　　増加していると言う。

（4）日本教育学会主催シンポジウム「教員の資質能力の向上方策について」「はじめに」（1986年
　　12月18日）で大田は、この答申に対して「臨教審の経過報告の中ではどちらかというとやは
　　り依然として教える専門家としての教師の力が力説されて、子どもを個性的に育てる専門家
　　としての教師ということへの強調がどうしても薄いのではいか」と批判している。

（5）中教審初等中等教育分科会教員養成部会「2016（平成28）年度教職課程認定大学等実地視察
　　について」で文科省は「教職課程は各学科等の目的・性格と免許状の教科等専門性が担保さ
　　れることが確認されて認定されるものである」との立場から、課程認定の各大学等の調査を
　　実施した。

〈参考・引用文献一覧〉
大内裕和（2018）『ブラック化する教育2014-2018』青土社。
岡山大学教育学部研究集録（1997）「戦後教員養成カリキュラムの形成過程に関する研究～文部省
　「学科課程案の研究について」（1947年）に対する師範学校の回答文書の分析─」
　（北神正行）
海後宗臣（1978）『戦後日本の教育改革8　教員養成』東京大学出版。
勝野正章・庄井良信（2016）『問いからはじめる教育学』有斐閣ストゥディア。
佐久間亜紀（2006）『教師教育改革のゆくえ─現状・課題・提言』創風社。
日本教師教育学会（2017）『どうなる日本の教員養成』学文社。
民主教育研究所（2018）『人間と教育　97』旬報社。
レオナード・J・ショッパ（2004）『日本の教育政策過程』三省堂。

コラム｜反省的実践

攪上哲夫

　「反省的実践」は、1980年代のアメリカ、マサチューセッツ工科大学の哲学教授であるドナルド・ショーン（Schön, Donald Alan 1930～1997）が、『反省的実践家—専門家は活動過程でどう思考しているか』で提唱した概念である。

　ショーンは、建築や都市計画、経営コンサルタントなどの専門家の事例研究を通して、これまで科学的技術の合理的適用を原理としていた専門家の「技術的実践」にかわって、現代の専門家は「活動過程における省察」を原理とする「反省的実践」において専門性を発揮しているとした。

　建築を例に挙げるならば、モデルルームの住宅は、建築部材を機械化された工場で生産し、現地で短期間に組み立て、工場でつくり込んだ品質をそのままの形に仕上げ、理想的な仕上がりを実現するという。この家づくりに対して伝統的な日本家屋建築の仕事は、顧客のニーズを把握し、建前から木材の加工とそれらを使った組み立てを行い、常に顧客の反応を見ながら組み立ての修正を図り、顧客とともに住宅を作り上げていく。

　技術的実践の例として「モデルルーム」を、それは、どんな状況にも有効な科学的な技術と原理を基礎として建築するのに対して、日本家屋の建築は、大工の経験によって培った暗黙知を駆使して省察し、顧客と対話しつつ反省的思考を展開して複雑な工程に生起する複合的な問題の解決に顧客ともに取り組む、「反省的実践」の「わざ」である。この「反省的実践」の様式を教育、授業に応用したのが「反省的授業」である。

　ショーンは、省察的実践者としての教師は、生徒たちに耳を傾けようと試みる。教師は、生徒の状況に対面して一連の問いを自分自身に投げかける。この場合この生徒はいったいどのように考えているか、生徒の混乱はいったい何を意味しているか、その反応を確認しながら、計画された授業計画を修正し、授業展開のアイデアを思い描く。教師と子どもが相互に反省的思考、探求を深め合い、子どもの発言や行動に合理的な根拠を引き出す授業を進めていく、こうした反省的授業の実践は教師と子どもの学び合う関係に発展をしていく。

〈参考文献〉
ショーン・ドナルド著（2015）柳沢晶一・三輪健二監訳『省察的実践とは何か　プロフェッショナルの行為と思考』鳳書房
ドナルド・A・ジョーン著（2018）柳沢晶一・村田昌子監訳『省察的実践者の教育　プロフェッショナル・スクールの実践と理論』鳳書房
稲垣忠彦・佐藤学著（2017）『子どもと教育　授業研究入門』岩波書店

［第7章］
漂流する知的難民
〜外国人ポスドクの実態と問題点を中心に〜

澤田敬人

〈本章を読む前に〉

　大学の学部を卒業した後に研究者になることを志す人々はたいてい大学院へ進学し、研究のプロになるために研鑽する。大学院の修士課程で2年、博士課程で3年を過ごし博士の学位を取得した後に待ち受けるのが、希望する仕事に就けないという現実である。なぜ仕事がないのか。これはすべての就職希望者が仕事に就くだけのポストが用意されていないことが原因である。では、なぜこれほどの状態になるまで博士の学位を取得する人が増えたのか。さらに、彼らが研究者としてのポストを得たいとする希望は挫かれ、他の進路へと向かわされることにはならないか。これはオーバードクターの問題として知られており、解決策が模索されていた。

　最近では、博士課程を修了して学位を取得した研究者を、大学の研究室でプロジェクトを進めるために任期を付して雇用するポストドクターの制度がある。日本の科学技術を振興する政策によりオーバードクターの問題は、その解決策であるはずだったポストドクターの問題に取って代わられた。ポストドクター自体が新たな問題として、不安定な雇用条件、任期終了後の再就職の困難さが指摘されるようになった。研究を生業とすることを願うポストドクターの研究員が任期切れになった後に仕事に就けるようにすることが、新たな課題となった。

　昨今のグローバリゼーションの進展により、外国人のポストドクターが日本の大学などの研究機関に増えている。多くの場合夫婦で国境を超えて日本の大学院に学び、学位取得後に研究機関でのポストを探している。オーバードクターからポストドクターに問題の焦点が変わる中で、

外国人を中心に女性を含めた古くて新しいマイノリティの問題が交錯しており、ただならぬ事態としてこのポストドクターの問題を理解し、解決の道筋を決める必要がある。

はじめに

　現在の日本では、博士課程を修了して博士号を取得した後に大学や研究所の常勤職として就職することが極めて厳しい状況にある。博士課程修了後定職に就くまでの間、研究員として期限付きのプロジェクトや研究センターの業務に雇用されることがある。博士課程を修了して雇用されるこれらの研究員を「ポストドクター」という。通称として「ポスドク」ということもある。

　文部科学省科学技術・学術政策研究所（2018）が行っている「ポストドクター等の雇用・進路に関する調査」では、まず「ポストドクター等」を次のように定義する。「博士の学位を取得した者又は所定の単位を修得の上博士課程を退学した者（いわゆる「満期退学者」）のうち、任期付で雇用されている者で、①大学や大学共同利用機関で研究業務に従事している者であって、教授・准教授・助教・助手等の学校教育法第92条に基づく教育・研究に従事する職にないもの、又は、②独立行政法人等の公的研究機関（国立試験研究機関、公設試験研究機関を含む。）において研究業務に従事している者のうち、所属する研究グループのリーダー・主任研究員等の管理的な職にない者」である。

　文部科学省科学技術・学術政策研究所（2018）の定義により、文部科学省は「若手研究者を取り巻く課題を分析し、今後の研究人材の育成や支援に関する今後の施策の検討に資することを目的とした」雇用と進路に関する調査を進めている。それによるとポストドクターの人数は15,000人余りである。男性が11,000人余りで平均36.0歳、女性は4,600人余りで平均37.0歳ある。ポストドクターのいる研究分野としては、理学が36.5％、工学22.2％、農学8.7％、保健16.2％、人文7.7％、社会4.5％、その他3.3％、不明0.9％と、すべての学問分野に広がっていることがわかる。

　1990年代より博士号を取得した大学院生の希望通りに大学や研究所の常勤

職へ就職することができない事態が生じた。東京大学を皮切りに旧帝国大学などが始めた大学院重点化政策により、大学院生の人数が増加したことが理由である。博士課程修了生と大学常勤職ポストの需給関係は悪化し、一つのポストに応募者が殺到するという事態を招いた。大学や研究所以外にも大学院修了後のキャリアパスの一つと考えられていた民間企業による雇用が増えない[1]。

　このいわゆる「オーバードクター問題」の解決を見通しつつ、1996年の科学技術基本計画で「ポストドクター等1万人支援計画」が実行に移された。その後、ポストドクターは1万人を超えたが、大学・公的機関や研究所などの正規雇用の研究者になるにはポストが不足することになった。ポスドクの職を継続させることができない無職の人が毎年数千人規模で発生した。実に2万人近くのかたがたの生活が危ぶまれている。政策レベルでは定期的に文部科学省科学技術・学術政策研究所がポストドクターの実態調査を行っている。学術面では、北野（2015）が若手研究者を十分に活用できていないポストドクター制度の状況に関する本格的な研究成果を公表し、この問題の学界での認知を広げた。将来の科学技術と学術研究の帰趨に関わる問題として、その重要性は論を俟たない。

　本章では、ポストドクターを取り巻く問題が、日本の科学技術政策に端を発するものでありつつも、科学的実践の場に参入するマイノリティの複合性によって事態が深刻化しているとの指摘を本邦で初めて行う。ポストドクターの問題解決にあたるには、女性と外国人というマイノリティの二重性・三重性を丁寧にひも解いて検討することが、若手研究者を研究業績と将来性で競争させる人材養成のモデルを洗練させるより以上に、早急に取り組むべき課題であることを示唆する[2]。

1　ポスドク問題におけるマイノリティの複合性

　ポストドクターは大学院の博士課程で博士号を取得後、一回当たり1年から4年以内の任期の付いた職を1度か2度以上経験する。任期の年限は研究室が実施しているプロジェクトの都合で決まる。財源は、大学の運営費交付金の他、文部科学省、日本学術振興会や厚生労働省等の大学外の競争的研究

費である。ポストドクターはこの期間に研究者としての経験を積み、大学・公的機関や研究所などの次の就職先で独立した研究者になることを目指す。1996年の科学技術基本計画でポストドクター等1万人支援計画が実行されたが、その後、大学・公的機関や研究所などの研究者になるにはポストが不足するというポストドクター問題として社会的に大きく取り上げられている[3]。

　このポストドクター問題の何が問題なのかを問うとき、これまでの政策の検討と今後の政策を整備させる観点はもとより、大学・公的機関や研究所の科学的実践の場の構造を点検する必要がある。ポストドクターは研究者としてはいわば見習い期間である。最低でも30歳近い大人による博士号取得を基本的な資格とする職としては、報酬や将来への見通しの点で不安定である。このポストドクター自体が、不安定な生活に耐えながら薄給か無給で働くことを余儀なくされている非正規雇用のマイノリティである。

　研究者にとっての研究は、生活のほとんどすべてを賭しての営みである。研究はその環境に依存し、どの研究機関に所属し、どの研究組織で実験・調査を行い、どの研究メンバーと共同研究するのかは研究者にとって大きな意味があり、研究者のアイデンティティに関わるとみていい。そこでポストドクターの研究環境を検討すると、まず、先述の文部科学省科学技術・学術政策研究所（2018）によるポストドクター調査では、ポストドクターの7割はポストドクター継続、ポストドクターからの職種変更は約2割となっており、ポストドクターは大学や研究所のアカデミアから離れない傾向を知ることができる。

　インタビューに応じていただいたかたがたの中に、ポストドクターの任期が切れてから大学の非常勤講師として勤務するケースがあった。ポストドクターの研究環境を振り返って、所属や大学の研究設備を考えると、非常勤講師を務めるよりは満足のいくものであると述べている。ポストドクターは継続できるものなら、継続することが望ましく、安定雇用が見つからない場合には、悪くない選択肢となっている。ポストドクターの賃金は、任期が付くのみならず、無給の場合もある。安定雇用とは比較にならない不安定な職であるものの、研究環境としては研究者のキャリアの出発点であり、決して軽

視できないものであることがうかがわれる。

　そこで問題なのは、研究者のキャリアの出発点として、その不安定雇用の研究環境にどっぷり浸かりすぎた場合の懸念である。ポストドクターの高齢化の問題にもつながる。博士課程を修了した後の最初の職としてポストドクターに就いた場合、博士課程で研究していた時の研究ないしは安定雇用の大学専任職に就いてからの研究のいずれと比べても、自由な研究課題の選定に始まる自立した研究者としての研究とは距離がある。ポストドクターのために用意された職の多くは、期間が限定されたものであり、研究課題が狭く限定されたものである。ポストドクターとしていくつかの研究機関を渡り歩き、現代社会の問題解決にあたる先進的な研究課題には欠かせない存在になる人もいる。しかし、このキャリアが安定雇用の専任職に結び付くとは限らない。

　他方、研究機関においては廃止方針となっている研究課題に取り組まざるを得ない状況に陥る懸念がある。最近はほとんどの大学で、学外機関との研究活動等に関する指針を設けている。学問の自由と独立を守ることを第一義とし、人類の平和と福祉の向上に資することを条件とした上で、軍事研究と軍事開発を学外機関と行わない旨を宣言している。研究機関は、学外研究機関と軍事研究と軍事開発を共同で行いたくない。ポストドクターには任期後の職として提示された場合、選択肢に入れざるを得ないという懸念がある。

　博士課程の延長上の通過点と認識されやすいポストドクターは、その任期が切れて研究機関から出ていくことになった際には生活上の困難がつきまとう。ポスドク政策で重点が置かれているのは、大学や研究所のような研究機関ではなく民間企業への就職を博士課程修了者に促すことである。ただし、人文社会科学系の場合は、大学院の教員からは民間企業への就職はまったく話題にもならない[4]。人文社会科学系の場合、大学や研究所ではないならば、大学の非常勤講師を選択するか、高校や専門学校の教員になることを選ぶこともある。

　ポストドクター任期切れ後の生活が苦しいのは、主に2つの理由があるものの両者は重なり合っている。ポストドクター任期切れ以後の収入が低く、結婚などのライフイベントを諦めるか先送りせざるを得ないことと、少ない収入を補うためにアルバイトの収入を増やし、研究者としての研究活動の時

間が確保できないことである。研究をせずに生活に追われれば、年に 1 回ない
し 2 回開催する学会への研究発表という参加の目的が失われ、旅費や滞在
費が生活費のほうへ回される。

　2012年の労働契約法改正、2013年からの施行により、有期契約が 5 年を超
えて継続した時に労働者の求めに応じて無期雇用に転換する仕組みが作られ
た。この労働契約法改正の趣旨は、不安定な有期雇用を繰り返す労働者の契
約を無期限にして雇用を安定化させることにある。大学の研究室を運営する
教授などから、ポストドクターのような研究者や研究補助員の場合は財源の
観点から無期雇用を増やせない事情により反対の意見が示された。ノーベル
賞受賞者の山中伸弥氏も無期雇用の制度化に懸念を表明したことが伝わって
いる。2018年には有期契約が 5 年に達する大学の非正規雇用の研究者や非常
勤講師が無期雇用への転換を試みた。対応は大学ごとに異なる。無期雇用に
応じる大学もあるが、この前年までに不更新条項を契約に盛り込んで雇い止
めを敢えてする大学があり、大学の無期転換逃れと騒ぎになった。このよう
なことをされた当事者からは、「貧困強制社会」などと命名されている。

　また、2012年の労働契約法の特例として、研究者や研究補助者の場合は有
期契約が10年を超えて継続した場合に無期転換を求めることができることに
なった。これは研究開発力強化法と大学教員等の任期法に基づく特例措置で
ある。無期転換の応募が契約開始の 5 年後から10年後に先送りされることで、
簡単には無期転換を求めないため、ポストドクターの使い勝手の良さが高ま
るが、ポストドクター自身が 1 年から 4 年以内程度の不安定な非正規雇用で
あることは変わっていない。むしろ労働契約法の特例措置で 5 年ルールを10
年ルールとすることで、ポストドクターに安定した生活は必要ないとルール
化したようなものであった。

　マイノリティとしてのポストドクターのいる科学的実践の場には、その外
部から、女性と外国人というすでにマイノリティとして認められている人々
が参入しているため、マイノリティの複合性を確認することができる。〈表
7 - 1 〉に示すように、マイノリティとしての二重性、ときには女性で外国
人のポストドクターであれば、それが三重性の困難を帯びることになる。女
性と外国人の科学的実践の場への参加が増えている昨今、ポストドクターの

〈表7-1〉日本におけるポストドクターの人数（男女別・国籍別）と平均年齢の
　　　　　経年推移

	調査項目・年度実績	2009年度実績	2012年度実績	2015年度実績
1	延べ人数	17,116人	16,170人	15,910人
2	平均年齢(注1)	33.8歳	34.6歳(注2)	36.3歳
3	男性の人数(注3)	11,423人（75.1％）	10,356人（73.1％）	11,302人（71.1％）
4	男性の平均年齢	33.6歳	34.4歳	36.0歳
5	女性の人数	3,797人（24.9％）	3,810人（26.9％）	4,600人（28.9％）
6	女性の平均年齢	34.4歳	35.3歳	37.0歳
7	日本国籍を有する者	11,690人（76.8％）	10,845人（76.6％）	11,465人（72.1％）
8	外国籍を有する者	3,530人（23.2％）	3,314人（23.4％）(注4)	4,435人（27.9％）(注5)

（注1）1の延べ人数を除き、2009年度実績と2012年度実績における2～7の詳細分析は、2009年度実績の最
　　　多月であった11月の在籍者を調査した結果である。
（注2）2012年度実績からは生年不明の者4人を除いている。
（注3）2015年度実績からは8名の性別不明者を除いている。
（注4）2012年度実績の国籍不明者17人を除いている。
（注5）2015年度の国籍不明者10人を除いている。
出典：文部科学省科学技術政策研究所, 2011：5-17, 2014：9-18, 2018：7-14に基づき筆者が作成した。

問題は、このようなマイノリティの複合性への観点から見る必要がある[5]。

2　ポストドクターの生き残り戦術

　ポストドクターであることが研究者としての見習い期間でもあることから、そのポストドクターによる研究成果の如何により研究者としての競争を促す仕組みとして、ポストドクターの制度は基本的に大学の教員に支持されている。ポストドクターを置かない大学の研究室は多いが、全国に15,000人余りのポスドクが、大学の研究室でその制度に依拠する形で仕事をしている。こうした実態は、ポストドクターをめぐるあらゆる結果が競争を促した末の望ましい結果であるのかといえば、首肯することができない。その要因をマイノリティの複合性を拠り所にして検討することが本章の目的である。一方で、ポストドクターの競争を促す仕組みとしての機能が現実にあることから、ポストドクターは、その競争に後れをとらないための個人の戦術を持っている。

　この個人の戦術は、ポストドクターがその後のキャリアパスを成功裏に歩むことができたとの自負があるならば、ポストドクターあるいはポストドク

ター経験者の言葉として表現できるし、ホームページにも載せることができる。ノウハウ本として出版することも可能である。筆者が行ったポスドクおよびポスドク経験者によるインタビューでは、明確にこの個人の戦術を語っていただいたかたがいた。この個人の戦術とは、古くからの研究大学で理学系の博士号を取得後、国内と国外のポストドクター、任期付き助教を歴任し、テニュア－トラックに乗った極めて優秀と見られる研究者のケースであり、これまで所属してきた研究室の自分の周囲にいる研究者の声を素直に聞くことであったと回顧している。研究室における周囲の人の声は、自分の研究を遂行する上で重要な助言となり、周囲ひいては学界から研究の動向や達成するべき期待を知ることになり、良好な人間関係を構築するうえでも欠かせない行為となるのである。この声を聞くという行為を、彼は理学系大学院の学生として研究を開始した時から実践し、テニュア－トラックに乗った現在に至っても継続されている。

　研究が環境に依存するため、ポストドクターであることに居心地の良さを感じることもある。ポストドクターとしての雇用が、博士課程の修了直後に始まることもある。また、研究環境としてはその博士課程の延長であり、ポストドクターとしての雇用は、博士課程の時の研究指導を担当した教員の判断に基づく。その意味で、博士課程の中でポストドクターの考え方の原型が作られる。

　規模が大きく伝統と格式のある学会の場合、古くからある研究大学を中心とした研究活動の運営体制が敷かれており、研究者のヒエラルキーが見て取れる。その仕組みを嫌うのであれば、ポストドクターやその任期切れの方は、年に1回あるいは2回開催される学会に、無理に参加する必要はない。しかし、その代償として、そこからの研究上の恩恵を被ることもない。研究活動には、研究組織を作って人間関係を元に遂行する側面もあり、その中で活動ができないとなると、その中で共同で行う高度な研究の成果を上げることができないという結果を招く[6]。

　前述の個人の戦術を説いた理学系の若手研究者は、自分のように周囲の人の声を聞くことができない人が多くいることを指摘する。周囲の人の声を聞かずに自分の研究を進めれば視野の狭い唯我独尊となり、良い結果が出ない

ことも知っている。そして研究上の良い結果が出ないこととともに、人の話を聞かないという振る舞いにより、博士号取得、ポストドクターへの就職、その後の研究者としてのキャリアはもとより、研究職のポストがないために代わりに民間企業に求職した場合においても、決してうまくいくことはないと断言する。周囲の人の話を聞くという振る舞いは、研究者としてのみならず民間企業の従業員としても有効であるために、これに則ることができないならば、何をやってもうまくいかないという考えに至る。昨今のポスドク問題の本質についても、この点を見誤らないことの重要性を力説した。

　確かに研究を進めていくにしても民間企業に勤める時にも有効な、いわゆる汎用的なスキルがある。汎用的であるがゆえに、ポストドクターが博士号取得者余りの時代に生き抜くためのノウハウ本が何冊か刊行されるし、ネットワーク上で研究者としての心得を説くサイトも存在する[7]。綺羅星のごとくに学界で輝く一握りの優秀なテニュア−トラックの専任教員になってゆくポストドクター経験者は、この見習い期間を上手に乗り切り、次の研究者としてのチャンスを確実にものにする。学界だけでなく民間企業でも通用する汎用的スキルを磨きながらキャリアアップを進める。

　ポスドク問題への見方には、政策的な間違いと個人の戦術の間違いの 2 つがある。市場原理を援用し、ポストドクターの研究分野に対しては社会的需要がないにも拘らず供給過多ではないかという指摘が根強くあり、何らかの政策的な間違いがあるかもしれない。もし華々しいキャリアパスを歩んでいないと思うならば、自己責任による個人の戦術の間違いがあるかもしれない。日本では 2 つの間違いがあり得ることにポストドクターは気づいている。

　若手研究者の競争を促す仕組みとしてのポストドクターを経て、無職になる人、無給か薄給の研究補助員・教務補佐員になる人、ポストドクターをいくつかの大学・公的機関や研究所で続けて高齢ポスドクになる人がいる。各大学・公的機関のポストドクターは正式には、ポスドクとして選ばれること自体が優秀さの証明となる。このことは、ポスドク制度の内部で競争を促すことを目的として種々の取り組みがなされているわけではないことを意味する。組織としては、優秀と認めた若手研究者が研究業績を出すか、研究組織として行う研究の補助をしてもらいたいのである。一例を挙げてみる。

・K大学ポスドク研究員に関する規程

（目的）

第1条　この規程は、博士号を取得した優秀な若手研究者に対し、K大学においてポスドク研究員として、主体的に研究に従事する機会を提供するために必要な事項を定め、もって我が国の学術研究の将来を担う創造性に富んだ研究者の育成に資することを目的とする。

（職務内容）

第2条　ポスドク研究員は、受入教員の指導のもと、研究計画に基づき研究に従事することを職務とする。

（就業規則の適用）

第3条　ポスドク研究員は、国立大学法人K大学特定任期付職員就業規則に規定する特任研究員とする。

（選考）

第4条　ポスドク研究員の選考については、国立大学法人K大学特任研究員及び特任研究支援員の選考のための審査に関する規程による。

（給与の取扱い）

第5条　ポスドク研究員の給与の決定における国立大学法人K大学特定任期付職員の本給に関する規程別表第4の適用において、その職務は助教相当とする。

（雑則）

第6条　前条までに規定するもののほか、ポスドク研究員について必要な事項は、別に定める。（以下省略）

このK大学の規定は、ポスドクの規定をそろえている大学・研究所という点だけにおいても評価に値する。規定をそろえていない大学・研究所は、研究室の教員・研究責任者が外部の財源をポスドクの雇用に充てている場合が考えられ、財源が切れればポスドクの期間も終了という危うさの他、雇用条件や報酬の点でも他の規定を使って充当していることからくる不安定感がある。使い捨てを使い捨てとして処遇する以外にないブラック企業の体である。

　例として示したK大学のような規定がある場合、その目的は、「博士号を取得済みの優秀な若手研究者を主体的に研究従事させる機会を提供する」ことにあり、その成果は、「日本の学術研究の将来を担う創造性豊かな研究者を育成する」ことにある。資質・能力が及ばない場合の試用期間や解雇の規定はない。とはいえ雇用期間はたいてい1年から4年以内であるため、資質・能力がなく研究業績が出ないとなれば、次の雇用はないとの判断が待ち受けている。しかしこの判断は、ポストドクターの期間中は本人の知らぬ間に研究室の教授を中心に行われており、ブラックボックスでの力学が働く。しかし、人事の理念は、研究業績を上げるに際しての優秀な若手研究者の使い勝手の良さ、という点ではどの研究室も共通する。

3　ジェンダー化されてマイノリティになる女性

　さて、このようなブラックボックスでのキャリアパスの判断を下されるポストドクの職務において、若手研究者としての個人の戦術はどの程度有効であると言えるのであろうか。1990年代のポスドク1万人計画以降の科学技術政策では、大学・公的機関や研究所のポスドクを経験する人に、女性と外国人というマイノリティの参入が増加している。この事実をもってマイノリティの複合性を確認することができる。結果が伴わなければ画餅にすぎない個人の戦術は、競争的な環境で力を発揮することが見込まれる、男性的にジェンダー化されたものである。女性と外国人は、科学的実践の場でそれぞれのマイノリティとしての特性を帯びる。それらは汎用的なスキルとしてノウハウ本に記載され、サイトで紹介されるようなものではなく、語られなければ消えるものである。

　最近では女性の非正規雇用による研究者が常勤職を得ることができない事態が報道を通じて知られるようになった。しかしながら、一方では2016年に40代の女性研究者が大学院で博士号を取得し将来を嘱望される研究業績を上げながら、希望する大学の常勤職に就くことのできないとの理由から自ら命を絶った。生前の暮らしぶりは非正規雇用としての低賃金による貧困に苦しみ、常にその非正規雇用の職をも失うかもしれない不安に苛まれていたという。そして、共感する同じ境遇の人々がジャーナリズムに登場し、女性研究

者の劣悪な現状を訴えた。

　筆者はポストドクターを経験したある女性にインタビューしたが、彼女はその期間に目に見えてわかる差別を受けた経験はない。むしろ研究室の簡単な事務を担う役割から、女性を雇用することに躊躇はないとの感触を得ている。ポストドクターにおける複合的マイノリティとしての女性が感じることは、科学的実践の場におけるジェンダー化された役割である。ブラックボックスの中で女性にしてもらいたい仕事があると判断されている。ところがこの雇用の円滑さに誘われて仕事に就くと、目に見えてわかる差別は受けないが、結果的にその後の研究者としての仕事がない。いわば頭打ちの仕事に就いているのである。その後無給の仕事を続ける女性は、構造的にはジェンダー化されて差別を受けているパターンに属する。

　また、女性の場合、科学的実践の場に入る前から構築されているジェンダー化された女性への差別が、科学的実践の場においても極めて顕著である。女性のポストドクターは、研究する場として大学・公的機関ないし研究所に通勤しつつ、家庭にいる女性としての役割を家庭で果たす。家庭での役割が家事労働を求めるものであるとすると、給与所得のある配偶者の夫は、家庭での役割を果たす女性に対し物心ともに生活水準の保障をする。生活することのできる経済と研究活動を可能とする時間も保障する。このようなジェンダー化された家庭における女性研究者は、充足することのできる安住の場が家庭にあるために、科学的実践の場においても、男性的にジェンダー化された振る舞いとの違いが顕在化したときにはマイナスの評価につながる危険がある。

　博士号を取得してポストドクターの研究員を務めた後は、目に見えてわかる差別を受けたことがない場合でも、「周囲の男性研究者には専任の職が見つかる中、結果として、専任職に就いていない」という事態を招く。この構造上の差別は「ガラスの天井」と呼ばれ、女性が就くポストが頭打ちになることを意味する。研究室においてアシスタント的な事務仕事が堂に入っている場合は危険であるし、出産と育児で研究がおろそかになると見られことはとりわけ大きなマイナス評価になる[(8)]。

　昨今科学的実践の場に見られる女性差別への批判的な議論が増えている。

同時に、日本の学界という具体的な文脈について実態を調査し、問題を指摘する動きがある。ポストドクターにおけるマイノリティの複合性を指摘する筆者の観点からは、問題の解決に向けて重要な動きであると考える。具体的には、日本学術会議科学者委員会男女共同参画分科会（2015）の全研究分野に関わるジェンダー平等の提言と、日本学術会議第一部総合ジェンダー分科会（2019）による人文社会科学系におけるジェンダー平等の調査と問題提起が嚆矢である。筆者がポストドクターをめぐるマイノリティの複合性を強調する理由は、後者の問題提起にある。男性中心の科学的実践の場における序列意識を作る「天賦の才」概念の起源とジェンダー化の経緯を明らかにするには、古代、近世、近代の古層を問いただす必要がある、と科学史家の隠岐さや香による問題提起がなされた（隠岐，2019：8-27）。

　すなわち、マイノリティとしての女性研究者という一つの層のみでも、古層から幾重にも積み上げた序列意識と差別の事実を見逃すわけにはいかない。マイノリティとしての女性について、ならびにマイノリティとしてのポストドクターの本質といった問題に対し、丁寧に複合性を点検していくことが今後の問題解決には肝要である。

4　外国人ポストドクターのキャリアパス

　ポストドクターへのキャリアパス支援事業はすでにいくつかの事例がある。支援事業の目的は、マイノリティ化するポストドクターのキャリアサポート体制を構築することにあるが、この場合にも事態を深刻化させるマイノリティの複合性が確認できる。とりわけ外国人の場合は、マイノリティの複合性を考慮の上で取り組みを進めるべきである。まず、日本における外国人のポスドクについて、出身別の人数を〈表7-2〉で確認すると、中国、インド、韓国とアジア出身者が多い。

　章末の〈表7-3〉に示す54名の「静岡大学ポストドクター・キャリア支援事業による支援を受けた者の一覧」（静岡大学博士キャリア開発支援センター，2017：47-48）では、外国籍を持つ者は21名で、その内訳は中国8名、インド5名、スリランカ3名、バングラディシュ2名、インドネシア1名、ジンバブエ1名、モーリシャス1名となっている。外国籍の男性は17名、女

〈表7-2〉ポストドクター等の国籍・地域別一覧（上位8ケ国）

順位	国・地域	人数	比率（％）
1	中国	1,481	33.4
2	インド	402	9.1
3	韓国	398	9.0
4	フランス	175	3.9
5	台湾	137	3.1
6	ベトナム	134	3.0
7	アメリカ	118	2.7
8	バングラディシュ	112	2.5

出典：文部科学省科学技術政策研究所，2018：9

性が4名である。就職先としては全員、大学、大学以外の研究機関、民間企業への受け入れが決まった。静岡大学の博士キャリア開発支援センターならびに本事業後継のキャリア支援室では、外国人に対する面談の有効期間を3年としている。これは外国人が母国に帰国して、就職活動が不首尾に終わり、改めて日本で就職を希望して渡日する場合に備えて、母国から問い合わせをする場合の支援を考えてのものである。

博士キャリア開発支援センターと本事業後継のキャリア支援室の職員は、外国人かつ女性であるポストドクター特有の事情を日々見聞きしている。職員によると、外国人かつ女性のポストドクターの場合、たいてい夫も外国人で、同じポストドクターである場合もあるが、何らかの研究職として日本に来ている。外国人かつ女性のポストドクターが日本で就職を試みる場合、就職先の場所、待遇ともに、夫と同じであることが家族の絆を保つための基本的な要件となる。場所、待遇が同じ職場が見つからなければ、家族が分断することを恐れて、就職そのものを断念するケースが多い。

また、外国人が研究職として日本に滞在する場合、査証に格差がある。入国管理法において「本邦の大学若しくはこれに準ずる機関又は高等専門学校において、研究、研究の指導又は教育をする活動」にあたる教授ビザで滞在しているポストドクターがいる。この場合は、査証に規定される内容が専任の教授、准教授と完全に同等である。主に母国で同等の研究職に就いていた

外国人が取得する。教授ビザが認められれば、ビザに規定される範囲で収入を得ることができるため、非常勤講師を含め様々な収入源を探すことができる。

　他方、日本の大学院博士課程を修了し、1年間の就職猶予期間を利用して就職先を探すポストドクターの場合、まず、就職先を大学か民間企業かで決めかねている外国人が、就職決定後に教授ビザを申請することは考えにくい。実際には、日本の法務省がどのような決定を下すのか予めわからずに不安を感じることがある。この不安は、もし配偶者がいれば和らぐとの思いから、配偶者ビザを取得するための結婚を考える。

　静岡大学ポストドクター・キャリア支援事業では事業の期間中に、「社会がどのように変動しても、自分が置かれた状況から課題を発見し、考え、人々と関わりながら取り組むことのできる『総合的な人間力』を養成していく」との全体像を掲げている。具体的な知識・能力として、使命感、積極性、チャレンジ精神、柔軟性、チームワーク、リーダーシップ力、交渉力、プレゼンテーション力、問題発見・解決能力等を挙げ、『総合的な人間力』を持ち、多彩な世界（産業界・学界を含めて）等でイノベーションを起こす「人財」となるためのシステムを構築した（静岡大学博士キャリア開発支援センター，2017：11）。

　活動の達成状況については、1．「博士人財キャリア創造プログラムセミナーおよびB人セミナー」、2．「長期インターンシップおよび就職」、3．「個別面談、企業訪問活動」、4．「広報活動」、5．「博士人財、企業、教員・研究責任者の意識啓発」について達成状況を記載している（静岡大学博士キャリア開発支援センター，2017：26）。そのうち、波及させるべき内容を決めて実際に波及させる効果の広がりに関する「博士人財、企業、教員・研究責任者の意識啓発」について、「達成状況と成果」が次節のように紹介されている。

5　博士人財に向けた活動の達成状況と外国人ポスドク

　静岡大学においては、博士人財に向けた意識啓発の「達成状況と成果」として、本人の能力を発揮できる社会進出を進めるようにセミナー参加や十分

に時間をかけた面談を通して理解を促している。また、学会等にブースを出して、本事業の照会と登録の勧誘を通して理解を深める活動を実施した。企業に向けた意識啓発の「達成状況と成果」としては、個々の企業への地道な訪問による本事業の説明と登録勧誘、さらにニュースレター等による広報等を通して企業への意識啓発を行った。さらに、キャリア創造特別講演会やキャリアフォーラムへの参加募集により本事業の理解を促している。学会等に本事業のブースを出展し、企業からの参加者への本事業の紹介と登録の勧誘を通して理解を深める活動を実施した。登録企業数は82社に上った（静岡大学博士キャリア開発支援センター，2017：26）。

　静岡大学の教員・研究責任者に向けた意識啓発の「達成状況と成果」としては、教職員、連携機関、他大学および本事業への登録企業等に対し、直接訪問による面談と啓発リーフレット・季刊ニュースレターの配布により、事業紹介・意識向上に努めた。また、キャリア創造特別講演会の実施や創造科学技術大学院の春・秋入学式におけるガイダンスにて事業の説明と登録を促している。学外では国立遺伝学研究所にて、事業説明ガイダンスを開催、意見交換を実施し、キャリア創造特別講演会やキャリアフォーラムでは教職員も参加対象とし、意識の向上を図った。これらの活動を通し、教員・研究責任者の積極的推薦によるポストドクター・博士課程後期学生の登録人数増につながり、さらに、教員や研究責任者側からの本事業に関する企画への提案・協力が得られるようになった。（静岡大学博士キャリア開発支援センター，2017：26）

　以上のように同大学ではポストドクターへのキャリア開発支援事業の成果を発表している。成果があったとされる事項のポイントを押さえておこう。まず、博士人財の多様なキャリアパスについての教員アンケートの結果を見てみる。アンケートの第1回目が平成26年6月に実施し、第2回目を静岡大学の本事業の期間である平成28年6月から7月にかけて実施した。対象は、静岡大学の専任教員全員（教授・准教授・講師・助教・助手）で、689名に上る。有効回収率は310件の45.0％であった。このアンケートで、「ポスドク後のキャリアパスについて「現在」一番良いと思うもの」という問いに対し、「進路先の状況や、その人の能力や意欲を踏まえて多様な進路があるべきで

ある」との回答が、第 1 回目では75.4％であったものが、第 2 回目では80.0％に増加したことが強調されている。また、「基本的に研究者の道を歩み続けるべきである」との回答が、第 1 回目では17.1％であったものが、第 2 回目では11.6％に減少したことが強調点としてピックアップされている（静岡大学博士キャリア開発支援センター，2017：27）。

　これらの数字の推移は、ポストドクターへのキャリア開発支援事業の成果としては、研究者の道を進む以外にキャリアパスがあることを同大学の多くの専任教員が認めるようになったという効果があったことを示すエビデンスとなり得るものである。事業の成果を伝えるものとしては正当であるものの、マイノリティを包摂している構造として見るため、さらなる説明を要する。

　静岡大学の専任教員へのアンケートでは、このポストドクター・キャリア開発事業で支援を受ける外国人への言及がなされている。前掲の「付録 2．参考資料（就職支援者一覧、長期インターーンシップ修了者を含む）」に記載されているように、支援を受けた外国籍者は21人である。静岡大学の専任教員・研究責任者から、本事業のセミナー、フォーラムなどの活動への理解と、今後の事業継続への支持を得ている。本事業における外国人について記載がなされているので列挙する。

教員・研究責任者からの声（教員アンケート個別意見から）
ａ）博士人財のキャリアパスについての意見（中略）
　日本人と外国人
　・外国人の場合は日本語教育の支援が必要である。（複数の同様意見）
　・外国人は日本人に比べて優遇されている。
　・外国出身のポストドクターは「ビザ」の問題があり、また、経済的に不安な状況も多く、国籍を問わない支援が望まれる。（中略）
ｂ）ポストドクター・キャリア開発事業の今後のあり方について
　①要望
　・外国人の就職は難しく、指導教員の責任と負担は重い。その上で本事業に期待している。国際交流センターとの連携も必要である。（複数の同様意見）（静岡大学博士キャリア開発支援センター，2017：32-33）

　外国人のポストドクター支援が「日本語教育の支援」を強化するものだけであれば、不十分かつ不足した内容であると言わざるを得ない。要望にあるように、外国人の就職は困難であり、その原因となるのは、外国人のポストドクターには「査証」の問題が大きい。経済的な不安をかかえながらポストドクターの生活を送っており、その支援が望まれている。外国人のポストドクターへの支援については、この事業の期間中に、「日本人に比べて優遇されている」との認識を生んでいる。外国人のポストドクターに対して厚く支援することは、外国人のポストドクターに特有の問題（この場合は「査証」の問題から発生する経済的困窮の問題）と、大学・大学院の外の世界にもともとあったマイノリティ問題が内側に入ってきたために対処していることに鑑みると当然のことである。これを「日本人と比べての外国人への優遇」と見るのは、新しいマイノリティ問題への対処についての表現が稚拙であることを示している。他方、外国人への支援については、「要望」にもあるように大きな期待が寄せられている。

　筆者は章末の〈表 7 - 3 〉「静岡大学ポストドクター・キャリア支援事業によるキャリア支援を受けた者の一覧」において本事業のインターンシップを最初に終了したバングラディシュ出身のポストドクターが、就職後のキャリアをどのように積んでいるかを確認するために、就職先の（株）T研究所を訪問した。このバングラディシュから来た外国人のHEは、韓国で修士号を取得後静岡大学大学院で博士号を取得し、その後の 2 年間を静岡大学のポストドクターとして過ごし研究を継続した。その間、リーマンショック以後の不景気で就職の厳しさを知り、静岡大学のポストドクター・キャリア支援事業の一つであるインターンシップに参加した。ポストドクターの期間には夫人との間に子どもが生まれ、もし就職が見つからなければ帰国する予定であった。インターンシップとしてポストドクターを受け入れた（株）T研究所は、彼のひた向きな仕事ぶりに感心し、採用を決めた。

　T研究所では、自動車エンジンの製造に使う薬剤を研究開発によって生産する。同研究所のK常務によると、静岡大学のポストドクター・キャリア支援事業のインターンシップに協力することを社内で意思決定することも、博士号を取得している外国人のポストドクターを採用することも、中小企業な

らではの特性に基づいている。大企業の意思決定は遅く、静岡大学からの事業協力への誘いに即答はできなかったはずである。インターンシップで従業員としての資質・能力を見る際には、採用後の業務内容を当て鏡にして判断した。採用後は 3 つほどの業務分野を一斉にやらせつつ、本人の専門分野を磨かせるが、このような業務内容の要求は大企業にはないし、専門分野といっても大学の研究室におけるものと同じではない。また、日本人の採用が難しいこともあって、外国人のポストドクターが採用候補になる。外国人のポストドクターの採用に伴う査証の切り替えについては、K 常務が自ら書類を作成し、役所に提出した。日本語教育については会社が費用を出した。

　HE は、どのようなことでも好奇心をもってがむしゃらに取り組み、研究所の社風に溶け込んでいった。HE はイスラム教徒である。礼拝、断食などの宗教行事は、会社からすべて認められ、規則正しく近所にあるムスリムの礼拝所に通った。会社の行事で食事が出る時のハラール食対応については、HE の判断に任された。T 研究所では、テクニカルレポートの論文執筆が奨励されているため、国際会議で発表したプロシーディングを社内のテクニカルレポートとして執筆した。こうして中小企業の柔軟かつ異文化に寛容で家族的な職場環境において業務を問題なく遂行していたが、就職後 3 年ほど経って、社格としては上位にあたる企業へ転職したいと K 常務に告げた。HE に野心があったわけだが、K 常務は HE のキャリアアップを快く認め、高収入が見込める社格上位の他社へ送り出した[9]。

　T 研究所と静岡大学ポストドクター・キャリア開発事業との関係は事業期間中極めて良好で、支援事業の目玉の一つであるインターンシップの終了者第 1 号の受け入れ企業として、T 研究所に謝意が表されている。筆者もこのケースは成功例であると思う。成功例と考える要因としては、ポストドクターとして静岡大学に在籍している時点では、研究者としての道を見つけることはできず、民間企業への就職も極めて厳しかったことが挙げられる。とりわけ外国人というマイノリティであることが、厳しい状況を生んでいた。この状況をポストドクター・キャリア支援事業における適切なマッチングにより中小企業への就職に転換させた。就職後は本人の野心により条件の良い企業へ移ったが、むしろ本人のポテンシャルはもともと高かったことを見せ

つけた。

　ポテンシャルも含めれば、事業によるマッチングでは実力より低い企業へ就職したことになるが、それこそがマイノリティのキャリアパスをめぐる状況の厳しさを物語っている。野心を見せるまでにHEを育てたT研究所は、マイノリティの複合性に対応するには適切な民間企業であった。また、T研究所のK常務と筆者の間で同意したことは、HEのように民間企業で優秀な人は大学の研究室でも通用することである。HEが民間企業に就職したことは支援事業の成果であるにしても、HEがたとえムスリムであっても大学の研究室にポストを得ることができないのは、我が国における大学院生の量的拡大とポスドクター等1万人支援計画のような政策の責任を考慮に入れないわけにはいかない。卓越研究員制度のような個人的な戦術を奏功させてポストドクターの後のキャリアパスをテニュア－トラックに向けて進んでいく研究者のための支援とは異なる、マイノリティの二重性・三重性を考慮した支援が必要である。外国人の場合であれば、査証、宗教、習俗・食習慣、家族の面倒はもとより、ポテンシャルと意欲・野心を見据えたマッチングのキャリアパス支援を丁寧に行う以外にない。

おわりに

　ポストドクターに見るマイノリティの複合性の問題は、その実態解明と問題解決に向けて喫緊の課題となるものである。また、我が国でポストドクターの問題が唱えられてから20年ほどが経ち、省庁サイドとそこからの財源を保障されて大学・大学院が問題解決に向けた取り組みを数多く実施している。マイノリティの二重性・三重性の観点からすれば、単にポストドクターのような若手研究者の競争的な選別を洗練させた仕組みにするだけでは、解決しないことがわかっている。方向性を見誤らないような指摘が重要である。また、これからのポストドクターをめぐる研究は、すでになされている支援事業の取り組みの精査を、マイノリティの複合性、換言すれば多文化主義の観点から行うことを前提とすることになるだろう。多様な背景を持つ人材を確保することに価値を置く必要がある。

〈注〉

（1）この事態を受けて2009年に文部科学省は、全国の国立大学法人に向けた「国立大学法人の組織及び業務全般の見直しに関する視点」において、博士課程の定員削減を要請した。

（2）ポストドクターおよびポストドクター経験者に対するインタビューは、①訪問方式と②電話方式で、2019年4月8日（月）から7月6日（土）の間に自然科学系と人文社会科学系の研究者に対して実施した。

（3）ジャーナリズムでもポストドクターをめぐる問題は大きく取り上げられている。小林（2016）はジャーナリスティックに問題の深刻さを伝える。水月（2007, 2010）は新書でポストドクター問題の前史を紹介している。ジャーナリズムが採り上げることにより、この問題に責任をもって取り組むのは誰かという点検がなされるといい。科学的実践の場を作る大学・大学院、公的機関や研究所の他、政策実施を担う官庁には重い責任がある。現在では、そこに就職の受け皿としての民間企業が入る。ジャーナリズムはこの問題を的確に周知する位置にある。

（4）北海道大学大学院文学研究科ではポストドクター支援として、専門研究員制度と共同研究員制度を設けていることをホームページ上で紹介している。明確にポストドクターを対象にした専門研究員制度では、博士課程修了者、すなわち北海道大学の文学研究科で学位を取得した課程博士を対象に、研究の継続を促して研究科での研究活動を活発にすることをねらっている。このように人文科学系においてもポストドクターのポストを置いているが、その意図は研究室の教授を筆頭として研究の競争を勝ち抜くためというよりは、若手研究者の研究意欲に応えて機会を与えるとする目的のほうが色濃い。同時に、民間企業へのキャリアパスを探させるよりも、まずは研究の継続を優先させて制度を整えている。

（5）今般学会単位でポストドクター支援を行う場合がある。日本物理学会では、ポストドクター問題を科学技術人材のキャリア形成として焦点化し、対策を講じている。日本社会学会においては、学会の会員を中心にしたポストドクターに関する調査を行っている。日本社会福祉学会（2018）の場合は、「若手と女性研究者」という複合性を示して研究と生活の実態について調査している。小椋（2014）は社会科学系の若手研究者に対するキャリア支援を調査した社会科学系の学会全般のサーベイを行っている。

（6）菊地（2010）のようなポストドクターが科学的実践の場を生き抜くための普遍的な知恵の普及は、ポストドクターの個人的な戦術を磨くために役立つ。ただ、本章で問題にしているのは、個人的な戦術を磨いてもどうにもならない構造的なマイノリティの複合性を、どのような支援で解決したらよいかということである。

（7）本章では欧米諸国を中心とする外国のポストドクターについては採り上げていない。北野（2015）で精査されているように、アメリカのポストドクターには日本で問題とされている点が見当たらない。本章では諸外国のポストドクターを採り上げない代わりに、マイノリティの二重性・三重性の概念を提示している。すると、欧米を中心とする諸外国における科学的実践の場において由々しきマイノリティ差別が見られることが明らかになる。Ceci & Williams（2007）やSaini（2017）のような欧米の科学的実践の場における女性差別に代表されるマイノリティの問題提起は、本章の問題提起と通底する。

（8）静岡大学でのポストドクター・キャリア開発事業の成果をうかがうためのインタビューは、2019年6月21日（金）に静岡大学静岡キャンパスで実施した。

（9）（株）T研究所には2019年7月10日（水）に訪問した。T研究所ではテクニカルレポートを発行している。これは部外秘となっており、インタビューの場においてのみ論文を読むことができた。研究成果によって生成した知識の普及の点で、大学と商品開発の必要ある民間企業は異なる。

〈参考・引用文献一覧〉

隠岐さや香（2019）「学問分野のジェンダー化とその文化的起源—天才神話と有用性言説」『公開シンポジウム「なぜできない？ジェンダー平等　人文社会科学系学会男女共同参画の実態と課題」』日本学術会議第一部総合ジェンダー分科会・人文社会科学系学協会男女共同参画推進連絡会、8-27頁。

小椋佑紀（2014）「社会科学系研究者のキャリア支援—先行調査・資料からの検討—」『福祉社会開発研究』6号、5-14頁。

菊地俊郎（2010）『院生・ポスドクのための研究人生サバイバルガイド—「博士余り」時代を生き抜く処方箋』講談社。

北野秋男（2015）『ポストドクター—若手研究者養成の現状と課題』東信堂。

小林雅一（2016）「天才科学者をも苦しめる「ポスドク問題」のリアル—博士号をとっても40までは下働き」『現代ビジネス』2016年9月8日、講談社、https://gendai.ismedia.jp/articles/-/49671［2020年3月2日取得］。

静岡大学博士キャリア開発支援センター（2017）『静岡大学PDCCポストドクター・キャリア開発事業成果報告書』静岡大学。

日本学術会議科学者委員会男女共同参画分科会（2015）『提言—科学者コミュニティにおける女性の参画を拡大する方策』日本学術会議科学者委員会男女共同参画分科会。

日本学術会議第一部総合ジェンダー分科会（2019）『公開シンポジウム「なぜできない？ジェンダー平等　人文社会科学系学会男女共同参画の実態と課題」』日本学術会議第一部総合ジェンダー分科会・人文社会科学系学協会男女共同参画推進連絡会。

日本社会福祉学会（2018）『若手・女性研究者の研究・生活の現状と研究促進に向けた課題—若手・女性会員の支援のあり方に関するアンケート調査報告書—』日本社会福祉学会若手・女性研究者に対する支援検討委員会。

水月昭道（2007）『高学歴ワーキングプア—「フリーター生産工場」としての大学院』光文社。

水月昭道（2010）『ホームレス博士—派遣村・ブラック企業化する大学院』光文社。

文部科学省科学技術・学術政策研究所（2018）『ポストドクター等の雇用・進路に関する調査（2015年度実績）』文部科学省科学技術・学術政策局人財政策課、調査資料270。

文部科学省科学技術・学術政策研究所（2014）『ポストドクター等の雇用・進路に関する調査—大学・公的研究機関への全数調査（2012年度実績）—』文部科学省科学技術・学術政策局人材政策課、調査資料232。

文部科学省科学技術・学術政策研究所（2011）『ポストドクター等の雇用・進路に関する調査—大学・公的研究機関への全数調査（2009年度実績）—』文部科学省科学技術・学術政策局基盤政策課、調査資料202。

Ceci, Stephen J. and Williams, Wendy M.（2007）"Why Aren't More Women in Science?: Top Researchers Debate the Evidence" American Psychological Association.（大隅典子訳『なぜ理系に進む女性は少ないのか？—トップ研究者による15の論争』西村書店　2013）

Saini, Angela（2017）"Inferior: How Science Got Women Wrong and the New Research That's Rewriting the Story" Beacon Press.（東郷えりか訳『科学の女性差別とたたかう—脳科学から人類の進化史まで』作品社　2019）

〈表7-3〉静岡大学ポストドクター・キャリア支援事業による支援を受けた者の一覧

No.	博士人財名（イニシャル）	性別(M/F)	国籍	面談／セミナー等参加実績（回）	採用日	業種	就職先企業	元所属
1	SH	F	日本	6	H25.4.2	大学以外の研究機関	K研究所	その他
2	IY	F	日本	2	H25.4.16	製造業・電子機器	(株)T研究所	静大
3	HE	M	バングラディシュ	インターンシップ修了	H25.6.16	製造業・電子機器	(株)T研究所	静大
4	RO	M	ジンバブエ	1	H25.7.1	大学	H大学	静大
5	SF	M	日本	1	H25.10.1	大学	M大学	静大
6	SS	M	インド	インターンシップ修了	H25.12.1	製造業・化学工業	(有)PL	静大
7	MA	F	日本	1	H25.12.1	大学	S大学	静大
8	MA	M	日本	2	H26.4.1	製造業・化学工業	T工業(株)	静大
9	KT	M	日本	9	H26.4.1	大学	K大学	静大
10	EH	M	中国	2	H26.4.1	大学	C大学	その他
11	NY	M	日本	2	H26.4.1	大学	S大学	静大
12	SK	M	日本	インターンシップ修了	H26.4.1	製造業・食品業	T工業(株)	連携
13	LD	M	スリランカ	インターンシップ修了	H26.4.1	その他製造業	(株)S鉄工所	静大
14	AD	M	スリランカ	インターンシップ修了	H26.4.1	その他製造業	(株)S鉄工所	静大
15	FY	M	中国	インターンシップ修了	H26.6.16	製造業・化学工業	(株)K	連携
16	SS	M	中国	インターンシップ修了	H26.7.1	その他	S特許事務	その他
17	SS	M	日本	インターンシップ修了	H26.9.1	医療	(医)Tクリニック	連携
18	ST	M	日本	4	H26.11.1	大学	S大学	静大
19	OK	F	中国	5	H27.1.1	大学	Y大学	静大
20	MT	M	日本	3	H27.3.1	大学	S大学	静大
21	DV	M	インド	6	H27.3.1	大学	Y大学	静大
22	NY	M	日本	22	H27.4.1	大学以外の研究機関	(公)S機構	静大
23	ST	M	日本	7	H27.4.1	その他の官公庁	K振興財団	静大

24	OT	M	日本	9	H27.4.1	その他	特許事務Y	静大
25	MO	M	インド	2	H27.4.1	大学	S大学	静大
26	MK	M	日本	1	H27.4.1	大学	K大学	静大
27	AS	M	バングラディシュ	1	H27.4.15	大学	S大学	静大
28	RS	F	中国	10	H27.4.17	大学以外の研究機関	(株)TK	静大
29	YK	M	日本	1	H27.5.1	製造業・化学工業	IK(株)	連携
30	AT	M	インド	6	H27.6.1	大学以外の研究機関	(株)Tセンター	静大
31	SY	M	日本	7	H27.7.1	大学以外の研究機関	NH Instit.	静大
32	IA	M	日本	2	H27.9.1	サービス業	(株)TP社	その他
33	TY	F	日本	3	H27.10.1	製造業・医薬品	PI(株)	連携
34	TT	M	日本	10	H27.12.1	製造業・医薬品	(株)TP社	その他
35	KD	M	日本	インターンシップ修了	H28.1.1	製造業・機械	PI(株)	静大
36	KT	M	日本	14	H28.4.1	大学	(株)N製剤	
37	KH	M	日本	2	H28.4.1	大学以外の研究機関	(株)I研究所	静大
38	WT	M	日本	4	H28.4.1	情報・通信業	AD(株)	静大
39	SM	F	日本	11	H28.4.1	情報・通信業	(株)NFT	静大
40	SK	M	日本	3	H28.4.1	大学以外の研究機関	(株)Tラボ	静大
41	YT	M	日本	2	H28.4.1	製造業・食品業	SS(株)	連携
42	OS	M	日本	5	H28.4.1	製造業・機械	Y総業	静大
43	SP	F	インド	4	H28.4.1	情報・通信業	(株)PX	静大
44	IA	M	インドネシア	9	H28.4.1	製造業・食品業	(株)YD	静大
45	MH	M	日本	4	H28.4.1	初等中等教育機関	G高校	静大

46	AT	M	日本	1	H28.4.1	大学	N高専	静大
47	KM	M	日本	1	H28.4.24	製造業・電子機器	(株)TS	静大
48	SM	F	日本	29	H28.5.1	大学	S大学	その他
49	NS	M	日本	8	H28.9.1	製造業・電子機器	MB Tech	連携
50	CR	F	モーリシャス	2	H28.10.1	その他の官公庁	S教育委員会	静大
51	FT	M	中国	インターンシップ修了	H29.1.1	その他	S特許事務	静大
52	QI	M	中国	5	H29.4.1（内定）	その他製造業	(株)GS製造所	静大
53	RG	M	中国	4	未定（内定）	サービス業	(株)S	静大
54	BA	M	スリランカ	9	未定（内定）	製造業・電子機器	(株)T研究所	静大

出典：静岡大学博士キャリア開発支援センター，2017：47-48.

コラム | 科学技術基本法

　1968（昭和43）年に日本の科学技術政策について定めた法律の制定が模索されたが、頓挫した。1993（平成5）年に法律制定の気運が復活し、1995（平成7）年に議員立法により人文・社会科学のみに関わるものを除く科学技術政策について定めた法律として成立した。この「科学技術基本法」に基づき、5年ごとに「科学技術基本計画」を策定することになった。日本の経済社会を進展させ、国民福祉を向上させるために、内閣府の「総合科学技術会議」（2014（平成26）年以降の名称は総合科学技術イノベーション会議）によって、国家として科学技術の振興を図ることがねらいである。

　これまで第1期計画（1996（平成8）年度から2000（平成12）年度まで）から第5期計画（2016（平成28）年度から2020（令和2）年度）に至る5回の基本計画の策定において、研究者の競争による公募型研究の拡大、ノーベル賞受賞者の数値目標、自然災害からの復興支援、医療とエネルギー問題に関わるライフイノベーションの推進、人工知能・ロボット・物のインターネットの戦略的開発など、科学技術の実用化を目指した応用研究を政策により促進している。投資目標金額は、第1期基本計画で17兆円、第5期基本計画では26兆円に及ぶ。

　分野別の推進戦略として、研究分野の中で選択と集中を徹底して投資を行う。重点分野を選定する際には、社会・国家のニーズに迅速に対応していることを確認する。また、国際競争に勝つために不可欠で、長期戦略を明確にした国家主導の大規模プロジェクトであることが求められる。第5期基本計画では、新しい産業の創造と社会変革を見据えた超スマート社会としてのSociety 5.0を打ち出している。このSociety 5.0の実現に向けて、世界で最もイノベーションに適した国を実現しようとする。

　人文社会科学がこの基本計画の中では除外されている。科学と技術による社会の変革を目指す際に、人文社会科学の知識を利用しないことはバランスを欠く。また、科学技術基本法に基づき第1期基本計画で定めた「ポストドクター等1万人支援計画」は、研究の高度化と引き換えに研究者のポストを減らす原因となり、物議をかもした。

〈参考文献〉
閣議決定『科学技術基本計画』（2016（平成28）年1月22日）

［第8章］
遺族の悲嘆の理解とサポートのために

横関祐子

〈本章を読む前に〉

　私は、ひょんなご縁から、地元の死別体験者の語る会に関わるようになり、10年ほど経つ。病院で看護師として働いていたときは、患者さんの「死」は治療や看護の終わりを示し、その後、遺された人々のことを、恥ずかしながら、ほとんど考えることはなかった。読者の皆さんは、どうだろうか。

　日本の年間の死亡者数は約130万人（2017）であり、今後、「多死社会」と言われるように、年間の死亡者数の増加が予想される。そして身近な人の死により、悲嘆を抱えながら生きていく人も増えると思われる。

　かつての日本では、人が亡くなった後、葬儀や供養を通して、親類縁者や地域住民が死別の悲嘆を共同で受けとめ、遺族の悲嘆を和らげていた。しかし近年では、親類縁者・地域住民の関係性の希薄化、葬儀・法事の簡略化などにより、故人を知る多くの人と悲嘆を分かち合う場がしだいに薄れ、悲しみにくれる人を自然に支えることも少なくなってきている。このように、これまでの死別の分かち合いや共同性が失われつつある中で、人はどのようにして自らの悲嘆と向き合っていくのだろうか。

　私は、死別を体験した方々が語られるのをお聴きし、これまで知りえなかった遺族の思いを知った。愛する人が、この世から去った時、人は深く悲しい体験と自己の存在を見失うような苦しみに遭遇する。また、「心にぽっかり穴が空いたようだ」というような空虚感や、自分の一部がなくなってしまったなどの「喪失感」を体験する方がいることも知った。加えて死別後、悲嘆を抱えながらも、新しい生活に踏み出している人がいる一方、なかなかそれができずに苦しむ人や、悲嘆の分かち合い

がができずに、孤立している人たちもいる。

　私たちは、誰もが身近な人の死を体験する。どのような最期の別れを迎えるのか、人それぞれ異なるが、必ず身近な人の死を経験し、やがて自分にも悲嘆や喪失はやってくる。あなたの周囲で、身近な人を亡くされた方がいたら、どんなふうに接し、声をかけますか。自分が、身近な人を亡くしたとき、自分の悲しみを分かち合えるところがありますか。

　遺族の悲嘆の理解とサポートを、自分が必ず経験する「わたくしごと」として、少しでも考えていただく機会になれば幸いである。

はじめに

　人は、人生におけるいくつかの段階で、死別を体験する。両親の死、配偶者、兄弟、友人、そして場合によっては自分の子どもの死などいくつかの死別がある。身近な人の死別体験は、人生の中でも大きなストレスであり、心身に及ぼす影響は非常に大きい。エンゲル（Engel, G. L.：1913-1999）は、「愛する人を喪うことは心理的な外傷（トラウマ）になる。悲嘆は健康で健全な状態からの逸脱である」（Engel, 1961：18-22）と論じている。そして身体の傷には時間をかけて癒える過程が必要なように、死別体験者が心のバランスを取り戻すためにも一定の時間が必要となることを述べている。悲嘆に伴う喪失への反応は、いくつかの道をたどるが、その中で、心身の機能が損なわれ、時間が経過しても、十分に治癒しないことがある。

　たとえば不眠、不安が長く続き「うつ病」になるケースや、アルコール中毒に至ったり、持病が悪化する例である。特に愛する人の喪失は、実際に生きる経験を支える基礎的な状況を危うくし、これまでできていたこともできなくなるなど、生活にも大きな影響を与える。「通常ではない悲嘆」とされるものは、「複雑性悲嘆」「病的な悲嘆」と呼ばれ、治療の対象となるが、死別による悲嘆は、多くは少しずつ軽減されていくため、周囲には「疾患」とは理解されにくい。死別の悲嘆は、実際に経験してみて初めてその気持ちがわかる部分が多く、身近な死別を体験したことのない人にとっては、遺族の辛い気持ちが理解しづらい。そのため遺族が精神的に辛い状況であっても、

その辛い状況が、周囲に話してもわかってもらえなかったり、周囲も受けとめることができにくい現状がある。

　死に対する伝統的な日本人の心性は、悲しみを表に出さないで、じっと耐え忍ぶことが美徳とされる傾向がある。その上、高度経済成長の下、「泣くな、がんばれ」が強調され、悲しみを押し殺し、苦しみを表に出さず、何事もなかったかのように振舞うことを社会から求められてきた。「悲しみの涙」を封印し、日本の死別経験者の多くは最も大切な家族や身内の死別に直面しても、周囲の援助はなく、時間の経過を待つだけであった。

　また、バブル経済の終わった後の、1991年からのいわゆる「失われた20年」では、日本の仏教が果たしてきた葬儀や法事、お盆行事の機能が縮小され、悲嘆を癒す機能が社会的にも後退していった。加えて核家族化や地域社会の関係の希薄化により、共同体として悲嘆を分かち合うことも弱まってもきた。このような中、周囲の理解がないまま、悲嘆からうつ病を発症し、孤立や絶望に追いやられ、死に至る人たちがいる。また、死別後、遺族となり、追いうちをかけられるように、周囲の無理解により、さまざまなトラブルに襲われる例が少なくない。

　シュナイドマン（Edwin S. Shneidman, 1918-2009）は「つらい出来事の後になされる適切な援助」を「後治療（postvention）」ということばで示し、遺族の後遺症をできるだけ少なくすることの必要性を説いている（シュナイドマン，1980：48-59）。また、諸外国では、学校教育の中で、子どもたちが、やがては経験する死別の悲嘆教育が行われており、遺族の気持ちの理解についての教育が行われている。本章は、周囲に苦しみが理解されにくい遺族を、マイノリティと位置付け、遺族の悲嘆の理解とサポートのために悲嘆教育と遺族ケアの重要性を提言するものである。

1　死別後の心身への影響

　ホームズ（Holmes, T. H.）らは人生の中で起こった出来事のストレスを数値化した「社会的再適応評価尺度（ライフイベントストレス尺度）」を開発した。その中で配偶者の死を100とし、最もストレスの高いライフイベントとして位置付け、親族の死亡を63（第 5 位）としている。（Holmes・Rahe,

〈表8−1〉社会的再適応評価尺度（Holmes&Rahe, 1967）

順位	ライフイベント	LCU得点*	順位	ライフイベント	LCU得点*
1	配偶者の死	100	22	仕事上の責任の変化	29
2	離婚	73	23	息子や娘が家を離れる	29
3	夫婦別居	65	24	親戚とのトラブル	29
4	拘留	63	25	個人的な輝かしい成功	28
5	親族の死	63	26	妻の就職や離職	26
6	けがや病気	53	27	就学・卒業	26
7	結婚	50	28	生活条件の変化	25
8	解雇	47	29	個人的習慣の修正	24
9	夫婦の和解	45	30	上司とのトラブル	23
10	退職	45	31	労働時間や条件の変化	20
11	家族の健康上の変化	44	32	住居の変更	20
12	妊娠	40	33	学校を変わる	20
13	性的障害	39	34	レクリエーションの変化	19
14	新たな家族メンバーの増加	39	35	教会活動の変化	19
15	仕事の再調整	39	36	社会活動の変化	18
16	経済状態の変化	38	37	1万ドル以下の抵当(借金)	17
17	親友の死	37	38	睡眠習慣の変化	16
18	転職	36	39	団らんする家族の数の変化	15
19	配偶者との口論の回数の変化	35	40	食生活の変化	15
20	1万ドル以上の抵当(借金)	31	41	休暇	13
21	担保、貸付金の損失	30	42	クリスマス	12
			43	些細な違反行為	11

LUC得点：life Change unit score

Holmes, T. H., Rahe, R. H.（1967）. The social readjustment rating scale. Journal of Psychosomatic Research, 11（2）. 213-218頁.

林直子・鈴木久美子・酒井郁子・梅田恵編集（2019）『成人看護学　成人看護学概論（改訂第3版　社会に生き世代をつなぐ成人の健康を支える』南江堂.

1967：213-218）（表8−1参照）

　死別は、一般に短期間だけ防衛的なストレス反応が生じる急性ストレスではないかと理解がされやすいが、人間の心身に大きな影響を及ぼす。特に、死別の悲しみは一時的な悲しみとされ、心の問題だけと理解されやすいが、身体そのものにも大きな影響がある。

　身体への影響として、パークス（Colin Murray Parkes）らの研究があるが、55歳以上の男性で、配偶者を亡くすと、配偶者のいる人に比べて、死別後6ケ月で死亡率が40％近く上昇し、その死因の4分の3は、心疾患であることが報告されている（Parkes・Benjamin・Fitzgerald, 1969：740-743）。加えてストロエブ（Stroebe, Margaret S.）らの文献レビューでは、前述した心疾患の他、自殺、事故、肝硬変が死亡率に関係すると示している（Stroebe・

Stroebe, 1993：175-195）。また、大西秀樹は、すでにかかっている病気の悪化や、アルコール、タバコ消費量が増えることからアルコール中毒や肺がんなど危険な病気の誘因となっていると述べている（大西, 2017：19）。

　心への影響としては、単に気分の落ち込みだけでなく、うつ病になるケースがある。大西は、うつ病は通常人口の 2 〜 3 ％にみられるが、遺族は、死別後 7 ケ月で23％、13ケ月で16％に認められると（大西, 2017：18）指摘している。また。グオファ（Guohua Li）は、未亡人男性の自殺リスクは、既婚男性の、3.3倍であると報告している（Guohua, 1995：825-828）。

　遺族は、死別直後は、悲しいという気持ちを表出できないことが多いが、時間を経て、ようやく自分の気持ちを表出する場合がある。死別後、心身に不調を来たし、追いつめられ、絶望の淵に立った 4 人の方の手記を紹介する。

① 　倉嶋　厚（1924-2017）さんの悲嘆
　気象庁に勤めた後、NHKの気象キャスター、エッセイストとして活躍した倉嶋さんは、妻が亡くなった後の、自分の心身の影響について次のように語っている（平岩, 2001：115-117）。

　1996年 6 月、私の妻は胆管細胞癌のため、68歳 9 ケ月の生涯を閉じた。入院して癌の告知を受けて20日後の急逝だった。その時、私は73歳。子宝に恵まれなかったので、孤老の身になった。そして葬式の後始末、妻の遺産や遺品の整理、相続の手続きなど、私には不得手な仕事が続く中で、「妻の後を追いたい」という衝動に何度も駆られた。次に襲ってきたのは「後悔の波」の連続であった。
　別の治療法を選択していたら、まだ生きていたのではないかとか、臨終間際に「こんなことをしてやればよかった」などと、数々の後悔が私を責め立て、罪悪感にさえなるのであった。体重は妻の死後半年で63キロから47キロへと減った。ナチスの強制収容所のユダヤの人々の写真のような骸骨姿が映っていた。力がなくなり、シャツのボタンをかけたり、靴下やズボン下を脱ぐのが容易ではなくなってきた。失禁もあり、廃人になる恐怖を感じた。

また、食べ物の味が全然感じられなくなった。

　遺書を書きマンションの屋上から飛び下りようとしたのは、そのころである。柵を越え屋上の縁に立った。が、恐怖で身がすくんだ。家に帰っては、また階段を上り、柵を越えてはまた戻る。そんなことを1週間ほど繰り返した。いつも写真機を肩にかけており、管理人に見つかった時は「冬景色を撮ろうと思って柵を越えたのです」と言い訳をした。「ここで死ねば、すべてが終わる。妻のもとに行ける」と、心を決めて飛び上がってみた。が、体はただ真上に飛び上がっただけだった。直ちに私は、すべての仕事も義務も放棄して精神神経科に入院した。

②　川中なほ子さんの悲嘆

　1982年、「生と死を考えるセミナー」が上智大学で行われた。このセミナーは「死」をテーマとした社会人向けのセミナーで、800人以上の人が参加した。その中で、「経験者の立場から　家族の死と残された者の生」というテーマで上智大学講師の川中なほ子さんが、自分の死別後の悲嘆過程を次のように語っている（曽野・デーケン，1993：129-148）。

　8年前に、私は夫と兄を1週間のうちに、わずかに相前後して母、姑、叔母を数か月のうちに失いました。かくも残酷な死別の体験に、私は悲しみより恐怖におびえました。（中略）涙を流せない自分に無性に腹が立ち、人びとの慰めの言葉にかえって反発し、夫と親しかった人の生存していることをさえ憎み始めていました。（中略）

　心理的な悲嘆のプロセスは人によって様々でしょうが、私の場合は、やたらに攻撃的に怒りと不当感をおぼえたものです。孤独感も自己破壊的な攻撃性をもって突如私を襲うのです。死への誘惑というのでしょうか。時・ところをかまわずに自動車をとばし、大声で泣きわめきながら、涙でろくに何も見えないのに猛烈なスピードで走り、何処かに激突することを望んでいたのだと思います。実行できなかったのは、他人の死傷・迷惑が心のどこかにブレーキをかけていたのでしょう。

　医者や医学への不信と、他人への憎しみ、他人の同情や慰めの言葉に対す

る反撥、自分では考えてもいないうちに突如逆上してくる動揺、ふっと肩の息を抜くと、それだけで場所をかまわず流れてくる大粒の涙、本当に自分であって自分でないような毎日でした。

　肉体的にも、疲労を意識することすらありませんでした。姑の看病と勤めで、時には朝病院の仮ベッドから大学の教室へ直行する日が続いても、血圧が二百を超えていて大学のコンクリートの舗道がまるで雲の上を歩いているようにふわふわしていても自分のからだを意識することなどなかったと思います。よく、親切な方から「お身体だけは大切になさいよ。子供達のためですよ」と注意されても、どうしてもその言葉の意味がのみこめなかったのを覚えています。自分の身体のことなどは考えても、最後の最後だったと思います。

③　城山三郎（1927-2007）さんの悲嘆

　作家の城山三郎さんの妻は2000年2月、68歳で旅立った。がんと分かってから4ヶ月、入院して2ヶ月と少しであった。次女は、父の死別後の様子を次のように語っている（城山，2011：141-144）。

　母の死後、数日経って、父は独言のように、「看取ることができて幸せだった」とぽつりと言った。つまり、実は共に幸せな最期のときを迎えることができたのである。しかし、以後の七年間、父はどんなに辛かったか、計り知れない。想像以上の心の傷。その大きさ、深さにこちらの方が戸惑った。

　連れ合いを亡くすということは、これほどのことだったのか。子や孫は慰めにはなっても代わりにはなれない。ポッカリ空いたその穴を埋めることは決してできなかった。「一睡もできないって初めて知ったよ」、この言葉は衝撃的だった。（中略）

　それからは、父の日常から赤ワインが手放せなくなった。眠れず、食べられぬ日々。大げさなようだが、赤ワインのみで命を繋ぎとめていたような状態。血のみならず肉体すべてが赤く染まりそうなほどに。（中略）まるで赤ワイン信者になってしまったかのような身体は、すぐに悲鳴をあげ始めた。体重激減、肝臓数値の悪化。（中略）

　家族も本人さえも想像つかぬほどの心の穴。その喪失感を拭うことはできなくとも、一瞬でも解き放たれるよう、私は家族と共に茅ケ崎の実家に移り、仕事場の父との付かず離れずの生活を始めた。

　母が突然倒れて入院してからというもの、父は帰るどころか、よほどのことがない限り寄りつかなくなってしまった自宅。（中略）母の想いが強いだけに、二人だけの最後の思い出の家だけに、父は戻れなくなってしまったのか。

④　荒谷直美さんの悲嘆

　荒谷直美さんは、母である大谷美那子さんを病気で亡くす。（享年62歳）（Live on，2009：42-45）。死後 4 年たち、自らを振り返りながら、悲嘆と喪失感を以下のように語っている。

　母がこの世を去り、この夏で 4 年、私にとってはとても長い時間に感じられます。命あるものにはみな限りがあり、人は必ず死を迎えるときがきます。そのことは頭でもわかっているつもりでしたが、現実に、母の死に直面したとき、その事実を受け入れられずに随分苦しみました。発病後 2 週間ほどでこの世を去ってしまったというとても急な事態に、真正面から向き合うこともできず、毎晩泣いていてばかりの日々をどれだけ過ごしたことでしょう。母ともう一度、夢の中でもいいから話がしたい、子どもの成長の節目ごとに、母ならどんなに喜んでくれることかと、伝えられない虚しさに駆られます。

　この何とも言葉では言い表し難いほどの喪失感をなかなか拭い去ることができずにいます。ただ、今、これが正直な心境であり、当然なのではないかと少しずつ自分の中で認められるようになってきました。（中略）

　今もこころにずっと忘れられないことがあります。母は短い人生でしたが、無菌室に入り、面会も 1 日僅か 5 分しか許されない状況でした。母はよく 1 日の様子を短く携帯メールで知らせてくれましたが、ある日、珍しく改まった内容のメールが届きました。

　「このたびは随分心配をかけて心苦しく申し訳ない気持ちで一杯です…。苦しみの多い人生の中で、貴方が生まれ育てられたことは私の人生にとって、

最高の幸せでした」

　その数日後、母は亡くなりました。40度を越す熱に苦しみながら書いたメール。あのとき、孤独な病室で母は一体どんな気持ちで書いたのか、考えただけで今でも心が痛みます。そして平坦ではなかった母の人生は、一体何だったのだろうか？　いろいろなことが頭を駆け巡りました。

　医療側からすると、患者が亡くなれば治療は終了する。しかし、遺族の悲しみ、苦しみはこの時点から始まるのである。4人の経験からみえてくることは、死別の悲嘆によって、絶望の淵に追いやられた遺族の姿である。心身ともに非常に不安定な状態であることが伺える。また故人がどのように亡くなったのか、死の間際に起こったことが遺族の悲嘆にも大きな影響を与えることも伺える。

2　理解されない遺族の悲嘆の社会的背景

(1) 日本人がもつ精神性

　土居健郎（1920-2009）は「日本人には、個人的な悲しみを外に出したくない、内に秘めておきたいという、それこそ非常にプライベートな感情があります。本当に自分と悲しみを分かち合える人には、その悲しみを出すけれども、そうではない場合は一種の微笑みの陰にそれを隠してしまうのです」（土居，1971：145）と述べている。また、平山正実（1938-2013）は「日本人には、自分の悲しみや怒りの感情を表出することは恥であるという意識が強い。むしろ自分にふりかかってきた悲しい出来事は運命として受け入れ、あるがままの姿でそれを受容してゆこうとする。日本人は自分の苦しみ、怒りを自然なものとして静的にとらえる。そして嫌なこと、悲しい思い出、苦しかったことなど簡単に忘却の彼方に押しやってしまう。かれらは、暗い過去を水に流すことに対してあまり強い抵抗を示さない」（平山・デーケン，1986：4）と述べている。日本人は元来、悲しみを外に出さない傾向にあるがゆえに、周囲には、その悲嘆が理解されにくい一面をもつ。

（2）戦後の高度経済成長が与えた「がんばろう主義」

加えて、戦後の日本の高度経済成長が、悲嘆にも影響を与えてきた。柳田
邦男は、「日本の高度経済成長期以降の歴史は、大人の世界でも子どもの世
界でも、『明るく、楽しく、強く』『泣くな、頑張れ』ばかりが強調され、
『悲しみ』あるいは『悲しみの涙』を排除し封印してきた歴史ではなかった
か」と語っている（柳田，2008：144）。

同様なことを水野治太郎も指摘する。日本人に頑張り屋さんが多い理由と
して、以下のことを挙げている（水野，1996：18）。①社会全体が激しい競
争の渦に巻き込まれており、頑張っていないと安心しておれないから。②日
本は助け―助けられる関係、つまり互恵社会ではなくて、他人を信頼せず、
あくまで自力で自分を助ける自助型の社会、あるいは孤立化した人間観に依
拠している。③貧しい時代の習慣から抜け出せず、「もっと、もっと」の欲
望充足の体質をもっている。現代社会の支配的な価値観ある合理主義・競争
主義・成功主義・能率主義・効率主義が「がんばろう主義」を生み出してい
るという。そして病気や挫折などすると、業績があげられない状態に陥れば
それは敗北である。こういう価値観に支配されていると、敗北感が邪魔をし
て、他人の弱さや、苦しみを受容したりすることはできないとも指摘してい
る。遺族が傷つくことばとして、「あなたがしっかりしないとだめ」「あなた
より大変な人はいるのよ」などがあるが、その背景にはこの戦後の高度経済
成長の「がんばろう主義」が悲嘆の回復の障害のひとつになっている。

小此木啓吾（1930-2003）は、1979年に「悲嘆排除症候群」ということば
を使って、高度成長の中で、現代社会は悲しむことを排除し、現代人は悲し
みや苦しみを感じさせるものを眼前から遠ざけておきたいという心性に支配
されていると、指摘している（小此木，1997：194-212）が、約40年たった
今日でもその風潮は依然として存在している。「がんばる」という成長物語
を追いながら、悲しみはまだまだ隠される傾向にある。

（3）病院死の増加と悲嘆

日本の高度経済成長とともに、医療技術も高度な進歩を遂げていった。今
日の医療の発展の影には病院の存在があるが、病院の数は増加するとともに、

〈表8-2〉 医療機関における死亡割合の年次推移

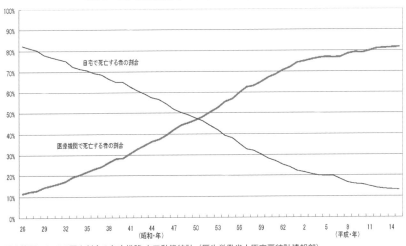

自宅で死亡する者の割合

医療機関で死亡する者の割合

医療機関における死亡割合の年次推移.人口動態統計（厚生労働省大臣官房統計情報部）
https://www.mhlw.go.jp/bunya/shakaihosho/iryouseido01/pdf/tdfk01-02.pdf

医療機関において死亡する者の割合も年々増加していった。1950年には85％
の人が自宅で死亡していたが、1976年には、割合が逆転し、2014年には約
78％の人が医療機関で死亡している。（表8-2参照）

　同時に「生」の場所もさらに医療施設へと移行していった。1950年には、
出生場所のほとんどが、自宅・その他であったが、その後、医療施設での分
娩が増え続け、現在では医療機関での分娩がほとんどとなっている。（表8-
3参照）

　このように日本の医療の進歩は、高度成長ともに「病院で生まれ、病院で
死ぬ」という社会をもたらしていった。

　病院での生と死により、日常の場での生と死はなくなっていった。かつて
日本では家庭で赤ちゃんが誕生し、皆で祝ったり、祖父母を家で看取る経験
をし、生と死を自然と受容する術を身につけていた。しかし病院死の増加に
より、死は自然なものととらえられず、受け入れがたいものと位置づけられ、
それは遺族の悲嘆にも影響していると考えられる。

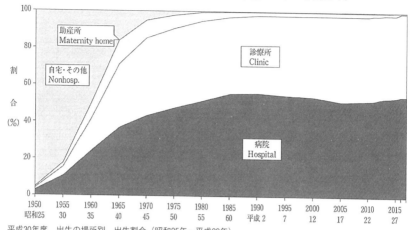

〈表8−3〉出生の場所別，出生割合（昭和25年〜平成29年）

平成30年度．出生の場所別．出生割合（昭和25年〜平成29年）
Love Births and Percentages by Place of Birth, 1950-2017.
母子衛生研究会（編集協力）(2019)．『母子保健の主なる統計』48項．母子保健事業団．

(4) 仏教寺院の存続の危機

　鵜飼秀徳は、「いわゆる『失われた20年』で寺院を取り巻く状況は一変した。地方から都市への人口流出、住職の高齢化と後継者不足、檀家の高齢化、布施の『見える化』、葬儀・埋葬の簡素化など、社会構造の変化に伴う問題が次々に浮上。全国では空き寺が急増し、寺院の整理・統合の時代を迎えようとしている」と述べている（鵜飼，2015：267）。バブル経済の終わった後1991年からの20年を「失われた20年」というが、この時期に、日本の多くの寺院が経営として困難になるとともに、それは死後の祭祀にも影響を与えていった。葬儀が簡素化していくとととともに、葬儀を通しながら親類縁者や地域住民で支えていた死別の悲嘆の共同性が、次第に薄れていったのではないかと考えられる。

3　遺族に対する無理解

　死別して失意の中にある遺族に対して、心ない言葉を浴びせたり、時には攻撃的な態度にでる現実がある。大西秀樹は「遺族ケアをしても、家に戻った時に周囲の人が発した心ない一言で傷つき、今まで行ってきたケアが後退

するような状況を何度も経験した。これは、言った本人にも問題があります
が、我が国でも約半数の遺族がこれを経験していることから、社会全体が遺
族に対する学びを深めてこなかったことも影響しているはずです」（大西,
2017：32-36）と述べている。遺族に対する無理解にはどのようなものがあ
るのだろうか。セルフヘルプグループでの語りや文献から抜粋したものを述
べる。

① 母の葬儀が終わりほっとしていた矢先、「返礼品をもらっていない。失
　礼ではないか」と、葬儀参加者から親族へ苦情の電話があった。再度、
　具体的にお話をきかせていただきたいと親族が申し出るも、日程を合わ
　せる段階で忙しいことを理由に会うことを拒否する。自分たちに何か非
　があったのではないかと悩んでいる。（横関, 2019）

② 返礼品の中にお砂糖があった。帰るときに「こん重いものよこして…」
　と言った弔問客がいた。遺族は、心無いことばに、傷つき何年たっても
　心に残っている。（横関, 2019）

③ 夫に先立たれ、茫然自失。何もわからないまま、葬儀は終了。誰がどこ
　にいるのかもわからなかった。葬儀の翌日、失意にくれていると電話が
　鳴った。声の主は親族。何かと思うと「おい、ふざけるな！ 葬儀の時
　の俺の席が、なぜ後ろのほうなんだ。謝罪しろ。そうでなければ親戚づ
　きあいはしない」と一方的に言われる。その後、眠れなくなり、気分が
　沈み、食事がのどを通らなくなった。親族の一言が引き金になり、うつ
　病に。回復まで5年の月日がかかった（大西, 2017：32-36）。

④ 夫が心筋梗塞で死亡。勤務中に死亡したため、死に際にも立ち会えず、
　失意の中で暮らしていた。ある日、弔問客が来た。自宅に招き入れると
　その弔問客は、線香をあげ、帰り際、「お前のせいで死んだんだ！」と
　怒鳴り、そのまま立ち去って行った。「自分が殺してしまったのか」と
　恐ろしくなった（大西, 2017：38-41）。

　辛く、身心ともに疲弊している遺族に対し、このように罵倒するようなトラブルはなぜ起こるのだろうか。

　第一に考えられることは、周囲の人も辛く悲嘆にくれている精神状態である。悲嘆を悲しみと表出できず、遺族に対し「怒り」として表出している可能性がある。その背後には、生前の故人や遺族との関係性も関わっていると考えられる。

　第二に、遺族に対して距離をとったり、どのようなことばがけを行って良いのか、わからないことが挙げられる。かつての日本は、生と死が日常の中にあり、成人する前に祖父母などの葬儀を経験し、悲しんでいる人たちに対して、距離のとり方やことばのかけ方など自然と学んできた。しかし高度成長以降、死は非日常化し、日本人の平均寿命が伸びたことから、親族の死や遺族の悲しみを理解できないまま成人することも影響していると考えられる。

　第三に、遺族は、死の前後、身体的、精神的に変化し、行動面で後退しているという理解が周囲には不十分であるということである。遺族は辛い思いをしているのと同時に集中力が困難になったり、できていたことも、できなくなってしまうことがある。

　以上のような周囲の無理解により不安や悲しみが増え、やがて周囲とつながろうとしなくなる。そして絶望と孤独に苛まれることになる。このように遺族に対する無理解によるトラブルは、表に出にくいが実際には多くの方が経験していると考えられる。

4　悲嘆教育について

　遺族の苦しみが周囲に理解されない現状の中、遺族の悲嘆の理解とサポートのためにどのようなことが必要なのであろうか。それには、いずれ自分にも悲嘆がやってくることとその対処についての教育が必要である。

(1) 悲嘆教育の必要性

　大西は、遺族に対しての無理解を防ぐためには、「死別に関して『若い時に』知識として取り入れていく必要がある」（大西，2017：42）と述べている。これに関して、日本の「デス・エデュケーション」の創始者であるアル

フォンス・デーケン（Deeken, Alfons：1932-2020）は、「死への準備教育」の一環の中での「悲嘆教育」の重要性を語り、死別に関する学びを、小学校から学校教育に取り入れる必要性を（デーケン，2003：120-121）述べている。

デーケンは1995年に、海外において、子どもに対する悲嘆教育の実情を視察している。次世代を担う子どもたちが、いずれ遭遇するであろう死別の悲嘆から、どう立ち直れるか、そのために何をしたらよいかと、真剣に取り組む姿があったという。以下は、デーケンが視察した際の3ケ国の悲嘆教育に関して要約したものである（デーケン，2003：70-121）。

イギリスでは、悲嘆教育への社会的な必要性への認識の高まりから、中・高校のカリキュラムに「喪失体験と悲嘆（Loss and grief）」を取り入れるところが増えつつある。ホスピスで実際に末期患者のケアに当たっている看護師たちも、学校側からの要請があれば、出向いて悲嘆教育の講義を行っているという。子どもたちにとって医療関係者や遺族たちの話を直接聞くことは、文章を読むよりはるかに心に刻まれる。

オーストラリアでは「全国喪失と悲嘆協会（NALG：National Association for Loss and Grief）」という組織があり、1994年から、毎年8日間を「悲嘆啓蒙週間（National Loss and Grief Awareness Week）」に設定し、各州でキャンペーンを行っている。（設立背景には1977年の大きな列車事故があった）こうした活動のなかで、シドニーとその近郊の中学・高校では、年1回「悲嘆教育の日」を実施するようになった。教師、生徒、父母が一緒になって、「喪失と悲嘆」というテーマで、1日中多角的な学習を行う。まず日常的に起こるさまざまな喪失体験にどう対応するかを考える。小さな喪失体験の対応の仕方を習得して、将来、もっと大きな喪失体験とそれにつづく悲嘆のプロセスに対処できるようにする。また、オーストラリアでは、教師になるには、いつでも生徒たちの喪失体験に対応できるように悲嘆カウンセラーなどの専門家から悲嘆教育を受けることが義務づけられている。

アメリカでは、ミネソタ州における悲嘆教育と悲嘆カウンセリングの実例

を挙げている。喪失体験のある子どもたちの8回のセッションの内容を紹介している。ミネソタ州では、子どもたちにいつも社会的な側面まで考えさせるように指導し、自分が立ち直るだけでなく、自分の苦しい体験を積極的に社会に役立てるためにはどうしたらよいかと、子ども自身で考えさせるという。たとえば10歳の子どもでも、もしこれから、交通事故で父か母を亡くした同世代の子どもがいたら、その子とどうコミュニケートしたらよいか、どのように他者の苦しみを支えられるかと、自分の経験を総括してまとめさせていたという。

またダギーセンター（Dougy Center）での取り組みも紹介しているダギーセンターは、病気や事故や自殺、殺人などによって家族を失った子どもが悲しみから立ち直るまでを援助する非営利組織である。ダギーセンターの子どもたちが、感情を思い切り表出するための工夫を紹介しているダギーセンターは1990年までの8年間に、5,000人以上の子どもと親たちのカウンセリングにあたり、ここをモデルとした、子どものための悲嘆教育とカウンセリングの施設が全米に26ケ所あり、地道な活動がなされている。

デーケンは、悲嘆教育を含む「死への準備教育」を提唱し、1980年代から「生と死を考える会」活動が全国に展開された。ここでは生涯教育として主に中高年を対象とした死の学びとホスピスの学びや普及・啓蒙、死別の分かち合いが行われた。しかし若い人たち、つまり学校教育への導入は、なかなか進まなかった。

同様に死を通していのちの大切さの教育を提唱している得丸定子は「上越教育大学いのちの教育を考える会」を設立し、毎年「いのちの教育実践のための研修講座」を開催している。CD-ROM教材を開発し、その中には「悲しみってなあに？ ―悲しみをより理解するために」「どうしたらいいの？ ―大切な人を亡くしたときの心の傷」など、死別後の悲嘆に関する学びも含まれている（得丸，2008：28）。しかし、その教育は日本の多くの現在の学校教育で取り入れられているとは言い難い。

実際、現場の教師は、死について教えることについて抵抗感を感じている部分がある。上野昌之は日本の『学習指導要領』の変遷から道徳における

「生」に係る事項を概観した上で、現場の教員には「生」「死」を直接的に扱うことの難しさがあり、「いのちの教育」という言葉すら抵抗感があり、その意味の重さや教えにくさが教員に躊躇をさせるものとなっていると述べている。そして「社会的に負のイメージが付きまとう『死』に対してはなおさら学校での扱いは難しさを伴うものである」とも述べ、死のイメージがネガティヴにとらえられている社会の影響から、学校で教員が死について教える難しさがあることも述べている（上野，2014：17-24）。

　また、大町 公は、「神の存在を教えることなしに、死への準備教育を行なうことは可能だろうか。言葉を換えれば、信仰を持たずに死について講義することは可能なのか。倫理的に（「倫理的に」では軽すぎるようにも思うが、適当な言葉が浮かばない）許されるのかどうかという不安である」（大町，1992：19）と問題提起をしている。死について最後の核心部分では、超越的な「個を超えたいのち」に触れざるを得ず、現世的な考え方だけでは到底、困難になる。この問題と深く関わってきたのは伝統的に宗教であるが、現在の公立学校は何らかの宗教を教えることは「教育基本法」（第9条：2019）によって禁止されており、教員が踏み込んだ教育をしづらいという面をもつ。

(2) 医療者や遺族による悲嘆に関する学びの普及について

　現在の学校教育では、性教育や交通安全教育などは広く行われ、どちらかというと「生の教育」が主体になっている。死からいのちの大切さを学び「生きる力」を育むデーケンや得丸の考え方は、上述したように、まだまだ日本の中では理解されていないのが現状である。しかし、人間、誰もが身近な人の死を経験し、自らも死んでいく存在である。これは逃れられない真実である。そして、子どもたちが、どこかの人生の段階で、死別に遭い、悲しみがやってきたとき、彼らは道標になるようなものを持ち合わせているだろうか。また、その悲しみを支えてくれる社会があるのだろうか。

　筆者はこれまで地域の遺族の方とともに、死についての学びや悲嘆について学んできた経験から、子どもたちが、悲嘆を経験する前に、遺族の話を聴いたり、医師や看護師から、人生の最終段階における身体や心の変化について聴いたり考えたりすることは、遺族の無理解を防ぐこととともに、以下のよ

うな可能性があると考える。

①自身の悲嘆軽減
・身近な人が亡くなる前の最期の時間は、亡くなる本人はもちろん、周囲の人たちにとっても大切な時間であると認識する。
・身近な人が亡くなった後は、人生の中で、心と身体のバランスを崩しやすい時期であると自覚でき、自己の心や身体に目を向けようとする。そして場合によっては、周囲に医療を含むサポートを求めてよいと思える。
・身近な人が亡くなった後は、自分が大きなストレスを受けている時期であり、今までできたこともできたことができなくなるなど、行動面での後退もあると知識的に理解する。

②遺族の悲嘆の理解
・身近な人が亡くなった後は、人生の中で、心と身体のバランスを崩しやすい時期であると理解することで、遺族に、どのようなことばがけをしたり、距離感をもとうとするかを考えるようになる。
・遺族は、周囲に目がいかなくなるなど、行動面での後退もあると知識面で理解できる。そして、サポートが必要なときは、手を差し伸べることができる。

　死についての学びは、上述したように教員が抵抗感を感じている状況にあるが、今後は、いずれ子どもたちが経験する悲しみに対処する健康予防、自殺予防を目的とした悲嘆教育とし、悲嘆教育の一環として死について学ぶというスタイルが、実践的で理解されやすいのではないかと考える。
　カール・ベッカー（Becker, Carl-bradley）は、死別から健やかに立ち直る様々な手を事前に知っていれば、万が一の場合、こころの傷や長引く悲嘆をより効果的に癒せる（島薗・竹内他，2014：100）と述べている。遺族や医療者の語りは、悲嘆軽減に役立ったり、遺族となった人々への接し方を学べる可能性がある。このような学びを学校現場で行うことを考えるとき、単に学校の教員だけにまかせるのではなく、地域の遺族や医療関係者などの協力

を得ながら、実践していくことが必要である。遺族や医療者も新たな役割として「学校現場での悲嘆に関する学びの普及」があることを理解する必要がある。

5　遺族ケアの必要性

　大西は上述した悲嘆の教育の重要性を述べる反面、どんなに死別教育が充実しても遺族を罵倒する人はおり、傷ついた人を守る場所も必要になることを述べている（大西，2017：42）。これまで日本の医療は、生が中心で、死別後の遺族に対し目をあまり向けてこなかった。死別後、悲嘆反応が長く続いたり、死別後のトラブルに巻き込まれたときに、医師、看護師、ソーシャルワーカー、臨床心理士、グリーフケアの専門職、臨床宗教師などによる遺族ケアが必要となる。病気による死だけでなく、自死、自然災害、事件や事故に巻き込まれた突然死の遺族ケアも医療の活動の中でより求められていくだろう。また、死別後のトラブルの相続等の問題では弁護士や司法書士などの法律の専門家も必要である。東京都世田谷区にある「グリーフサポートせたがや」のように、自分の住む自治体に、遺族に特化した相談窓口があるのは、死別を体験し途方に暮れ、誰に相談してよいのかわからない遺族には、明確でわかりすいといえよう。

　医療の遺族ケアは必要ではあるが、まずは遺族が自分の悲しみを打ち明け、悲しい気持ちをじっくり聴いてもらえ、遺族がお互いに分かち合える場所が必要である。遺族が分かち合うことで、悲しい思い出を忘却に押しやってしまうのでなく、死と自己の悲嘆に向き合うことが可能になってくる。聴いてくれる人がいるから語ることができ、自分の気持ちを整理したり、総括することができるのである。人と人が対等に向き合い、語り合いを中心とした活動は、ケア効果を生むといってもよい。地域社会が薄れた現代において、セルフヘルプグループやサポートグループなどは日本のどこの地域にも必要である。

　また「1　死別後の心身への影響」で述べた、死別を体験した方々の語りから考えると、死別後、心身ともに不安定な人たちを、地域やそばにいる人たちがある一定の期間見守るという意識も必要である。地域のセルフヘルプ

グループは遺族のサポートだけでなく、新しいコミュニティや新しい共同性を生む可能性も秘めている。それは、癒される場所としてのみならず、再生にもつながっている。

　日本のセルフヘルプグループのひとつに、神奈川県大和市に「大和・生と死を考える会」がある。会では死別体験者の分かち合いの他、2004年頃から演劇活動を行っている。遺族は仲間で演じることで自己が解放され、孤独感が癒され、演じることで、自己を見つめ直している。中には、死別による悲嘆から、うつ状態で閉じこもっていた人が、分かち合いや演劇活動後、自ら仕事を探して就職し、次のステップへと歩き始めた例もある（横関，2018：241）。また在宅ホスピスを展開しているケアタウン小平では、在宅ホスピスの遺族会「ケアの木」がある。ケアタウン小平のスタッフに救けられた遺族が今度は「救け人」という形で医療スタッフを支えている。これはケアが循環し、新しいコミュニティを創り出しているともいえる（横関，2018：241）。

　今後は、医療や法律、宗教者、セルフヘルプグループやサポートグループなどがそれぞれの役割をお互いに理解し、連携していくことで、より重層的なサポートシステムを構築し、遺族のニーズに対応できる社会に貢献できるのではないかと考える。

　身近な人を亡くした遺族のサポートを行うためには、いずれ自分にも悲嘆がやってくることとその対処についての悲嘆教育、そして、死別後の遺族のケアの両方があることで、より遺族へのサポートにつながると考える。

6　遺族ケアの日本の取り組みの現状

　日本における遺族ケアの取り組みはまだまだ不十分であるが少しずつ、取り組まれつつある。その現状を以下に述べる。

(1) 医療活動

　遺族が、うつ病の症状により精神科や心療内科等に受診することがあるが、遺族を対象とした外来として、大西秀樹が行っている「遺族外来」がある。対象を遺族に特化したものとして貴重であるが、「遺族外来」そのものが全国に普及していくという動きは今のところみられていない。また医療におい

て遺族ケアは保険診療の対象になっていなく、遺族の悲しみを癒すための制度も今のところ整っていない。

　一方、ホスピス・緩和ケア病棟においては、遺族ケアが行われている。坂口らによる全国のホスピス・緩和ケア病棟を対象とした実態調査（坂口, 2017：124）によると、2002年の調査時、95％の施設が何らかの遺族ケアプログラムを提供している。その中で最も多かったのは、手紙送付（89％）と、追悼会（75％）であった。

　自然災害が多いと言われる日本では、避難所や仮設の住宅などで、遺族の心身のケアが行われている。しかし、いわゆる一般的な医療現場で遺族への取り組みはまだまだ行われていない。

(2) グループ活動
①セルフヘルプグループ
　セルフヘルプグループは主に死別体験を持つ人たちによって作られ、参加者たちの自主性が最も重視される。その目的は自分が抱える悲しみや苦しみをグループメンバーと分かち合いながら、自ら死や悲嘆と向き合うことにある。

　セルフヘルプグループの特徴の一つに、同じ体験をもつ人々が共感し、つながることで、孤独からの解放が挙げられる。セルフヘルプグループで行われる分かち合いの活動を通して、自分の問題を客観的にみる機会にもなる。また、リースマン（Riessman, Frank）が提唱した「ヘルパー・セラピー原則」（Riessman, 1965：7-32）があるのも特徴である。これまで「援助される側」にあった人が、自然と「援助をする側」になることがあり、援助をする者が人を援助することにより、得ているものがあるという考え方である。

②サポートグループ
　サポートグループは主に当事者以外の専門家によって運営されおり、医療現場の取り組みの一部としても入る。サポートグループは専門家やグループメンバーの助言を受けながら、参加者が、自身の抱えている問題と折り合いをつけながら生きていくことを目的としている。

　また、遺族に特化したものでないが、樋野興夫を中心にした「がん哲学外来」が2009年から始まった。科学としてのがんを学びながら、がんに哲学的な思考を取り入れていくという立場で、立場を越えて集う交流の場をつくることから活動を始めたものである。患者だけでなく、遺族の参加もあり、"対話の場"であるメディカルカフェという形で全国に広がりつつある。同様に、お茶を飲みながら気軽に話そうという「デス・カフェ」も広がりつつある。

（3）組織的活動

　世田谷区の補助事業として、「世田谷区グリーフサポート事業」がある。死別体験者の対面個別相談、電話相談、グリーフに関する啓発事業、グリーフに関するネットワークづくりを行っている。

　また葬儀会社は近年、葬儀だけではなく人生の最終段階に関係する幅広い活動を行い、遺族サポートを行っている。活動内容は、さまざまであるが、分かち合いや旅行などが主な活動内容である。

（4）遺族ケアの専門職の養成と研究機関

　遺族ケアの専門職の養成をし、資格化しているところが、各地で誕生している。その先駆けは、日本グリーフケア協会が2008年に始めたグリーフケアアドバイザーである。

　翌年2009年には、聖トマス大学において日本グリーフケア研究所が設立された。この日本グリーフケア研究所は翌年、上智大学に「上智大学グリーフケア研究所」として移管され、「グリーフケア人材養成講座」を開講している。同大学は、2016年、大学院において実践宗教学研究科死生学専攻を開設した。

　また日本スピリチュアルケア学会は、スピリチュアルケア師の資格認定を2012年から行っている。加えて一般社団法人日本臨床宗教師会は、「認定臨床宗教師」の資格制度をスタートさせ、2018年3月に第1回「認定臨床宗教師」を認定している。

　以上のように各分野での活動が行われているが、それぞれの活動の向上は
もちろん、連携や協働をしながら、実践的な取り組みが広がっていくことが
望まれる。

おわりに

　人は誰もが身近な死を経験する。その中で、心身に影響を及ぼしたり、周
囲の心ないことばに悩まされ、絶望の淵に追いやられる人たちがいる。日常
生活の中で死が経験できないことや葬儀の簡素化、核家族化や地域のつなが
りが薄れてきた現代において、遺族の困難な状況を周囲が理解し、見守る必
要がある。死別の悲嘆は個々に異なるが、悲嘆を分かち合うことは重要であ
り、死を通して人と人が向き合うあり方が問われている。悲嘆についての理
解は健康予防教育、自殺対策教育にもつながっていき、若いうちから、悲嘆
や死について学ぶこと、そして傷ついた遺族をケアする社会が今、求められ
ている。

　若いうちに悲嘆教育を受けた人は、どのように死をとらえることができる
のだろうか。全米の大学で使用されているデス・エデュケーションのテキス
トの著者のリン・アン・デスペルダー（Despelder, Lynne Ann）が日本で講
演した際に、デス・エデュケーションの成果として発表を行っている（水
野・日野原・デーケン他，2006：132）。そのときのことばを引用して、おわ
りのことばとしたい。

デス・エデュケーションの成果

リン・アン・デスペルダー

　ある日のことです。車を運転中に信号待ちで停車すると、道の反対側の故
障した車のそばに、若い男性がいました。それが私のクラスで学んだ学生で
あることに気がつきました。彼は私を見つけると、道の向こう側から大声で
叫んだのです――「デスペルダー先生、私の姉が亡くなりましたが、よい経験
でした」と。後続の車の人はびっくりしていましたが、私は彼が何を言わん
としているのかよくわかりました。彼は、デス・エデュケーションのコース
を受講したことによって、お姉さんの死に上手に対処するすべを学んだので

す。デス・エデュケーションは、人が選ぶ選択肢を増やし、死を理解するための多くの手段を提供するのです。

〈参考・引用文献一覧〉

アルフォンス・デーケン（2003）『生と死の教育』岩波書店。

E.S.シュナイドマン 白井徳満他編（1980）『死にゆく時—そして残されしもの』誠信書房。

上野昌之（2014）「道徳教育における『生』の探求と指導—『いのちの教育』と『デス・エデュケーション（生と死の教育）』をめぐって—」『早稲田大学教育学会紀要』第16号、17-24頁。

鵜飼秀徳（2015）『寺院消滅—失われる「地方」と「宗教」』日経BP社。
　http://osan-kojo.com/osan/osannodata01.htm　［2019.6.17取得］

大西秀樹（2017）『遺族外来—大切な人を失っても』河出書房新社。

大町 公（1992）「死への準備教育—特に大学生に対して—」『奈良大学紀要』第20号、13-21頁。

小此木啓吾（1997）『対象喪失』中公新書。

坂口幸弘（2017）『悲嘆学入門』昭和堂。

島薗進・竹内整一編（2014）『死生学［1］死生学とは何か』東京大学出版会。

城山三郎（2011）『そうか、もう君はいないのか』新潮社。

人口動態統計（厚生労働省大臣官房統計情報部）。「医療機関における死亡割合の年次推移」
　https://www.mhlw.go.jp/bunya/shakaihosho/iryouseido01/pdf/tdfk01-02.pdf　［2019年2月27日取得］

曽野綾子・デーケン編（1993）『生と死を考える』春秋社。

得丸定子（2008）『次世代への「いのちの教育」をひもとく』現代図書。

土井健郎（1971）『甘えの構造』弘文堂。

林直子・鈴木久美子・酒井郁子・梅田恵編集（2019）『成人看護学　成人看護学概論（改訂第3版社会に生き世代をつなぐ成人の健康を支える』南江堂。

平岩弓枝編（2001）『伴侶の死』文藝春秋。

平山正実・A・デーケン編（1986）『身近な死の経験に学ぶ』春秋社。

母子衛生研究会（編集協力）（2019）.『母子保健の主なる統計』母子保健事業団。

水野治太郎（1996）『弱さにふれる教育』ゆるみ出版。

水野治太郎・日野原重明・アルフォンス・デーケン編著（2006）『おとなのいのちの教育』河出書房新社。

文部科学省　教育基本法第9条。
　http://www.mext.go.jp/b_menu/kihon/about/004/a004_09.htm　［2019.6.19取得］

柳田邦男（2008）『言葉の力　生きる力』新潮文庫。

横関祐子（2018）『アルフォンス・デーケンの死への準備教育』オフィスエム。

横関祐子（2019）『セルフヘルプグループの語り 遺族の語りメモ』（2019/3/16　上田生と死を考える会定例会 於、千曲荘病院）

Live on（2009）『102年目の母の日〜亡き母へのメッセージ〜』長崎出版株式会社。

Engel, G. L.（1961）. Is grief a disease?. Psychosomatic Medicine, 23. pp.18-22.

Frank Riessman.（1965）. The helper therapy principle, Social Work: 10(2). pp.7-32.

Guohua Li（1995）.The interaction effect of bereavement and sex on the risk of suicide in the elderly: An historical cohort study. Social Science and Medicine, 40(6). pp.825-828.

Holmes, T. H., Rahe, R. H.（1967）. The social readjustment rating scale. Journal of Psychosomatic Research, 11(2). pp.213-218.

Parkes C. M., Benjamin, B., Fitzgerald, R. G.（1969）. Broken heart: a statical study of increased mortality among widowers. Br Med J 1 . pp.740-743.

Stroebe, Margaret S., Stroebe, Wolfgang.（1993）. The mortality of bereavement: A review. In M. S. Stroebe, W. Stroebe, & R. O. Hansson（Eds.）, Handbook of bereavement: Theory, research, and intervention. Cambridge University Press. pp.175-195.

コラム | デス・エデュケーション
（Death Education）

横関祐子

デス・エデュケーションとは、アメリカの『死の百科事典』（1989）では、「死の意味や、死にゆく過程、悲嘆、死別について理解し、その知識を促進する非常にバラエティーに富んだ計画された教育経験に適用される言葉である」と記されている。

デス・エデュケーションを日本語に直訳すると「死の教育」である。しかし日本で初めてデス・エデュケーションを提唱した上智大学名誉教授のアルフォンス・デーケンはこれを「死への準備教育」と訳した。それは、自分に与えられた死までの時間をどう生きるかと考えるための教育という意味で「死への準備教育」と訳されたのである。つまりデス・エデュケーションは、ライフ・エデュケーション（*Life Education*）〈生への準備教育〉となる。また、デーケンが「準備」という言葉を入れた背景には、「日本人は入学や就職といった、人生の節目に当たる試験を受ける前には、特別な勉強や訓練に力を尽くすが、人生最大の試練と考えられる死に対してだけは全く準備しようとしない」という日本社会への問題提起も含まれている。

平山正実は、死の問題に取り組んだ精神科医であるが、デス・エデュケーションは、未来と現在の生き方そのものを問い直し、より充実した生を送ることを目指す必要があると、あえて「生」を入れ、「生と死の教育」と名づけている。

またアメリカ、カブリオ大学のリン・アン・デスペルダーは、デス・エデュケーションの使命について「理論、研究、実践についての具体的な知識を与えるとともに、死に関わる問題について自分がどのように考え、感じているかを理解する手助けをすることです」と述べ、単に知識を習得するレベルに留まらない教育であることを述べている。

〈参考文献〉

水野治太郎・日野原重明・アルフォンス・デーケン編著（2006）『おとなのいのちの教育』河出書房新社，132頁。

[終章]

マイノリティを排除しない社会
～日本社会が向かうべき姿～

上野昌之

〈本章を読む前に〉

　世界がコロナウイルスでパンデミック状態となったとき、人々は何をしたかを思い出してみましょう。これまで平和に安寧に暮らしていた日常があっという間に、目に見えないウイルスによって崩壊させられていきました。マスクが必需品となり、買い占めによる品不足、価格暴騰が起き、デマでトイレットペーパーまでなくなりました。マスクをしない人を殺人鬼のように見たり、巣ごもり生活のために我先に食料品や日用品を買い占めたり、ニュースでは日々増加する感染者数が告げられ不安が増幅され、医療現場が崩壊寸前とまで言われました。病弱な人は感染の恐れが死につながる不安、経済的弱者は日々の生活が成り立たなくなる不安、個人商店や中小企業は経済活動ストップによる廃業倒産の危機に直面しました。コロナウイルスによってもたらされた不安が人々の心にどれほどの動揺と辛苦を与えたでしょうか。信じられないことに、医療現場の最前線で闘っていた人々や経済を停滞させないよう日夜働く物流ドライバーとその家族に対するいわれなき差別排斥の言動が起こりました。そうした言動は日常的につき合っている人や取引相手から浴びせられるものだということが、人間不信を増幅させるものとなりました。

　人は、安寧な日常が脅かされる状態に陥ったとき、精神的な弱さを露呈するということを如実に物語っています。心の不安が自己保身や他者排斥に走らせた例は暇がありません。人々の心というのはそれ程までに脆いものなのでしょうか。理性的な判断や常識的な行動は危機的な状況の中では無力になってしまうものなのでしょうか。コロナショックを経験し、人々の心のあり方や社会の脆さを考えざるを得なくなりました。

はじめに

　社会におけるマイノリティを考えるとき、私たちはマイノリティが少人数の人々だと思い込んでしまう傾向がある。言葉からすると多数派、少数派と人口規模に目がいってしまうからであるが、社会問題として考えるときは、マイノリティの人々とは社会の中で力を持たない存在と考えるのが良いだろう。つまり、政治力や経済力を持たず、権力を行使する術がなく、権力を持つ人々に自らの存在を左右され、自己決定権を自由に行使できない人々と考えられる。その意味でマジョリティに対し、マイノリティ＝社会的弱者といってもいいだろう。例えば南アフリカでアパルトヘイト政策が施行されていた当時、人口の少ない白人が大多数の黒人を統治していた。また、同じような例は公民権運動前のアメリカ合衆国南部にもあった。世界を見れば人口の半数を占める女性が権力を行使できず、男性に従属的な生き方を強いられる社会は今でも珍しくはない。そのような社会では女性はマイノリティと言えるだろう。

　このように考えると社会には様々なマイノリティが存在することになる。私たちの日本社会を例にすれば、在日コリアンの人々、外国人労働者、同和地区対象者、アイヌ民族、琉球（沖縄）の人々、障碍者、難病患者、高齢者一般、女性一般、子ども、ホームレス、貧困層、LGBT、言語（方言）・宗教（宗派）の差異など様々なカテゴリーで人をくくることができる。一つ一つのカテゴリーの人口は少数であるが、総体とすると相当な規模の人口数になる。こうした社会の中で細分化されたマイノリティは、主流社会の中で従属的な生き方を強いられかつ不利益を被ることもある。政治的な決定が偏っていたり、社会の寛容度が狭まったりすれば、おのずとマイノリティの自由度は狭まり、生きづらくなっていくことになる。歴史的な過程や社会的・経済的要因などでこうした人々は偏見にさらされたり、存在が危ぶまれるような差別の対象に追いやられるケースも出てくる。近年では、これまでのような個人に対するあからさまな差別や陰湿な無視といった個別的なアクションから、特定のマイノリティ集団を標的にした攻撃的なヘイトスピーチやインターネット上の過激な書き込みなどが溢れ、真実性を度外視した流言蜚語が

飛び交っている。一度標的になると、もはや対抗策を講じることもできずに、精神的に追いつめられていくことも珍しくない。

　さて、ではなぜ人は社会的弱者であるマイノリティに対し排他的な差別行動に興じるのであろうか。ここでは、本書各章で扱ったマイノリティを軸に、排除の基点となる差別について、その背後にある要因を探ってみることにする。その中に共通性を見いだし一般化ができれば、社会を変革していく対処法も考えられるのではないだろうか。近年社会構造が新自由主義的なものに変化している。このことが人々の生活や状況に及ぼす影響も考えてみる。

1　第1部：ニッポン社会のクライシス　レヴュー

　ここでは、これまでの各章で示された社会的な弱者とされる人々について振り返り、彼らの持つマイノリティ性と排除の原理について考えてみる。第1部は、「ニッポン社会のクライシス」と題して、4章で構成されている。

　第1章の北野秋男「格差社会と排除される人々〜欲望と感情支配のメカニズム〜」では、1980年代以降進行している新自由主義と呼ばれる政治・経済体制により社会的な閉塞状況に置かれ、社会や人間関係の中で挫折と失敗、孤独と絶望を味わっている多くの人々がいることを問題視している。この欧米をモデルとした政策のあり様が、今日の社会・経済体制のあり様、私たちの生活や意識を規定するものとなっている。いったい新自由主義はどのようにして私たちの生活や意識をコントロールしているのだろうか。北野は新自由主義とは支配階級の復権・強化を意図したものであり、その真の「ねらい」は富と収入を上層階層に再配分することであると述べる。私たち一般労働者は、「自発的隷従」によって、契約社員やパートタイマーとなり、まさに富裕階層が金持ちになるための都合のいい道具とされていると分析する。

　新自由主義がもたらす市場原理主義は、国民の命と生活を守る公共福祉部門にすら市場化・民営化を招き入れる。社会的孤立によって人としての最低限の「尊厳」すら得られなくなる。そしてその結果、日本国民が裕福と貧困という二つのカテゴリーに引き裂かれ、日本社会は共同性と連帯性を感じることのできない分断・排除されたものへと変質していってしまったとする。選別と排除を増長し、敵意や憎悪がむき出しになれば、社会不安が引き起こ

され、権力を持たないマイノリティは「差別と排除」のシステムの内に生存自体が脅かされていく危機があると、現在進行している人々の生活の変質をマクロの視点でとらえている。

　第2章の上野昌之「先住民族アイヌの日本社会への働きかけとアイヌ政策との齟齬」では、日本の中の先住民族アイヌと日本政府・社会とのこれまでの関係を考察し、アイヌ民族の日本社会における先住民族としての限界と可能性について考えている。民族問題という観点から日本社会をとらえようとしたものである。日本の政府や社会にとってアイヌ民族はどのような存在であるのか。そこで、2019年に制定された「アイヌ施策推進法」のあり方を分析することで、日本政府及び日本社会のアイヌ民族の捉え方を考えている。アイヌ民族は日本の先住民族であり、日本社会のマイノリティである。社会的な劣勢に立たされ差別されてきた歴史を克服するために、生活や福祉など民族的要求を社会に働きかけてきた。その結果はいかなるものであったのだろうか。近年になりアイヌ民族も先住民族としての諸権利を求めるようになっているが、日本政府の対応は決して芳しいものではなかった。日本政府は歴史的にアイヌ民族を外交カードとして利用して国際的な課題を解決したり、国の立場を有利に働かせていく道具として利用してきた。「先住民族の権利に関する国連宣言」の採択を受け、「アイヌ施策推進法」を制定したが、先住民族の権利を積極的に認めていくようなものではない。日本政府や社会にとってアイヌ民族は国際的な意味での先住民族の権利を認められる集団ではなく、今日においても国家に従属を強いられる民族であり自立化が推奨されることはなかった。先住民族であるアイヌ民族を日本の対等な構成員とはとらえていないことがわかる。そこには先住民族を権利主体とは考えない差別性と排除の論理を見ることができる。

　第3章の小杉 聡「川崎市の多文化共生の背景と現状〜多文化共生政策の中に見る外国にルーツがある子どもたち〜」では、多文化共生の施策を行う川崎市の取り組みの中で、少数者である外国に由来のある人々が行政の施策の中で取り残されてしまう部分に焦点を当て、マイノリティ問題をその最前

線で考えている。在日韓国・朝鮮人が多く住む町が今日ニューカマーの外国人労働者の町に変貌している。学校の中では多様な子どもたちが交錯し、不十分な日本語教育、それに伴う学力水準の低迷など、学校現場が直面する教育の様相は難しい状況にある。京浜川崎地域は特に所得の低い世帯が多く、家庭環境も厳しく学校での指導も困難が伴う。こうした中でマジョリティの子どもとマイノリティの子どもが互いに理解し合う多文化共生を目指す街づくりを川崎市は行っているが、子どもの多様さゆえ行政の対応が追い付かない状況にある。日本は少子化で産業構造を支えるための人材が不足している。外国人労働者に頼らないと成り立たない社会構造でもある。そうであるならば日本に定住、永住する外国に由来をもつ子どもが日本の教育システムの中で取り残されないように十分な政策を図らねばならないだろう。日本という国は自国の必要性から他者を招き包摂しながらも、それに伴う制度的整備や人々へのケアー意識が極めて低く、多文化共生の指向は掛け声だけに終わっている。社会の中に潜在するゼノフォビア（外国人嫌悪）が過剰な反応を起こし、外国人を異質なものとして排除する力すら働いている。こうした社会を改善していくことができるのか、課題は大きい。

　第4章の長谷川洋昭の「犯罪者の社会復帰　〜刑余者等に対する「働く所」と「住む所」〜」では、われわれが、日々ほとんど意識しない犯罪からの更生者の人々の境遇を扱っている。われわれは刑余者を社会的マイノリティととらえるには抵抗がある。しかし長谷川は、彼らの生活暦を辿ると、「貧困」「障害」「疾病」「高齢」「孤立」「教育機会の喪失」「日本語を母国語としない人」などといった、いわゆる支援を必要とする要素を持っていることが多く、社会が早くからこれを認識していれば、網の目からこぼれ落ち犯罪に手を染めなかった人も間違いなく存在すると指摘する。犯罪を犯し更生した人々を再犯させないようにするためには、孤立させず、人と社会につながりを持たせることであるという。「更生は一人ではできない」といわれるように、マイノリティの立場にある彼らに支援の輪を広げ、地域社会全体でつながりを持つことが必要であるという。マイノリティは孤立することで、ますます自立性を失い社会の底辺に追いやられる。他者とつながることで彼

らを引き留めていくことができる。社会の網の目を強いものとする必要性を感じる。

2　第2部：ニッポン教育のクライシス　レヴュー

　第2部は、「ニッポン教育のクライシス」と題して、4章で構成されている。教育の観点から日本社会のもつ脆弱さを指摘し見直しを促している。

　第5章の北野秋男の「産出される学力マイノリティ～「勝者」と「敗者」の学力構造～」では、戦後から今日までの日本における学力テスト政策によって生み出された「学力マイノリティ」と呼ばれる人々の存在に焦点を当て、学力テスト政策の意義を問いている。学力テストの普及・浸透により、学力を上げることが目的となり、国や地方公共団体の教育政策、教育行政のあり方、学校・教師の教育内容や教授方法などにも影響が及び、学力観や能力観といった問題までも左右していった。ここで問題視されたのが学力が低い児童生徒、すなわち「学力マイノリティ」である。彼らはテストの結果で「学力の低い劣悪な人間」として排除・差別されてきたのではないか。学力テスト政策のもとで切り捨てられ、置き去りにされた、夢や希望を奪われた人々の問題を「学力マイノリティ」としてとらえ、日本社会の豊かさの内実に目を向けたとき、平等性・多様性・国際性のなかで置き去りにされているのではないかと警鐘を鳴らしている。教育の目的の一つに幸福追求がある。しかし、こうした学力テストのような制度により、幸福の追求は一部の人々だけのものになってはいないだろうか。制度が人々を分断し、ますます生きにくいものにしているとの指摘がなされている。

　第6章の攪上哲夫の「戦後日本の教員養成を振り返る～生み出される「マイノリティ化する教員」～」では、教員の置かれた立場をマイノリティ性ととらえて言及している。教員という職業は専門的な職業集団で一般的には、身分や待遇は保障され、安定した職業であり、社会的にも認められている。しかし、昨今教職は「ブラック化」した職業といわれるようになり、教員自身も過労死ラインを超えて仕事をせざるを得ず、休職を余儀なくされたり、自殺に追い込まれる者も出ている。こうした背景には、業務量の増大ばかり

でなく、学校の管理・統制が強化されていることも大きい。また国の見解を教えることが当然であり、上司の命令に従うことも当然という考え方がある。抗うことができない教員は自立性を失い、体制に従属せざるを得ないマイノリティになりつつある。著者は、そのように変質させられてきたのは、教員養成に問題があるのではないかと考えている。大学の教員養成の場で実務家教員が指導するようになり「実践的指導力」の育成が問われるようになっている。その影響が教育現場の変容につながっている。教育が強い国の統制の下で行われ、自由な裁量権を失った教員が行う教育は、学校教育の質にも影響を与えていくのではないか。そして何よりも、教員の自立性を失わせることになると危惧している。

　第7章の澤田敬人の「漂流する知的難民～ポスドクの実態と問題点を中心に～」では、大学院博士課程を出たにもかかわらず、厳しい就職状況にあるポスドク問題を扱っている。こうした人々は、社会的弱者というには相応しくない。これまでなら高学歴で将来が輝いている人々のように受け止められてきたからである。しかし実際は大学・公的機関や研究所などの研究者になるにはポストが不足し、正規雇用が得られない。中にはポスドクの非正規職すら継続させることもできず無職の状態に置かれる人も多数発生している。ポスドクが長く続くと高齢化し、正規就職がますます厳しくなっていく。定期収入が低く、結婚などを諦めるか先送りせざるを得ないことにもなる。少ない収入を補うためにアルバイトの収入を増やし、研究者としての研究活動の時間が確保できないことも起きている。まさにマイノリティとして、自己決定権を持たず、社会的な政策の下で人生を左右されている人々ということになる。

　これが女性の場合にはさらに厳しい。あからさまな差別はないものの用意された職はジェンダー化されたものであったり、女性が就くポストは頭打ちで、いわゆる「ガラスの天井」となっていたりする。同様なことは外国人においてもあり、不十分なキャリアパス支援事業やビザ問題がある。ポスドク問題は安定した就職先がないという問題から、現在はジェンダー問題や外国人問題などが複合化している。十分な対策が行われないことで複雑化してし

まっている。ポスドクもまた、見通しのない国の政策により生み出されたマイノリティであり、けっして当事者の自己責任に帰されるものではないのである。

第8章の横関祐子の「遺族の悲嘆の理解とサポートのために」では、誰もが経験するであろう身近な人との死別問題を扱っている。遺族になることは、決して珍しいことではない。しかし、残された状況は様々である。身近な人の死別を体験することで大きなストレスを抱え込んでしまい、心身に及ぼされる影響も大きい。そのダメージは人により異なるが、心のバランスを取り戻すためには時間が必要となる。中には悲嘆によって空いた心の穴を埋めることができず、不眠、不安による「うつ病」になるケースやアルコール中毒に至ったりする場合がある。しかし、こうした心の状況を理解せずに、周囲が無理解の言葉を投げかけることでさらに精神的に追い打ちをかけることがある。死別による悲嘆を周囲に理解されず、苦しみが増幅され精神的に追い込まれていってしまう人々は、マイノリティ性を有しているといえるだろう。こうした人々に手を差し伸べる、悲嘆の分かち合いという活動は重要であり、悲嘆の理解は健康予防教育、自殺対策教育にもつながっていく。死別により心に負担を負った人は無意識な、または無配慮な言動で傷つけられていく。こうした人々を救う手立てを考えなければ、癒しは生まれず沈痛な思いから抜け出すことはできない。彼らに寄り添い悲嘆に共鳴する隣人が必要だと著者は考えている。

おわりに

以上の各章の状況から、社会的なマイノリティと考えられる人々の置かれた状況を振り返ってみた。ここから導き出されることは、マイノリティの排除や分断がけっして一過性で情緒的なもの、個人の特性により行われるものではなく、多くの場合、国や社会により意図的に行われているということである。日本国家の政治的な判断であったり、制度的な構築または不作為により、不利益の生じる者が多数出てくることを想定しながら、政策を推し進めているのではないかと考えられる。日本社会を発展させていくためには、社

会的な弱者が発生してしまっても仕方がない、不可抗力とでも考えられているのであろうか。これにより不利益を被る者、犠牲となる者、社会的な転落を余儀なくされる者に対しては、何らかのセイフティネットのような選択肢は用意されているのだろうか。各論から考えるならばそのような施策は見いだせない。むしろ、国の政策からこぼれ落ちたものに対しては、社会では「負け組」「自業自得」と自己責任論が問われ、無力感に苛まれ閉塞感の下で悶々とした日々を過ごす事態に追い込まれる。孤立感が高まり絶望に打ちひしがれることにもなるだろう。

　日本社会には、ここで扱った人々以外にも数々のマイノリティの集団が散在している。多くの場合それぞれは互いに結びつくことはなく、マイノリティ集団または個人として孤立している。マイノリティの抱える問題は、ミクロの視点ではマジョリティ社会からの差別や排除により発生する。マジョリティの論理が正当であるかどうかではなく、正当だと思えれば良いのである。マイノリティに対する単純な嫌悪感や先入観の場合もあれば、自身が置かれた日常的な不満や不安、社会的ストレスのはけ口として社会的なマイノリティが標的にされることもある。またはより大きな社会的な価値、パターナリズムや男性優位な社会観、既存の伝統的道徳観などが優り、新たな価値観に支持されるマイノリティの存在を嫌悪し、意図的に攻撃する場合もあるだろう。経済的な混迷、政治的不安定により社会の秩序が動揺してくると、人々の心的な不安は増大し、限界を超えると攻撃性を帯びてくる。このとき、一番の標的となるのが、社会的な弱者であるマイノリティである。どの個人、集団を標的とするかはさほど問題とならない。マジョリティ内部の問題を解消できる相手であれば構わない。排除、排斥、差別に規則性があるわけではなく、あるのはマイノリティの持つヴァルネラビリティ（vulnerability）、差別誘発特性だけである。既存の体制の安定を志向するマジョリティにとって、ただ異質であることが容認できない要因なのである。抵抗する力がなく少数派であれば一層都合が良いのである。

　そして、こうしたミクロレベルでの排除、排斥、差別を容認し、増長させていくのが、国や社会が作り出す制度であり、それによって生じる社会構造である。国や社会は必ずしも排除や差別を目的に構造を作り出しているわけ

241

ではない。法令や政策、施策を作る過程で発生してくる。例えば、労働政策の下で外国人労働者が増加する。これを契機に外国人は恐いなどと社会不安が高まったり、付随的な対策を講じないために社会に偏見や差別が広がったりする。またその子どもの教育問題が副次的に生じてきて、これに対策を立てないために学校現場が混乱するといったことも一例である。しかし、本論のアイヌ問題、教員養成、ポスドク問題でも触れたように、政策自体にあらかじめ差別を発生させる要因が用意されているものもある。当事者の主体性の排除や競争原理の介在により、マイノリティを社会の体制に従属化させていく構造がそこには作り出されている。これらは基本的にマジョリティ社会の維持を目的とするものであり、マクロ的には国家の意志に関わるものになる。

　第1章で提題された新自由主義的な社会のあり方もマジョリティ社会の維持のために権力を持つ層の意志、意向により進められ強化されている。その結果、社会に格差が生まれ、排除や差別の構造が作られマイノリティが発生している点を考えれば、国民の意志とは言えない。しかし、社会が発展することで豊かさを得られる層も確かに存在する。そうした層にとってマイノリティ問題は取るに足らない問題なのかもしれない。マイノリティを常に生み出すことで社会発展を図ろうとする社会も現に存在し、マイノリティは国家・社会の発展の表裏として生み出されている。また逆に豊かな社会は可能性を増やし、多様性を容認する社会でもある。価値観も多様化し、マイノリティが生まれてくる素地を培養する社会でもある。マイノリティが差別・排除の対象に傾いていくのは、社会が衰退し崩れてきたときだといえるだろう。社会が衰退してきたとき、その理由をマイノリティに向け、非生産的だと敵視したり、排外的に社会悪を作り出したりすることにより既存の価値を保護しようとするからである。近年増加しているヘイトスピーチやヘイトクライムは社会の不安定さ、閉塞状況を暴力的に打破しようとする試みといえるだろう。穿った見方をすれば、仕組まれた対立の助長であったり、社会不安へのガス抜きといえるかもしれない。

　今日、マイノリティ問題がクローズアップされるのは、日本の経済的衰退、政治的な不安定さにより社会不安が高まっていることの裏返しなのだろう。

社会の中には閉塞感を多様性の中に打破していこうというダイバシティの動きがある。しかし、他方では権力による既存の社会秩序、伝統的社会秩序、道徳観あるいは情緒的な心的秩序の保持を目指す保守的志向が進んでいる。こうした二極化が共存することは可能なのだろうか。

　現代は、人々の流動化により画一的な社会から多様な価値を有する社会に変容している。それに伴い価値観の変容や新たな価値観の錯綜が起きる。一元的な同質の社会はもはや幻想であり、多様性こそが社会の基本構造と考えることが妥当である。多様なものをいかに容認することができるか。多様なもの、異質なものといかに共生関係、協調関係が築けるかが問われている。他者に寄り添い、ともに未来志向の語りができるかどうか、新しい社会を築いていこうという希望があるかどうかが問われている。同質なものでまとまることで力を出すという価値観に限界があることは、国際化の中でのこれまでの日本のあり様を考えればおのずから答えが見えてくる。多様性を社会の力に変えていく価値観を持つことができるかどうかは、この社会に混在するマイノリティのもつ多様性を生かせるかどうか、「寛容の精神」にかかってくるのではないだろうか。

〈参考・引用文献一覧〉
アルベール・メンミ（1996），菊地昌実／白井成雄訳『人種差別』法政大学出版局。
小森陽一（2006）『レイシズム』岩波書店。

索　引

あとがき

　本書は、令和 2 年度の日本学術振興会科学研究費（学術出版助成金）を受領して刊行したものである。本書出版の母体となった「新マイノリティ問題研究会」の発足経緯と研究活動の内容、ならびに同研究会に積極的に参加して頂いた研究者の皆さんを紹介して、本書の「あとがき」としたい。

　本研究会発足の契機となった出来事は、2016年 3 月に、後に研究会の代表者となった北野と副代表の上野が軽井沢の合宿所で、互いの取り組む研究内容を話し合っていた時であった。北野と上野は、研究テーマこそ違え、互いに共通の研究課題をもっていることに気づき、「では、一緒に研究会をやろう」ということになった。

　そして、即座に参加してくれそうな研究者の方々の名前を挙げ、後日に参加の意思を確認した。ほぼ全員の方から承諾のメールが来て、ここに研究分野だけでなく、世代を超えた方々が集う新たな研究会「新マイノリティ問題研究会」が発足することになった。最高齢は70歳を超えた方から、大学を卒業して間もない20代半ばの現場教員などが集い、多彩な顔ぶれとなった。

　2016年 4 月23日は、1 回目の記念すべき研究会が開催された。その際に編者の北野が作成した研究会発足の「趣意書」は以下のようなものであった。

　［研究会活動の趣旨］戦後の日本は、経済発展を中心に物的な豊かさを求め、確かに不自由のない生活を送れるようになりました。しかしながら、そうした豊かさの陰で、貧困・不平等など生存権や基本的人権さえも奪われている人々も多いと思います。本研究は、日本の発展の陰で、忘れられ置き去りにされた人々、夢や希望を奪われた人々、排除と包摂された人々、抑圧され搾取された人々など、メインストリームからこぼれ落ちたマイノリティ問題に焦点をあてつつ、どこを、どのように変革すべきかを検討したいと考えます。視点は、平等・多文化・共存・支援など社会民主的な観点から研究を進めますが、特に解決の方向性は経済優先・法律優先・日本人優先・専門分野優先など、日本の伝統的・保守的な考え方を打破し、各ボーダーを超える新たな総合的視点を模索したいと考えます。

1回目の研究会は、日本大学文理学部・北野研究室で行われている。初回の参加者は11名であったが、その後に、4名ほど増え15名となり、最後まで参加してくれた人は13名となった。そして、2回目の研究会は「包摂と排除」をテーマとして、以下のような内容で第2回研究会を実施することになった。

日時：2016年7月2日（土）13：00〜19：00
場所：日本大学文理学部7号館・7222教室
報告時間：一人が1冊につき30分程度報告。各章の概要などレジュメを
　　　　　作成する。
〈研究会プログラム〉　　　　　　　　　司会：澤田敬人・内藤正文
①攬上哲夫　稲垣恭子編2012『教育における包摂と排除』（明石出版）
②北野秋男　倉石一郎2009『包摂と排除の教育学』（生活書院）
③上野昌之　松本俊彦2014「自傷・自殺する子どもたち」合同出版

　上記のような読書会形式の研究会を10回まで継続した後、11回目からは個人の自由研究報告もオプションとして取り入れた。結局、3年間余りの間に合計14回の研究会を実施し、本書の刊行に至ったことになる。最後の14回目の研究会プログラムは、以下の内容であった。

日時：2019年6月15日（土）13：00〜19：00
場所：日本大学文理学部7号館・7221教室
報告時間：各章の報告は30分程度、コラムは10分程度の報告をお願いし
　　　　　ます。
〈研究会プログラム〉　　　　　　　　　司会：北野秋男
①上野昌之「アイヌ民族の社会的要求とアイヌ政策の系譜」
②小杉　聡「外国に由来を持つ子どもたち〜川崎市の取り組みから〜」
③澤田敬人「漂流する知的難民〜ポスドクの実態と問題点〜」

④横関祐子「悲嘆教育と遺族ケアの必要性」
⑤コラム報告と内容検討

　この「新マイノリティ問題研究会」に参加していたものの、何らかの事情で本書の執筆には至らなかった人の名前を紹介しておくと、田中雅美、佐藤久美、大園早紀、橋本育実さんの4名である。3年間余りの研究会活動の継続は、こうした参加者の熱意の賜物であったことを考えると、ここに感謝の意を表しておきたい。

　1回の研究会で3〜4名が報告する形式を取ったので、読書会形式で取り上げた書籍は30冊以上となった。これらの書籍から様々な視点や題材の検討方法を学ぶこととなったが、その成果は本書に注入し反映させている。先人の優れた研究成果に感謝し、本書が次の研究者の皆さんの参考になれば幸いである。

　最後に、本研究会活動に参加した研究者の皆さんと研究代表者との関係性にも言及しておきたいと思う。研究代表者の北野は、日本大学文理学部で教育学を専攻する教員であるが、日本大学大学院文学研究科教育学専攻、日本大学大学院総合社会情報研究科、東洋大学大学院教育学専攻で大学院の講義を担当してきた。実は、今回の研究会に参加した研究者の皆さんは、これらの大学院のいずれかに在籍し、一緒に学んできた人たちである。70歳近い方もいれば、20代の方もいる。大学教員もいれば、学校現場や医療現場で活躍する人もいる。専攻する分野も教育学ばかりでなく、福祉・医療・国際関係など多様である。

　年齢も専門も異なる研究者と研究会活動をしながら、書籍を出版するという目標を掲げてきた。私個人にとっては、こうした方々と3年間も長きにわたって研究交流ができたことは実に幸せで、充実した時間を過ごすことができた。

　私自身も気が付けば60歳を超え、研究に対する情熱もエネルギーも薄れつつあったが、この研究会活動によって、若手の皆さんから大きな刺激を受けることができた。ここに感謝の意を表したいと思う。

　そして、本書の執筆を終え、本書に掲載する各章の原稿の最終チェックを

している段階でコロナ・ウイルスによる感染問題が発生した。大規模な自然災害だけでなく、感染病が私たちの生存それ自体をも脅かし、日常生活を破壊するモンスター的存在であったことを思い知らされた。と同時に、このコロナ・ウイルス問題が日本社会の問題点や日本人の様々な潜在的意識も表面化させたように思う。感染症治療に懸命に立ち向かう医師や看護師への非難中傷、感染したかどうか定かではないのに、フェイク・ニュースを拡散させる匿名の人々。コロナ感染によって派生した問題は、今後の重要な研究課題になろう。

　最後に本書の企画と内容に賛同して頂き、本書の出版を支援して頂いた学事出版社長の花岡萬之氏にも、心から御礼を申し上げたいと思う。本書が、読者の皆さんにとって日本のマイノリティ問題を考える契機となることを切に願う。

2020年6月　「新マイノリティ問題研究会」

研究代表者　北野秋男

〈各章の執筆者一覧〉

北野秋男（研究会代表・編者）……はじめに・序章・第1章・第5章・あとがき担当
1955年生まれ、富山県出身、教育学専攻、博士（教育学）
日本大学文理学部教授・日本大学総合社会情報研究科教授
〈主要著作〉単著2003『アメリカ公教育思想形成の史的研究―ボストンにおける公教育普及と教育統治―』風間書房、編著2009『現代アメリカの教育アセスメント行政の展開―マサチューセッツ州（MCASテスト）を中心に―』東信堂、編著2012『アメリカ教育改革の最前線―頂点への競争―』学術出版、単著2015『ポストドクター―若手研究者養成の現状と課題―』東信堂、編著2015『こうすればうまくいく！地域運学校成功への道しるべ』ぎょうせい、共著2017『現代学力テスト批判―実態調査・思想・認識論からのアプローチ―』東信堂

上野昌之（研究会副代表・編者）……………………………第2章・終章担当
東京都出身、教育学専攻、博士（総合社会文化）
東洋大学助教
〈主要著作〉単著2014『アイヌ民族の言語復興と歴史教育の研究―教育から考える先住民族とエンパワーメント―』風間書房、共著2014『アイヌ民族・先住民族教育の現在』東洋館出版社、共著2018『多文化・多民族共生時代の世界の生涯学習』学文社、Peter J. Anderson, Koji Maeda, Zane M. Diamond, Chizu Sato et al. 2020 *Post-Imperial Perspectives on Indigenous Education*, Routledge. Chapter 9

小杉　聡………………………………………………………第3章担当
国文学専攻、修士（国文学・人間科学）
川崎市立向小学校教諭
〈主要著作〉共著2004『教室のやる気UPの朝学習：10分問題集　小学校1年』（明治図書）、共著2011『ヤング時代が乗り切れる"教師のマジックハンド"60』明治図書

長谷川洋昭…………………………………………………第4章担当
1972年生まれ、兵庫県出身、社会福祉学専攻、修士（社会福祉学）
田園調布学園大学子ども未来学部准教授
〈主要著作〉編著2015『災害福祉論』青踏社、単著2016『書評：藤本哲也・生島浩・辰野文理編著「よくわかる更生保護」』「更生保護学研究」第8号、単著2017『ある学域BBS会設立から見えた、その課題と可能性～学校単位で行う更生保護活動の一試行～」「刑政」第128巻第7号、共著2019『地域福祉の原理と方法（第3版）』学文社、共著2019『社会福祉の形成と展開』勁草書房

攪上哲夫………………………………………………………第6章担当
1953年生まれ、東京都出身、教育学専攻、修士（教育学）

東京福祉大学保育児童学部専任講師

〈主要著作〉単著2012「教員養成に関わる『実務家教員』に関する研究〜1970年代以降、臨時教育審議会設置までの『教員の資質能力向上』策に視点をあてて〜」東洋大学大学院紀要第49集、単著2013「教員養成に携わる実務家教員の研究―教員養成政策における『実践的指導力』強調の意味―」日米高齢者保健福祉学会誌第5号

横関祐子‥‥‥‥‥‥‥‥‥‥‥‥‥‥‥‥‥‥‥‥‥‥‥‥‥‥‥第7章担当
1965年生まれ、茨城県出身、比較教育学専攻、博士（総合社会文化）

静岡県立大学国際関係学部教授・静岡県立大学大学院国際関係学研究科教授

〈主要著作〉単著2012『多文化社会を形成する実践者たち―メディア・政治・地域―』オセアニア出版社、単著2017「オーストラリア高等教育の再構造化における準市場の形成」『国際関係・比較文化研究』第15巻第2号、35頁〜47頁、単著2018『現代オーストラリアの高等教育システム改革―ドーキンズ改革による全国一元制への意向を中心に―』日本大学大学院総合社会情報研究科博士論文.

横関祐子‥‥‥‥‥‥‥‥‥‥‥‥‥‥‥‥‥‥‥‥‥‥‥‥‥‥‥第8章担当
1963年生まれ、長野県出身、保健学・死生学専攻、修士（人間科学）

長野保健医療大学専任講師

〈主要著作〉単著2018『アルフォンス・デーケンの死への準備教育』オフィスエム「演劇による自己回復力―大和・生と死を考える会の死別体験者による演劇活動―」（単著2016　臨床死生学Japanese journal of clinical thanatology 21(1)．68-73頁日本臨床死生学会）

〈コラム執筆者一覧〉

内藤正文
1950年生まれ、東京都出身、教育学専攻、修士（教育学）、元埼玉県公立中学校教員

窪　和弘
山形県出身、教育社会学専攻、修士（教育学）、都立高校講師など

亀田良克
1976年生まれ、神奈川県出身、人間科学専攻、修士（人間科学）、聖ヶ丘教育福祉専門学校専任教員

町山太郎
1983年生まれ、東京都出身、教育学専攻、修士（教育学）、まどか幼稚園園長

ニッポン、クライシス！
マイノリティを排除しない社会へ

2020年11月11日　初版第1刷発行

●編者● 北野秋男・上野昌之

●発行人● 花岡萬之

●発行所● 学事出版株式会社
〒101-0021　東京都千代田区外神田2-2-3
電話　03-3255-5471
http://www.gakuji.co.jp

●印刷・製本　精文堂印刷株式会社
●表紙デザイン　精文堂印刷デザイン室／三浦正已

ISBN978-4-7619-2663-2　C3037　　　　　©2020　Printed in Japan